DONNA PARTOW

Die vier Temperamente – und welcher Typ bin ich?

Wie sich meine Persönlichkeit als Frau auf Ehe und Familie auswirkt

edition TROBISCH

Originaltitel: A Woman's Guide to the Temperaments
Übersetzt von Gabriele Lange

hänssler-Paperback
Bestell-Nr. 854.156
ISBN 3-7751-9156-9

Umschlaggestaltung: Daniel Kocherscheidt
Satz: AbSatz, Klein Nordende
Druck und Bindung, Ebner Ulm
Printed in Germany

Dieses Buch ist zwei ganz besonderen Frauen gewidmet:

Florence Littauer, die ein lebendes Beispiel dafür ist, wie ich eines Tages zu werden hoffe. Danke, dass sie mir Mut gemacht hat zu träumen.

Und

Marita Littauer, die so großzügig ihre Zeit und ihre Fähigkeiten mit mir geteilt und mich immer wieder dazu aufgefordert hat, diesen meinen Traum zu verwirklichen.

Danke, dass sie mir als Ratgeberin und Freundin zur Seite steht.

INHALT

Teil 3: Verstehen Sie Ihre Ehe

Teil 4: Verstehen Sie Ihre Kinder

DANKSAGUNG

Mein Dank gilt Kelly Sampson, die mir »in den dunklen Nächten der Seele« beistand.

Ich danke meinen neuen Freunden von Zondervan:

Ann Spangler, die mich bei Zondervan betreute. Danke für all die Essen und für eine ganz besondere Flucht an einem Wochenende. Wann gehen wir wieder einmal nach Tanque Verde?

Stan Gundry, der in der ganzen Umgebung nach mexikanischem Essen suchte.

Scott Bolinder, der mich Dinge fragte, auf die ich niemals eine Antwort wusste. Danke, dass er mich dazu herausforderte, mehr aus mir zu machen, als ich bin.

VORWORT

Während der vergangenen 30 Jahre hatte ich das Privileg, vor Zuhörern auf der ganzen Welt über die vier Persönlichkeitstypen zu sprechen. Ich wurde Zeuge von der lebensverändernden Wirkung in den Herzen verschiedenster Menschen – Ärzte, Pastoren, mit Schuld beladenen Menschen –, die willens waren, diese Wahrheiten in ihrem täglichen Leben anzunehmen. Nirgends haben diese eine tiefere oder größere Bedeutung als zu Hause. Deshalb glaube ich, dass dieses Buch von Donna Partow *Die vier Temperamente – und welcher Typ bin ich?*, so wichtig ist. Es ist das erste Buch, das die aktuelle Persönlichkeitsforschung anwendet, um Frauen zu helfen, ihre Rolle als Mutter, Ehefrau und Individuum optimal zu gestalten.

In ihrem einzigartigen, gut verständlichen Stil hat Donna ein Buch geschrieben, das sich leicht und flüssig liest und die mächtige Botschaft von der Wichtigkeit des biblischen Gebotes, miteinander auf verständnisvolle Art und Weise zu leben, weitergibt.

Es ist ein Buch, das eine viel beschäftigte Mutter schnell einmal zur Hand nehmen, ein paar Seiten lesen kann, bevor sie weiter ihrer Arbeit nachgeht, und dabei etwas Wertvolles für sich entdeckt – eine neue Wahrheit oder eine neue Einsicht, die dazu führen, dass sie mit einer veränderten Einstellung an ihr Familienleben herangeht.

Ich kenne Donnas Arbeit seit mehreren Jahren und habe mich darüber gefreut, bei verschiedenen christlichen Frauenkonferenzen das Rednerpult mit ihr zu teilen. Donna ist eine der von mir ausgebildeten Persönlichkeitstrainerinnen. Deshalb freut es mich besonders, sowohl Donna als auch ihr Buch *Die vier Temperamente – und welcher Typ bin ich?* vorstellen zu dürfen.

Florence Littauer
Autorin, *Personality Plus*

Teil 1

Verstehe dich selbst

1. Temperament 101

Einleitung

Wie wär's mit einem gewagten Anfangsstatement: Ich glaube, dass dieses Buch Ihr Leben dramatisch zum Besseren hin verändern kann. Ich glaube, dass Sie damit ein Hilfsmittel in Ihren Händen halten, das nicht weniger greifbar ist als der Hammer, der in Ihrer Garage liegt. Ein Hilfsmittel, das Sie benutzen können – wenn Sie wollen gleich heute –, um die Qualität Ihres Verhältnisses zur Ihrem Ehemann, Ihren Kindern und all den anderen, die Ihnen wichtig sind, zu verbessern. Es wird sogar die Qualität Ihrer Beziehungen zu Nachbarn, Gemeindemitgliedern, zum Kaufmann um die Ecke, zur Kellnerin, zum Kassierer und auch zu völlig Fremden verbessern. Eines, was Sie lernen, ist, das Temperament von fast jedem, den Sie treffen, schnell zu erkennen. Sie werden entdecken, wie nützlich dieses Wissen ist.

Als ich mit Frauen auf Konferenzen überall im Land sprach, war ich immer wieder erstaunt, wie viele ihrer Sorgen – besonders in ihrer Ehe und im Familienleben – ihre Ursache in Missverständnissen und Konflikten mit den Temperamenten hatten. Wenn ich die Temperamente erläutere, und insbesondere die jeweils zugrunde liegenden Motivationen und emotionalen Bedürfnisse, geht vielen plötzlich ein Licht auf. »Oh, wenn ich nur bemerkt hätte, dass es an der Art lag, wie er angesprochen wurde!« Oder: »Sie glauben also, dass er nicht absichtlich versucht, mich verrückt zu machen, sondern dass es einfach seine Art ist?« Ich habe dieses Buch geschrieben, weil ich entschlossen war, diesen Frauen – und auch Ihnen – einige praktikable Lösungen für die heimatliche Front, aber auch darüber hinaus zur Verfügung zu stellen.

Hier die Gründe, warum *Die vier Temperamente – und welcher Typ bin ich?* Ihnen helfen kann:

- Sie werden ein größeres Verständnis dafür erlangen, warum Sie so handeln, wie Sie handeln. Sie werden Ihre eigenen Motive verstehen, und Sie können positive Wege finden, um Ihren emotionalen Bedürfnissen nachzukommen. Sie werden auch anfangen zu erkennen, wie andere Sie wahrnehmen. Sie werden eine steigende Sensibilität für Ihre eigenen Schwächen entwickeln – zusammen mit einigen Strategien, wie Sie diese überwinden können. Am wichtigsten aber: Sie werden Ihre eigenen Stärken erkennen, sodass Sie auf diesen aufbauen können.
- Sie werden ein zunehmendes Verständnis für Ihren Ehemann erlangen. Einige von Ihnen werden das nur schwer glauben können, aber ich verspreche es Ihnen: Es ist wahr! Sie werden Gottes ursprünglichen Plan, euch beide zusammenzubringen, wieder entdecken. Obwohl sich Gegensätze zunächst oft anziehen und dann bekämpfen, muss es nicht so sein. Richtig, es muss nicht sein! Sie müssen nicht mit Ihrem Mann für den Rest Ihres Ehelebens im Kleinkrieg leben. Ich bin mir sicher, dass Sie Frieden finden werden, wenn Sie anfangen zu erkennen, dass, wenn Sie unterschiedlicher Meinung sind, nicht der eine von Ihnen Recht und der andere Unrecht hat. Sie können kostbare Zeit und Energie sparen, wenn Sie akzeptieren, dass Sie die Welt einfach durch verschiedene Augen sehen. Und das ist nicht nur in Ordnung, das ist sogar gut so.
- Sie werden die möglichen Fallstricke in Ihrer Ehe (die in den Temperamenten von Ihnen und Ihrem Mann begründet sind) erkennen und die Strategien kennen lernen, wie Sie ihnen entgehen können. Sie werden verstehen, warum manche Ehen mehr zur Harmonie neigen, während andere eher stürmischer Natur sind. Sie mögen jetzt vielleicht denken: »Donna, für diese Information ist es jetzt ein bisschen zu spät.« Aber was ist mit Ihren Kindern? Ihre Kinder können Sie mit diesem wunderbaren Wissen ausstatten, das es ihnen ermöglicht, einen passenden Lebenspartner zu wählen.
- Sie können Ihre Kindern dazu frei machen, so zu sein, wie Gott sie geschaffen hat. Ist das nicht spannend? So oft versuchen wir, unsere Kinder in eine bestimmte Richtung zu drängen, oder wir

werden durch ihr Benehmen irritiert. Ja, Kinder können einem schon Rätsel aufgeben, aber wenn wir ihre Temperamente kennen, löst sich so manches Rätsel von selbst. Das Verständnis der Temperamente wird Ihnen also helfen, Ihre Kinder bei der Wahl des richtigen Berufs zu beraten und sie vor unzähligen Kümmernissen in ihrem eigenen Leben zu bewahren. Meine sechzehn und dreizehn Jahre alten Töchter kennen beide die Temperamente, und sie können bestätigen, dass ihnen dies in ihren eigenen Beziehungen zu Gleichaltrigen sehr geholfen hat.

- Ich bin davon überzeugt, dass Sie beim Lesen eine Menge Spaß haben werden. Wenn Leute mich fragen, was für eine Art von Autorin ich sei, antworte ich immer: »Ich schreibe für Frauen im Badezimmer.«

Was?

Ja, Sie haben richtig gelesen. Ich schreibe für Frauen im Badezimmer, und wenn Sie genau wissen wollen, worüber ich spreche, dann sollten Sie dieses Buch lesen. Ich kann von einem Buch meist auch höchstens drei Seiten am Stück lesen – in den gestohlenen Augenblicken zwischen denen ich meinen Teenager durch die Gegend chauffiere, mein Neugeborenes versorge und hinter meinem Sechsjährigem herschreie. Und das bringt uns noch zu einem anderen Punkt: Ich versuche immer ehrlich zu sein, was mein so wenig perfektes Leben betrifft. Wenn Sie Autoren mögen, die immer alles wissen, dann muss ich Sie eventuell enttäuschen.

Ich weiß bei weitem nicht alles, aber ich weiß eines: Das Verständnis der Temperamente ist das einzig sinnvolle Hilfsmittel (nach der Bibel natürlich), das ich jemals gefunden habe, um mit dieser verrückten Welt und ihren so verschiedenen Bewohnern, die sie besiedeln, klarzukommen. Und es hat mir sogar geholfen, meiner eigenen Persönlichkeit Sinn zu geben, und das will schon etwas heißen.

Wenn keiner dieser Vorteile Ihnen lohnenswert erscheint und Sie nicht der Meinung sind, dass Sie vielleicht auch davon profitieren könnten, wenn Sie sich selbst und die Menschen um Sie herum besser verstehen, dann legen Sie das Buch schnellstens weg. Aber wenn Sie den Verdacht haben, dass Ihre Werkzeugkiste im Hinblick auf Beziehungen eine neue Ausstattung brauchen könnte, dann kann ich Sie nur dazu ermutigen weiterzulesen. Aber lesen Sie nicht nur, sondern versuchen Sie, die Dinge, die Sie gelernt haben, aktiv zu nutzen. Der beste Weg, dies zu tun ist:

1. Lesen Sie mit einem Textmarker in der Hand. Kennzeichnen Sie alles, was Sie anspricht mit: »Oh, nun hab ich's kapiert.« »Mein Mann sollte das auch lesen.« (Davon aber besser nicht zu viel!)
2. Gehen Sie einen Schritt weiter: Machen Sie sich Notizen am Rand und am Ende jedes Kapitels, die deutlich machen, wie Sie das, was Sie gerade gelernt haben, umsetzen können.
3. Teilen Sie das, was Sie gelernt haben, mit einer oder mehreren Personen! Warum beginnen Sie nicht mit Ihrem Mann und Ihren Kindern? Sie können ihnen auszugsweise Passagen vorlesen, die Ihnen gefallen oder die Ihnen eine neue Einsicht vermittelt haben. Besser noch: Erklären Sie das Gelesene in Ihren eigenen Worten und versuchen Sie anhand eigener Beispiele die verschiedenen Temperamente zu verdeutlichen. Der beste Weg, um etwas zu lernen, ist, es anderen zu erklären.
4. Freuen Sie sich am ganzen Buch, aber richten Sie Ihr Hauptaugenmerk auf die emotionalen Bedürfnisse. Obwohl ich natürlich glücklich bin, wenn Sie mein Buch lesen, macht es keinen Sinn, wenn sich dadurch Ihre Umgangsweise mit den Menschen, die Ihnen am wichtigsten sind, nicht ändert. Der Aufwand lohnt sich nicht, wenn Sie nicht die »Extraportion« Zeit investieren, die erforderlich ist, um die Prinzipien auch anzuwenden. Fangen Sie mit Ihrem Mann an, indem Sie aktiv versuchen, seine emotionalen Bedürfnisse auf neue Weise zu erkennen. Beachten Sie den Unterschied. Dann kommen Ihre Kinder an die Reihe, schließlich Ihre entfernteren Familienmitglieder. Sie können sogar Spaß beim Anwenden der »Hilfsmittel« (am Ende des Buches) haben, wenn Sie, wie ich es kürzlich tat, mit der Kosmetikerin an der Kasse sprechen. Das kann Ihr Leben völlig verändern. Sie werden es sehen!
5. Lesen Sie die Passagen, die Sie mit Marker gekennzeichnet haben, noch einmal. Schreiben Sie die wichtigsten Punkte auf Kartei-

karten und/oder Haftnotizzettel und schauen Sie sich diese immer wieder an.

6. Trennen Sie die Karten, die Sie am Ende des Buches finden, heraus. Nehmen Sie diese mit und lesen Sie sie öfter mal durch.
7. Beschäftigen Sie sich regelmäßig damit, bis es zu einem festen Bestandteil Ihres Lebens wird.

Wenn dieses Buch bei Ihnen Veränderungen bewirkt, würde ich mich freuen, wenn Sie mir schreiben und es mir mitteilen. Aber nun lesen Sie weiter. Verändern Sie Ihr Leben.

Hintergrundinformationen

Vielleicht haben Sie den Begriff *Temperamente* vorher schon einmal gehört, und vielleicht haben Sie sogar schon einmal in Ihrer Firma oder Ihrer Kirche an einem Seminar teilgenommen, bei dem Sie sich selbst beurteilen sollten. Das Konzept, das ich Ihnen hier vorstelle, ist absolut nicht neu. Es reicht zurück bis zu dem griechischen Arzt und Philosophen Hippokrates (460 – 377 v. Chr.), der als Erster diese Theorie entwickelte. Er erkannte vier grundlegende Temperamente: sanguinisch, melancholisch, cholerisch und phlegmatisch. Die Unterschiede führte er auf verschiedene Mengen an körperlichen Substanzen zurück: Zu viel Blut macht eine Person zu einem Sanguiniker, zu viel schwarze Galle zu einem Melancholiker, zu viel gelbe Galle zum Choleriker, und Menschen mit zu viel Schleim sind Phlegmatiker. Wir können über diese Theorie lächeln, aber sie hat eine biochemische Grundlage, und in diesem Sinn ist sie absolut treffend.

Im Jahr 1966 löste Dr. Tim LaHaye, ein Pastor und bekannter Redner auf Seminaren, in der christlichen Welt einen wahren Sturm aus mit seinem phänomenalen Bestseller *The Spirit-Controlled Temperament* [Geisterfülltes Temperament]. Florence Littauer griff im Jahr 1983 die Gedanken von Dr. LaHaye auf und brachte ihren eigenen internationalen Bestseller *Personality Plus* heraus. Falls Sie eine Geschäftsfrau sind, wurden Sie vielleicht schon einmal nach dem DISC-Persönlichkeitsprofil getestet. Dahinter steht genau das gleiche Konzept – nur mit anderem Namen: Der Choleriker ist dominant, der Sanguiniker beeinflussbar, der Phlegmatiker beständig und der Melancholiker gewissenhaft.

Was einzigartig an *Die vier Temperamente – und welcher Typ bin ich?* ist, ist, dass es ganz speziell für Ehefrauen und Mütter geschrieben ist. Und es ist darauf angelegt, Ihnen in der Situation zu helfen, in der Sie gerade stehen, mitten im alltäglichen Balanceakt: in der Beziehung zur Familie und zu Freunden, bei den Anforderungen, die Beruf oder geistliche Aufgaben an Sie stellen, beim Kochen, Putzen, Windelnwechseln, beim Anhalten des Schulbusses oder bei der Hausaufgabenbetreuung. Wir werden keine Zeit mit Theorie verschwenden. Meine Damen, dieser Abschnitt über Hippokrates war's schon. Und Sie werden kein hochgestochenes Fachchinesisch wie in vielen anderen Büchern über Temperamente finden. (Um die zu lesen, brauchen Sie mindestens einen Doktortitel.)

Das ist auch der Grund, warum ich nicht die Begriffe verwenden möchte, die Hippokrates geprägt hat. Ich werde über die Temperamente auf der Basis der Eigenschaftswörter berichten, die das jeweilige Temperament am besten beschreiben – so wie die Littauers es entwickelt haben. Die grundlegende Motivation im Leben der Sanguinikerin ist es, Spaß zu haben und populär zu sein. Deshalb nenne ich sie die »populäre« Frau. Ich persönlich bin der Meinung, dass man sich diesen Begriff besser merken kann als den alten griechischen (ganz abgesehen von der Aussprache). Die Cholerikerin ist tatkräftig und will Kontrolle ausüben. Es sollte deshalb einfach sein, sich den Begriff »tatkräftige« Frau zu merken. Die Melancholikerin verspürt die Mission, Perfektion in eine so wenig perfekte Welt zu bringen. Ich werde sie deshalb als »perfekte« Frau bezeichnen. Schließlich gibt es noch den phlegmatischen Typ, bei dem Hippokrates davon ausging, dass er unter einem Übermaß an Schleim leide. Wie Sie vielleicht schon herausgefunden haben, sind diese Frauen so gelassen, dass sie nichts so schnell aus der Ruhe bringt. Aber ich bin mir sicher, dass dies nicht mit phlegmatisch gleichzusetzen ist. Glauben Sie nicht auch? Lassen Sie uns diese Frauen deshalb als »friedfertige« Frauen bezeichnen.

Okay, genug der griechischen Terminologie und des Psycho-Geredes. Worauf es ankommt? Auf praktische Hilfe für Ihr tägliches praktisches Leben. Zum Beispiel wie Sie sich selbst verstehen können – warum Sie tun, was Sie tun, und warum es Ihnen so schwer fällt, Dinge zu tun, von denen Sie glauben, dass Sie sie tun *sollten* und die Sie tun *wollen*. Und wie Sie andere verstehen können, damit Sie besser mit Ihrem Mann, Ihren Kindern und den Menschen um Sie herum auskommen.

Bevor wir nun zum eigentlichen »Stoff« kommen, möchte ich Sie im Hinblick auf ein paar Dinge vorwarnen. Sie könnten manchmal das Gefühl haben, dass ich die Temperamente nur in den Grundfarben zeichne. Dies ist wahrscheinlich eine richtige Einschätzung, zum einen, weil ich eine Mutter bin, die viel Zeit mit den »Grundfarben« verbringt. Aber ich bin der Meinung, wenn ich es so mache, sind die Dinge für mich leichter zu begreifen. Obwohl ich mit blau, rot und gelb male, weiß ich dennoch, dass es auch eine Schachtel mit 94 Wachsmalfarben gibt! Wir leben in einer Welt mit vielen Schattierungen und Nuancen, aber alle sind auf die Grundfarben zurückzuführen. Und so ist es auch mit den Temperamenten. Jeder Mensch, den Sie treffen, ist eine einzigartige Mischung, aber die einfachste Art und Weise, ihn zu verstehen, ist, seine grundlegenden »Farben« zu verstehen.

Aus dem gleichen Grund habe ich, wie Sie bestimmt bemerken werden, einige ziemlich extreme Beispiele für die verschiedenen Temperamente aufgeführt. Doch noch einmal: Ich sage nicht, dass jeder, der dieses Temperament hat, sich immer exakt so verhält. Menschen sind stets unberechenbar. Trotzdem denke ich, dass ein Blick darauf, wohin die Schwächen des jeweiligen Temperaments einen Menschen führen können, ein hervorragendes Lernmittel ist.

Und noch etwas! Verfallen Sie nicht in Hoffnungslosigkeit, wenn Sie über die Schwächen lesen. So wie wenige Menschen alle Stärken haben, haben auch nur wenige alle Schwächen. Selbst wenn Sie eine besondere Schwäche bemerken, sind Sie nicht zum Scheitern verurteilt. Dies ist kein Todesurteil für Ihren Charakter. Wir dienen einem mächtigen Gott und sein Geschäft ist die Erlösung. Bevor Ihre Entmutigung wächst, beten Sie darum, dass Gott Sie von innen heraus verändert. Ebenso sollten Sie für die beten, die Sie lieben, damit Gott auch in deren Leben ein großes Werk vollbringt.

»Darum: Ist jemand in Christus, so ist er eine neue Kreatur; das Alte ist vergangen, siehe, Neues ist geworden. Aber das alles von Gott, der uns mit sich selber versöhnt hat durch Christus und uns das Amt gegeben, das die Versöhnung predigt.« (2. Korinther 1,17.18)

Fangen wir also an. Lassen Sie uns mehr über Sie herausfinden. Jede Diskussion über Temperament muss mit dem Verständnis des eigenen Temperaments beginnen. Bitte nehmen Sie sich die Zeit und arbeiten Sie die folgenden Listen zur Einschätzung der Persönlichkeit, die von Fred Littauer entwickelt wurden und mit seiner freundlichen Genehmigung hier wiedergegeben werden, durch.

Persönlichkeitsprofil *

Anleitung: In jeder Reihe finden Sie vier Begriffe. Kreuzen Sie in jeder Reihe den Begriff an, der am besten auf Sie zutrifft. Machen Sie das bei allen 40 Zeilen so. Vergewissern Sie sich, dass Sie keine Zeile vergessen haben. Wenn Sie sich nicht sicher sind, was auf Sie am besten passt, fragen Sie Ihren Mann oder eine Freundin, und denken Sie darüber nach, welche Antwort Sie als Kind gegeben hätten. Wenn Sie Genaueres zur Bedeutung dieser Begriffe wissen wollen, finden Sie eine Definition im Anhang.

1.	☐ abenteuerlustig	☐ anpassungsfähig	☐ lebendig	☐ analytisch
2.	☐ hartnäckig	☐ verspielt	☐ überzeugend	☐ friedlich
3.	☐ unterwürfig	☐ aufopferungsbereit	☐ gesellig	☐ willensstark
4.	☐ rücksichtsvoll	☐ beherrscht	☐ konkurrierend	☐ überzeugend
5.	☐ erfrischend	☐ respektvoll	☐ reserviert	☐ einfallsreich
6.	☐ zufrieden	☐ einfühlsam	☐ selbstständig	☐ aktiv
7.	☐ vorausplanend	☐ geduldig	☐ positiv	☐ anspornend
8.	☐ sicher	☐ spontan	☐ planend	☐ schüchtern
9.	☐ ordentlich	☐ gefällig	☐ freimütig	☐ optimistisch

* Entwickelt von Fred Littauer. Persönlichkeitsprofil aus Personality Plus von Florence Littauer, copyright 1992 Florence Littauer, Abdruck mit Genehmigung von Florence Littauer und Fleming H. Revell Company. Vervielfältigung nicht erlaubt. Kopien können angefordert werden bei: CLASS, P.O. Box 6610, Albuquerque, NM 89193.

10.	☐ freundlich	☐ treu	☐ spaßig	☐ energisch
11.	☐ wagemutig	☐ entzückend	☐ diplomatisch	☐ detailliert
12.	☐ fröhlich	☐ konsequent	☐ kultiviert	☐ selbstsicher
13.	☐ idealistisch	☐ unabhängig	☐ nicht beleidigend	☐ inspirierend
14.	☐ demonstrativ	☐ entschieden	☐ trockener Humor	☐ tiefsinnig
15.	☐ vermittelnd	☐ musikalisch	☐ tatkräftig	☐ überall dabei
16.	☐ rücksichtsvoll	☐ hartnäckig	☐ redselig	☐ tolerant
17.	☐ guter Zuhörer	☐ loyal	☐ führend	☐ lebhaft
18.	☐ zufrieden	☐ Anführer	☐ Planer	☐ niedlich
19.	☐ perfektionistisch	☐ angenehm	☐ produktiv	☐ beliebt
20.	☐ temperamentvoll	☐ unerschrocken	☐ funktionierend	☐ ausgeglichen
21.	☐ frech	☐ herrisch	☐ schüchtern	☐ ausdruckslos
22.	☐ undiszipliniert	☐ wenig einfühlsam	☐ nicht begeisterungsfähig	☐ nicht vergebungsbereit
23.	☐ schweigsam	☐ ärgerlich	☐ entschlossen	☐ wiederholend
24.	☐ kleinlich	☐ furchtsam	☐ vergesslich	☐ aufrichtig
25.	☐ ungeduldig	☐ unsicher	☐ unschlüssig	☐ ins Wort fallend
26.	☐ unbeliebt	☐ unbeteiligt	☐ unberechenbar	☐ wenig herzlich
27.	☐ eigensinnig	☐ planlos	☐ schwer zufrieden zu stellen	☐ zögernd
28.	☐ einfach	☐ pessimistisch	☐ stolz	☐ liberal
29.	☐ zornig	☐ ziellos	☐ streitlustig	☐ befremdlich
30.	☐ naiv	☐ negativ	☐ nervig	☐ unbekümmert
31.	☐ kämpferisch	☐ zurückgezogen	☐ arbeitswütig	☐ beifallheischend
32.	☐ zu empfindsam	☐ taktlos	☐ ängstlich	☐ gesprächig
33.	☐ zweifelnd	☐ desorganisiert	☐ despotisch	☐ deprimiert
34.	☐ unbeständig	☐ introvertiert	☐ intolerant	☐ gleichgültig
35.	☐ chaotisch	☐ launisch	☐ undeutlich sprechend	☐ manipulierend
36.	☐ langsam	☐ eigensinnig	☐ angeberisch	☐ skeptisch
37.	☐ einzelgängerisch	☐ beherrschend	☐ bequem	☐ laut
38.	☐ träge	☐ misstrauisch	☐ reizbar	☐ schusselig
39.	☐ rachsüchtig	☐ ruhelos	☐ widerwillig	☐ vorschnell
40.	☐ kompromissbereit	☐ kritisch	☐ listig	☐ unbeständig

Nun ist es soweit, dass Sie Ihr Temperament bestimmen können. Die folgende Tabelle zeigt eine Liste mit genau denselben Begriffen wie die vorherige, aber diesmal sind Sie unter dem dazu passenden Temperament angeordnet. Wenn Sie Ihre Antworten aus obiger Liste nun in die unten stehende übertragen, wird Ihr Temperament deutlich.

	»populär«	»tatkräftig«	»perfekt«	»friedfertig«
1.	☐ lebendig	☐ abenteuerlustig	☐ analytisch	☐ anpassungsfähig
2.	☐ verspielt	☐ überzeugend	☐ hartnäckig	☐ friedlich
3.	☐ gesellig	☐ willensstark	☐ aufopferungsbereit	☐ unterwürfig
4.	☐ überzeugend	☐ konkurrierend	☐ rücksichtsvoll	☐ beherrscht
5.	☐ erfrischend	☐ einfallsreich	☐ respektvoll	☐ reserviert
6.	☐ aktiv	☐ selbstständig	☐ einfühlsam	☐ zufrieden
7.	☐ anspornend	☐ positiv	☐ vorausplanend	☐ geduldig
8.	☐ spontan	☐ sicher	☐ planend	☐ schüchtern
9.	☐ optimistisch	☐ freimütig	☐ ordentlich	☐ gefällig
10.	☐ spaßig	☐ energisch	☐ treu	☐ freundlich
11.	☐ entzückend	☐ wagemutig	☐ detailliert	☐ diplomatisch
12.	☐ fröhlich	☐ selbstsicher	☐ kultiviert	☐ konsequent
13.	☐ inspirierend	☐ unabhängig	☐ idealistisch	☐ nicht beleidigend
14.	☐ demonstrativ	☐ entschieden	☐ tiefsinnig	☐ trockener Humor
15.	☐ überall dabei	☐ tatkräftig	☐ musikalisch	☐ vermittelnd
16.	☐ redselig	☐ hartnäckig	☐ rücksichtsvoll	☐ tolerant
17.	☐ lebhaft	☐ führend	☐ loyal	☐ guter Zuhörer
18.	☐ niedlich	☐ Anführer	☐ Planer	☐ zufrieden
19.	☐ beliebt	☐ produktiv	☐ perfektionistisch	☐ angenehm
20.	☐ temperamentvoll	☐ unerschrocken	☐ funktionierend	☐ ausgeglichen
21.	☐ frech	☐ herrisch	☐ schüchtern	☐ ausdruckslos
22.	☐ undiszipliniert	☐ wenig einfühlsam	☐ nicht vergebungsbereit	☐ nicht begeisterungsfähig
23.	☐ wiederholend	☐ entschlossen	☐ ärgerlich	☐ schweigsam
24.	☐ vergesslich	☐ aufrichtig	☐ kleinlich	☐ furchtsam
25.	☐ ins Wort fallend	☐ ungeduldig	☐ unsicher	☐ unschlüssig
26.	☐ unberechenbar	☐ wenig herzlich	☐ unbeliebt	☐ unbeteiligt
27.	☐ planlos	☐ eigensinnig	☐ schwer zufrieden zu stellen	☐ zögernd
28.	☐ liberal	☐ stolz	☐ pessimistisch	☐ einfach
29.	☐ zornig	☐ streitlustig	☐ befremdlich	☐ ziellos
30.	☐ naiv	☐ nervig	☐ negativ	☐ unbekümmert
31.	☐ beifallheischend	☐ arbeitswütig	☐ zurückgezogen	☐ kämpferisch
32.	☐ gesprächig	☐ taktlos	☐ zu empfindsam	☐ ängstlich
33.	☐ desorganisiert	☐ despotisch	☐ deprimiert	☐ zweifelnd
34.	☐ unbeständig	☐ intolerant	☐ introvertiert	☐ gleichgültig
35.	☐ chaotisch	☐ manipulierend	☐ launisch	☐ undeutlich sprechend
36.	☐ angeberisch	☐ eigensinnig	☐ skeptisch	☐ langsam
37.	☐ laut	☐ beherrschend	☐ einzelgängerisch	☐ bequem
38.	☐ schusselig	☐ reizbar	☐ misstrauisch	☐ träge
39.	☐ ruhelos	☐ vorschnell	☐ rachsüchtig	☐ widerwillig
40.	☐ unbeständig	☐ listig	☐ kritisch	☐ kompromissbereit
Gesamt	______	______	______	______

Kurze Einführung in die Temperamente

Nachdem Sie nun wissen, welches Temperament Sie sind, bin ich mir fast sicher, dass Sie die folgenden Ausführungen in erster Linie im Hinblick auf Ihr eigenes Temperament lesen wollen. Das ist völlig in Ordnung. Ja, es ist sogar absolut natürlich. Dennoch sollten Sie sich einen kurzen Augenblick Zeit nehmen, um sich einen groben Überblick über alle vier Temperamente zu verschaffen, bevor Sie sich der Erforschung Ihres eigenen zuwenden. Ich verspreche Ihnen, dass ich mich kurz fasse. Wir wollen nun Folgendes machen: Stellen Sie sich einmal vor, Sie hätten Ihren kleinen Liebling in das Auto gepackt und fahren nun mit ihm zum Park. Während Sie sich dort aufhalten, begegnen Ihnen die verschiedenen Typen von Temperamenten.

Bei Ihrer Ankunft am Parkplatz hören Sie lautes Gelächter durch die Luft schwirren. Sie bemerken eine Frau mit langem, wehendem Haar, die mitten in einer Gruppe von Menschen steht. Außerdem sehen Sie sogar aus der Ferne, dass Sie eine recht schrille Aufmachung hat und große Ohrringe trägt. Diese Frau kann man einfach nicht übersehen, auch nicht, wenn man es versucht. Sie fordert Beachtung. Sie redet wie ein Wasserfall und unterstreicht ihre Ausführungen mit heftigen Gesten. Als Sie hinübergehen, um sich zu der Gruppe zu gesellen, stellen Sie fest, dass die Frau sich nicht nur einfach unterhält, sondern Geschichten erzählt. Als die Story nicht die Reaktion, die sie sich erhofft hat, hervorruft, beginnt sie sofort damit, exakt das Gleiche noch einmal zu erzählen.

Als sie anfängt, sich zu langweilen (und das passiert dann, wenn ein anderer auch einmal etwas sagen will), stürmt sie davon, schaukelt eine Weile und beginnt dann ein Gespräch mit einem alten Mann, der auf einer Bank in der Nähe sitzt. Zum Essen hat sie eine Tüte von McDonald's dabei, die sie auf ihrem Weg zum Park schnell besorgt hat.

Sie haben soeben eine »populäre« Frau getroffen.

Obwohl sie sich viel unauffälliger verhält, können Sie nicht umhin, eine sehr attraktive Mutter zur Kenntnis zu nehmen, die perfekt bis ins Letzte gestylt und gekleidet ist. Ihre sorgfältig lackierten

Fingernägel haben genau die gleiche Farbe wie ihre Lippen. Als Sie ihr ein Kompliment über ihre Kleidung machen, glüht ihr Gesicht vor Begeisterung, während sie Ihnen berichtet (selbstverständlich in allen Details), wie sie die Stücke im Ausverkauf in einer Boutique 75 Prozent billiger erstanden hat. Sie spricht dabei sehr ruhig und gestikuliert nur wenig. Tatsächlich hält sie die Arme eng am Körper. Ihr kurzer, eleganter Haarschnitt betont ihre Gesichtszüge, die durch ein perfektes Make-up ins rechte Licht gesetzt werden.

Während des Nachmittags passt sie fürsorglich auf ihre Kinder auf, die ebenfalls wie aus dem Ei gepellt aussehen. Die Kinder dürfen nicht auf dem Klettergerüst herumturnen, weil sie vergangenen Dienstag einen Artikel in einer Frauenzeitschrift gelesen hat, der bekannt gab, dass hier die meisten Unfälle auf Spielplätzen passieren. Als Essenszeit ist, packt sie aus einer Plastikfolie, um die zur Sicherheit noch Aluminiumfolie gewickelt ist, vollwertige Brote aus, die in perfekte Dreiecke geschnitten sind.

Soeben haben Sie die Bekanntschaft einer »perfekten« Frau gemacht.

Am Picknicktisch sitzt eine Mutter, die an etwas arbeitet, das sehr wichtig zu sein scheint. Obwohl sie nicht viel spricht, haben Sie nicht den Eindruck, dass sie schüchtern ist, eher geistesabwesend. Von Zeit zu Zeit steht sie auf, um ihre Kinder zu einem Spiel zu ermuntern. Zu Ihrem großen Erstaunen ermahnt sie sogar ihre Kinder (mit erhobenem Zeigefinger), nicht auf den alten Apfelbaum zu klettern. Als sie ihre eigenen Kinder zum Essen ruft, tut sie das mit sehr viel Autorität, und die Kleinen kommen auch sofort angerannt. Während des Essens bringt sie das Gespräch auf ein heikles Thema, das in der örtlichen Schule zur Abstimmung ansteht, und lässt jeden ihren Standpunkt wissen. Es ist nicht so sehr das, was sie sagt, sondern der autoritäre Ton, in dem sie es tut, der Ihnen klarmacht, dass diese Frau es ernst meint. Natürlich mag dieser Eindruck auch noch dadurch verstärkt werden, dass sie ein Mobiltelefon dabeihat.

Sie haben soeben eine »tatkräftige« Frau in Aktion erlebt.

Und schließlich ist da noch eine ruhige Frau, die eine Picknickdecke ausgebreitet hat. Das heißt, genau genommen hat sie zwei Decken ausgelegt, falls noch jemand anders einen Platz zum Sitzen braucht. Sie hat genug kalte Getränke und Essen dabei, um es mit anderen zu teilen. Sie äußert sich zu den angesprochenen Themen nicht im Detail (und riskiert auch keine eigene Meinung zur Abstimmung in der Schule). Erhebt sie von Zeit zu Zeit die Stimme, dann nur, um anderen Frauen und Kindern Essen und Trinken anzubieten.

Apropos Kinder, Sie bemerken, dass ihre Kinder immer auf ihrem Schoß sitzen. Und wenn sie es tatsächlich einmal wagen aufzustehen, sorgt die Mutter dafür, dass die Kleinen immer in ihrer Sichtweite sind. Obwohl sie und ihre Kinder sehr nett sind, haben Sie den Eindruck, dass ihre Kleider ein bisschen unordentlich sind und auch die Körperpflege ein klein wenig zu wünschen übrig lässt. Als sie eines ihrer Kinder losschickt, um etwas aus dem Auto zu holen, stellen sie fest, dass auch der Wagen eine Wäsche vertragen könnte.

Sie haben nun auch noch die Bekanntschaft mit einer »friedfertigen« Frau gemacht.

Typische Kombinationen

Ich hoffe, dass Ihnen diese Beschreibungen eine Vorstellung davon vermittelt haben, wie diese Frauen im Allgemeinen sind. Natürlich ist das Ganze im wirklichen Leben schon ein bisschen komplizierter, denn bekanntlich gibt es keine zwei menschlichen Wesen, die sich völlig gleich sind. Außerdem lassen sich nur vier Prozent der Bevölkerung genau einem bestimmten Temperament zuordnen. Beim Rest liegt eine Kombination aus den verschiedenen Temperamenten vor. Vielleicht haben ja auch Sie bei sich selbst bemerkt, dass Sie eine Kombination aus zwei Temperamenten haben. Die Kombinationen, die am häufigsten auftreten, sind: »populär-tatkräftig«, »perfekt-friedfertig«, »tatkräftig-perfekt« und »populär-friedfertig«.

Die nachfolgende Grafik macht die am häufigsten vorkommenden Kombinationen deutlich. Dabei dürfen die Kästen nur zur Seite oder nach oben, nie aber über Kreuz verbunden werden.

»populär«	»tatkräftig«
»friedfertig«	»perfekt«

Unwahrscheinliche Kombinationen

Es gibt ein paar Kombinationen, bei denen bei Ihnen ein Warnlicht angehen sollte: Kombinationen, die normalerweise nicht vorkommen. Aber keine Panik: Ich will damit nicht sagen, dass Sie, falls Sie eine solche ungewöhnliche Kombination an sich bemerken, verrückt oder sonderbar oder so etwas Ähnliches sind. Nur, dass Sie mehr von äußeren Einflüssen bestimmen lassen, wer Sie sind, anstatt die Person zu sein, die Sie sein sollen. Sie glauben vielleicht, dass Sie in Ihrem Leben absolut glücklich sind, aber möglicherweise wären Sie noch glücklicher, wenn Sie zu Ihrem wahren Selbst finden würden.

Ich möchte Ihnen dafür einige Beispiele geben. Wenn Ihre Auswertung ergeben hat, dass Sie eine »populär-perfekte« oder eine »tatkräftig-friedfertige« Persönlichkeit sind, kann etwas nicht stimmen. Denken Sie einmal darüber nach. Eine Person, deren grundlegendes Bedürfnis es ist, Spaß im Leben zu haben (»populäre« Frau), hat gewöhnlich kein allzu großes Interesse daran, alles perfekt zu machen (»perfekte« Frau). Und jemand, der das Leben leicht nimmt (»friedfertige« Frau), hat nicht das Bedürfnis, alles um sich herum unter Kontrolle zu haben (»tatkräftige« Frau). Diese Temperamente widersprechen sich.

Erinnern wir uns: Bei typischen Kombinationen werden die Kästen durch direkte Linien verbunden, bei ungewöhnlichen über Kreuz.

Was bedeutet es aber, wenn Ihre Auswertung sich widersprechende Temperamente ergeben hat? Da gibt es mehrere Möglichkeiten. Vielleicht hatten Sie übermächtige Eltern, die Sie in eine bestimmte Richtung gedrängt haben, die Ihrem Wesen gar nicht entspricht. Vielleicht spielt aber auch eine Rolle, als wievieltes Kind Sie zur Welt kamen. Ein Beispiel: Sie waren das erste Kind Ihrer Eltern, und vom Temperament her waren Sie »populär«, aber Ihre Eltern arbeiteten Tag und Nacht daran, sie »perfekt« zu machen, sodass Sie schließlich viele Merkmale eines »perfekten« Temperaments aufwiesen. Oder Sie haben von Natur aus ein »perfektes« Temperament, aber Ihre Eltern trieben Sie dazu an, Cheerleader zu werden und jede Menge Partys zu besuchen. Also haben Sie angefangen, die Rolle einer »populären« Person zu spielen, obwohl Sie das in Wirklichkeit gar nicht sind. Oder Ihr Ehemann ist Pastor, und obwohl Sie vom Temperament her »tatkräftig« sind und jede Menge Power haben, haben Sie den Eindruck, dass die Gemeinde von Ihnen erwartet, dass Sie sich ruhig im Hintergrund halten. Sie fürchten, dass man Ihr wirkliches Ich nicht akzeptieren würde, deshalb tragen Sie weiter die »friedfertige« Maske.

Der Schlüssel zum eigenen Selbstverständnis ist, wieder an die Persönlichkeit anzuknüpfen, die man als Kind war. Oder achten Sie doch einfach darauf, wie Sie sind, wenn Sie sich wirklich gut und lebensfroh fühlen. Das ist Ihr wirkliches Ich. (Wenn Sie bei sich widersprüchliche Temperamente entdecken, empfehle ich Ihnen, das Buch *Your Personality Tree* von Florence Littauer zu lesen. Es wird Ihnen dabei helfen, diese Punkte herauszuarbeiten und Ihr wirkliches Ich zu erkennen.)

Aber was ist, wenn Sie von jedem Temperament ein klein bisschen etwas haben? Das kann dreierlei bedeuten:

1. Sie sind geistig völlig ausgereift und in allen Lebensbereichen ausgeglichen. Sie wissen, wie man gut durchs Leben kommt und sich eine schöne Zeit macht, aber Sie wissen auch, wann es an der Zeit ist, das Leben ernst zu nehmen. Sie wissen, wann Sie sich um eine Sache kümmern müssen, lassen es dabei aber nicht an Diplomatie fehlen. Wenn Sie bereits seit mehreren Jahren in einer engen Beziehung zu Gott stehen, hat sein Vorbild wohl etwas auf Sie abgefärbt. Wunderbar! Es wäre besser auf der Welt, wenn es mehr Menschen wie Sie gäbe.

2. Möglicherweise kennen Sie sich selbst nicht sehr gut, und Sie haben die falschen Eigenschaften angekreuzt. Oder Sie haben das angekreuzt, von dem Sie glaubten, wie Sie sein sollten oder wie

Sie zu sein hoffen, anstatt anzugeben, wie Sie wirklich sind. Lassen Sie Ihren Mann oder eine gute Freundin den Test »für Sie« machen und schauen Sie, was die denken. Aber Vorsicht: Vielleicht gefallen Ihnen die Antworten nicht, die Sie bekommen. Mein Mann machte den Test »für mich« und kapierte nicht, dass er nur eine Eigenschaft pro Reihe auswählen darf. Als Ergebnis kreuzte er eine Hand voll von Stärken und sämtliche Schwächen in drei Temperament-Kategorien an. Ich war eine Woche lang deprimiert.

3. Sie sind ein unbeschwerter »friedfertiger« Typ, der glaubt, dass es bei dem Test nicht so genau darauf ankommt, und Sie haben deshalb angekreuzt, was Ihnen gerade in den Sinn kam. Bitten auch Sie Ihren Mann oder eine Freundin, den Test für Sie zu machen. Wenn Sie wirklich ein »friedfertiger« Typ sind, brauchen Sie sich keine Gedanken zu machen. Sie werden lauter gute Eigenschaften ankreuzen. Denn fast jeder mag die unbeschwerten »friedfertigen« Typen.

Grundlegende Motivationen

Wenn es darum geht, sowohl sich selbst als auch andere Menschen um einen herum zu verstehen, ist eines der wichtigsten Werkzeuge, die Ihnen zur Verfügung stehen, das Verständnis, welche Motivation dem Verhalten der verschiedenen Temperamente zugrunde liegt. Indem Sie Ihre eigene Motivation verstehen, wird es Ihnen möglich, realistischer zu sein. Mit anderen Worten: Ist es realistisch zu glauben, dass das Leben immer nur Spaß machen, perfekt sein, kontrollierbar oder einfach sein muss? Natürlich nicht! Wenn Sie das erkennen, werden Sie in der Lage sein, Ihre Erwartungen zu mäßigen und Ihre Frustration in Grenzen zu halten.

Jeder, den Sie in diesem Moment sehen, jeder, dem Sie begegnen, wird von dem Wunsch getrieben, in seinem Leben entweder Spaß zu haben, perfekt zu sein, alles unter Kontrolle zu haben oder es sich so einfach wie möglich zu machen. Das ist zwar ein bisschen vereinfacht gesagt, aber wenn Sie dieses Buch durchgearbeitet haben – und geprüft haben, ob das hier Gesagte der realen Welt standhält oder nicht –, dann, so denke ich, werden Sie entdecken, dass die menschlichen Motivationen oft erstaunlich simpel sind. Wenn Sie ihre grundlegenden Motivationen erst einmal verstanden haben, können Sie sich besser auf die Menschen einstellen, und als Folge davon stehen Ihnen diese Menschen positiver gegenüber. Schauen wir uns deshalb doch jedes Temperament einmal der Reihe nach an:

- Der »populäre« Typ will Spaß haben und beliebt sein. Wenn Sie mit diesem Typ zu tun haben, fragen Sie sich selbst: »Was kann ich tun, damit er mehr Spaß hat?«
- Der »perfekte« Typ will Perfektion in eine so wenig perfekte Welt bringen. Stellen Sie sich deshalb die Frage: »Wie kann ich das in einer geregelten Art und Weise machen?«
- Der »tatkräftige« Typ will soviel Kontrolle über seine Welt haben wie möglich. Fragen Sie sich deshalb: »Wie kann ich so einem Menschen (egal ob es die Frau ist, die Sie im Spiegel sehen, Ihr Ehemann oder Ihre Kinder) in dieser Situation das Gefühl vermitteln, Einfluss zu haben?«
- Der »friedfertige« Typ will das Leben leicht nehmen und in Frieden leben. Um das Beste aus einer Beziehung mit so einem Menschen zu machen, fragen Sie sich: »Wie kann ich in dieser Situation die Harmonie fördern?«

Ich werde auf diese Punkte im Verlauf des Buches immer wieder zurückkommen und versuchen, Ihnen ein Verständnis dafür zu vermitteln, was diese Motivationen in unserem eigenen Herz, in unseren Ehen und im Umgang mit unseren Kindern auslösen. Das war also die kurze Einführung in die vier Typen von Temperamenten. Machen Sie sich nun bereit, so viel wie möglich über sich selbst und Ihre Mitmenschen zu lernen. Viel Spaß beim Lesen!

2. Einführung in den Typ »populäre« Frau

Der erste Typ Frau, den ich vorstellen möchte, ist die entzückende, aufregende »populäre« Frau. Sie war Cheerleader an der Highschool und heute ist sie inoffzieller Cheerleader im Leben. Die »populäre« Frau ist in einer großen Menschenmenge wahrscheinlich am leichtesten zu erkennen. Sie ist diejenige, die wie ein Wasserfall redet, laut lacht und mit den Armen in der Luft herumwedelt. Ich sage »Menschenmenge«, weil Sie immer im Mittelpunkt des Geschehens zu finden ist, sich unter die Menschen mischt und sie mit ihren Geschichten, die mehr oder weniger der Wahrheit entsprechen, beglückt.

Andere Temperamente, die sie so in Aktion erleben, denken: »Wird die eigentlich niemals müde?« Sie erkennen nicht, dass die »populäre« Frau auf diese Art und Weise ihre Batterien neu auflädt. Was für die durchschnittliche Frau ein schönes entspannendes Bad ist, das ist für sie eine große Zuhörerschaft. Deshalb ist sie auch absolute Spitze, wenn es darum geht, Beziehungen zu anderen aufzubauen. Wenn Sie zum Beispiel neu in der Stadt oder der Gemeinde sind, nehmen Sie einfach Kontakt zu einer »populären« Frau auf – sie kennt absolut jeden. Und schon haben Sie jede Menge Freunde.

Stärken der »populären« Frau

Ich erinnere mich noch gut daran, als Denise in unsere Gegend zog. Als wir uns einige Male getroffen hatten, dachte ich: »Das ist wunderbar. Mein ganzes Leben habe ich davon geträumt, eine Freundin wie sie zu finden. Ich weiß, dass wir die besten Freunde fürs ganze Leben werden.« Allerdings vermutete ich auch, dass jeder, der

Denise traf, genau das Gleiche dachte wie ich. Es ist eine schwere Anforderung, der beste Freund der ganzen Welt zu sein, aber Denise brachte das ganz hervorragend auf die Reihe.

Sie sehen, die »populäre« Frau ist die beste Freundin von jedermann, und sie liebt alle aufrichtig. Sie hat jedoch einen ganz besonderen Platz in ihrem Herzen für Freunde, die sie bewundern und verehren – mit anderen Worten: Sie blüht bei Komplimenten förmlich auf. Wenn Sie jedoch Ihre Bewunderung nicht deutlich genug zum Ausdruck bringen, bereitet Ihr das auch keine schlaflosen Nächte. Sogar wenn Sie ihre Gefühle massiv verletzen, ist sie Ihnen nicht böse. Wenn sie feststellt, dass sie etwas falsch gemacht hat, ist sie schnell dabei, sich zu entschuldigen. Sie ist einfach in allem schnell und spontan. Sie ist die Art von Freundin, die es fertig bringt zu sagen: »Lass uns auf die Bahamas fliegen … jetzt gleich am Wochenende.« Und sie ist dabei so überzeugend, dass sie es schafft, Sie so weit zu bringen. Kein Wunder, dass sie die beste Freundin von jedermann ist.

Gesprächig

Die »populäre« Frau ist einfach ständig am Reden. Es gibt keinen Zweifel, sie hat das, was gemeinhin als »flottes Mundwerk« bezeichnet wird. Diese Frauen geben hervorragende Lehrer und Redner ab, weil sie 24 Stunden am Tag reden können – und das zu jedem beliebigen Thema, unabhängig davon, ob Sie sich damit auskennen oder nicht. Diese Frau braucht nicht einmal eine Gruppe von Zuhörern, einer reicht ihr auch – obwohl ihr eine ganze Gruppe natürlich lieber ist! Sie sehen, die »populäre« Frau kann also mit jedem, überall, jederzeit und über alles sprechen. Das ist auch der Grund dafür, warum Sie ständig den Telefonhörer in der Hand hat. Sie ist der Spitzenkandidat, wenn es darum geht, wer das T-Shirt mit der Aufschrift »Hilfe, ich bin am Telefonieren und kann damit nicht aufhören« tragen darf.

Wenn Sie versuchen, sie anzurufen, werden Sie wohl kaum durchkommen – es sei denn, sie erwartet Ihren Anruf. In diesem

Fall müssen Sie allerdings damit rechnen, dass Ihr Gespräch alle paar Minuten von einem ihrer anderen 1001 Freunde unterbrochen wird.

Meine Freundin Jill erzählte mir kürzlich Folgendes:

> Im Rahmen meiner Arbeit telefonierte ich über mehrere Monate hinweg mit einer Frau aus Kalifornien, aber wir hatten uns noch nie persönlich getroffen. Als ich herausfand, dass Sie aus Arizona stammt, lud ich Sie zum Abendessen ein. Ich hatte noch nie ein Bild von ihr gesehen, aber ich dachte mir: »Wie viele Frauen werden schon bei Applebees auf jemanden warten, mit dem sie zum Abendessen verabredet sind? Ich werde sie schon finden, kein Problem.« Also ging ich bewusst ein paar Minuten später als verabredet zum Restaurant und fragte nach einer Frau, die auf jemanden wartete. Natürlich war sie schon da. Ich ging zum Tisch. Sie streckte mir die Hand entgegen, und ich sagte: »Kommen Sie, lassen Sie sich umarmen«, und dann nahm ich sie freundschaftlich in den Arm. Ich setze mich und wir redeten und redeten. Ich fand manche Dinge, die sie sagte, etwas sonderbar. So dachte sie zum Beispiel, ich sei in der Herstellung tätig. Aber ich entdeckte auch viele Gemeinsamkeiten, über die wir sprechen konnten, sodass ich dem keine größere Bedeutung beimaß.
>
> Dann fragte ich sie, wie es ihrem Baby ginge. Ich fand, dass sie für ein Baby eigentlich schon ziemlich alt aussah, doch ich dachte: »Heute bekommen viele Frauen ihre Kinder eben später.« Aber nun schaute sie mich an, als ob ich nicht ganz klar im Kopf wäre, und sagte: »Ich habe nur eine Tochter, und die ist 27 Jahre alt.« Plötzlich ging mir ein Licht auf und ich bat: »Darf ich einmal Ihre Visitenkarte sehen?« Ich brauchte nur einen Blick, um zu erkennen, dass sie die falsche Person war. Ich schluckte schwer und sagte dann: »Äh, ich weiß nicht genau, wie ich es sagen soll, aber ... wir beide sind gar nicht miteinander verabredet. Ich frage mich, ob die, mit denen wir eigentlich verabredet waren, vielleicht auch gerade zusammen essen!« Dann stand ich auf und ging zum Eingang des Restaurants. Und da saß meine richtige Verabredung und wartete.

Nur der »populäre« Typ kann mit einem völlig Fremden 20 Minuten lang reden ohne zu bemerken, dass er seinen Gesprächspartner überhaupt nicht kennt.

Lebt für gesellschaftliche Ereignisse

Ihr nettes Lachen und ihre temperamentvolle Persönlichkeit macht sie zu einem beliebten Gast bei gesellschaftlichen Ereignissen. Wie sie solche Veranstaltungen liebt! Sie gibt gerne Partys und sie besucht gerne Partys. Sie liebt es zu lachen und verbringt so eine tolle Zeit. Auf sie passt das alte Lied von Cindy Lauper: »Girls just wanna have fun!« [Mädchen wollen einfach nur ihren Spaß haben]. Ihr wichtigstes Ziel ist es, das Leben zu genießen. Wenn Dinge zu ernst sind, ist sie die Erste, die versucht, sie etwas aufzulockern.

Wenn Ihre Kirche oder Organisation ein besonderes Ereignis plant, dann geben Sie ihr eine Chance. Ich bin mir sicher: Während sie noch herumsitzen und planen, hat sie bereits jeden davon überzeugt, dass es sich dabei um das größte Ereignis des Jahrhunderts handelt. Auch wenn sie nur ihre allerengsten Freunde aktiviert, haben Sie bereits mehr als 250 Teilnehmer. Sie liebt es, Feste zu veranstalten und zukünftige Ereignisse zu besprechen. Für sie hält die Zukunft jede Menge Versprechungen bereit. Das ist auch der Grund, warum sie von Menschen und vom Leben immer nur das Beste erwartet. Sie ist ein wahres Energiebündel und Müdigkeit kennt sie nicht.

Anspornend

Die »populäre« Frau kann andere für eine Tätigkeit begeistern. Sie ist hervorragend darin, sich tolle Dinge auszumalen, die jemand anderes tun kann. Sie hat die unheimliche Fähigkeit, an sich vernünftige Menschen dazu zu bringen, die verrücktesten Dinge zu tun. Sues Bruder, John, ist der gutmütigste Mann, den es gibt – abgesehen von Sues Ehemann. Am St. Patrick's Tag, als sie sich zu ihrem traditionellen Ferienfest trafen, überredete sie die beiden Männer dazu, grünes Toilettenpapier anzubringen, alle Lampen (natürlich einschließlich der Deckenlampen) mit grünem Papier abzudecken und dann in der ganzen Nachbarschaft grüne Pfeile auszulegen, die auf ihr Haus wiesen. Die beiden waren Menschen, die unter normalen Umständen niemals die Aufmerksamkeit auf sich zogen, und jetzt liefen sie durch die Nachbarschaft in fremdartigen Kostümen und grünem Kopfschmuck.

Kreativ

Im Hinblick auf ihre Kleidung ist sie sehr kreativ, und sie liebt es, sich stets mit neuen Frisuren und Haarfarben zu präsentieren. Sie nimmt sich zwar nicht die Zeit, selbst zu nähen, aber sie ist sehr begabt mit Sprühdose und Klebepistole. Darüber hinaus zeigt sich ihre Kreativität aber auch in allem anderen, was sie tut: dekorieren, backen und die Kinder unterhalten. Sie ist ein Meister darin, Spiele und Bastelarbeiten sowie Beschäftigungen für die Kinder zu erfinden. Sie kreiert die tollsten Kuchen und begeistert alle damit. Fragen Sie sie aber nie nach dem Rezept. So wie Sie zuvor noch nie einen Kuchen wie diesen gesehen haben, werden Sie denselben auch nie wieder bekommen. Warum das so ist? Weil sie gar nicht daran denkt, das Rezept aufzuschreiben. Dafür wird sie aber in der nächsten Zeit bestimmt wieder mit irgendetwas Brandneuem aufwarten.

Als meine Freundin Jill mir erzählte, dass ihre viereinhalbjährige Tochter Jesse jeden Morgen stundenlang ruhig in ihrem Zimmer spielt, konnte ich es kaum glauben. Dann berichtete mir Jill Näheres über den Raum – und jetzt konnte ich es glauben. Ja, ich wollte sogar gleich hinübergehen und auch in diesem Zimmer spielen. An einer Wand ist eine riesige ausgesägte Wolke. Die Rückwand ist königsblau gestrichen und mit einem großen ausgesägten Mond und Sternen bestückt. Das ist die Nacht-Wand. Gemeinsam haben Jill und Jesse eine Tag-Wand kreiert, und sie in hellem Blau und Weiß angemalt. Dann sägte ihr Mann hölzerne Wolken aus und befestigte sie daran. Sogar am Fenster ist eine ausgeschnittene Wolke.

Alle Wände sind mit beweglichen Figuren bestückt, sodass Jesse den Raum jederzeit so umgestalten kann, wie sie möchte. Sie hat einen japanischen Futon für ihre Puppen, ein großes Sitzkissen und ein Regal, das voll mit bunten Bilderbüchern ist. Jill entfernte die Tür vom großen Schrank und versah ihn mit Zwischenwänden und Regalen, die ihr Mann in einem örtlichen Heimwerkermarkt besorgte. (Für dieses Projekt nahm sie ihren »perfekten« Ehemann in Anspruch.) Ein Fach ist angefüllt mit Bausteinen, Murmeln und Bastelmaterialien. Ein anderes Regal beherbergt Brettspiele. So ist ein komplettes Beschäftigungs-Center entstanden mit einer Menge toller Dinge, die man tun kann. Würden Sie nicht auch Lust haben, in einem Raum wie diesem zu spielen!

Akzeptierend

Die »populäre« Frau lebt nach der Maxime »leben und leben lassen«. Da ihr wichtigstes Lebensziel ist, Spaß zu haben und überall beliebt zu sein, verschwendet sie wenig Zeit darauf herauszufinden, was an den Leuten, die sie trifft, nicht in Ordnung ist. Sie hat vielmehr das Gute an diesen Menschen im Blick. Sie akzeptiert die Tatsache, dass jeder Schwachstellen hat und jeder Fehler macht. Sie widersteht der ständigen Versuchung, sich selbst als Richter über andere aufzuspielen. Und da sich niemand gerne aburteilen lässt, trägt diese Verhaltensweise nicht unwesentlich dazu bei, dass sie so beliebt ist. Diese Frau hat eine Menge einnehmender Qualitäten, aber eine ihrer liebenswertesten ist ihr kindlicher Glaube an und ihr Vertrauen zu ihren Mitmenschen. Sie denkt immer nur das Beste über andere.

Obwohl sie gerne redet und auch Tratsch hin und wieder nicht abgeneigt ist, werden Sie nur selten erleben, dass Sie ein wirklich böses Gerücht in die Welt setzt. Auch wenn nach Auffassung der anderen es jemand verdient hätte, verurteilt zu werden, macht sie dabei nicht mit. Im Gegenteil, sie betont immer wieder, was an der betreffenden Person Gutes ist. Und was noch wichtiger ist: Sie vertraut ihr Leben bereitwillig der fürsorglichen Liebe ihres himmlischen Vaters an. Deshalb leidet sie nicht so häufig unter Sorgen und Furcht wie die anderen Temperamente. Sie nimmt jeden Tag, wie er ist, und betrachtet ihn als ein Geschenk Gottes.

Schwächen der »populären« Frau

Zu gesprächig

Die »populäre« Frau wundert sich oft, warum die anderen immer so still sind. Sie denkt bei sich: »Oh, wie schlimm: eine Welt voll von scheuen und schüchternen Menschen. Gott sei Dank bin ich hier, um das Schweigen mit spannenden Geschichten und lustigen Witzen zu überbrücken.« Aber »populäre« Frauen sollten einmal das folgende Experiment durchführen. Beobachten Sie, was passiert, wenn Sie länger als fünf Minuten schweigen. (Vorausgesetzt Sie sind nicht selbst ein »populärer« Typ, haben Sie keine Vorstellung davon, wie schwierig dieses Experiment durchzuhalten ist!) Sie werden zweifellos feststellen, dass merkwürdigerweise diese scheuen und schüchternen Menschen eine ganze Menge zu sagen haben.

Ihre Tendenz, viel zu reden, kombiniert mit einer mangelnden Beachtung von Details, führt dazu, dass sie häufig ins Fettnäpfchen tritt. Weil sie den kleinen Details keine Aufmerksamkeit schenkt, so zum Beispiel, mit wem sie redet, dem Namen der Person oder was angebracht ist, rutscht ihr oft etwas Dummes heraus. Damit bringt sie sich selbst, ihre Familie und die Menschen um sich herum in Verlegenheit.

Ich erinnere mich an solch eine Begebenheit auf einer Beerdigung. Ich beobachtete, wie eine strahlende, temperamentvolle »populäre« Frau auf die nächsten Angehörigen zuging und mit allem Enthusiasmus, der ihr eigen war, sagte: »Ich bin hoch erfreut, hier zu sein.« Oh! Sie wusste wohl nicht, was sie sagen sollte, aber das hinderte sie nicht daran, einfach irgendetwas zu sagen.

Liberal

Lassen Sie uns nun kurz innehalten und stellen Sie sich vor, eine »populäre« Frau an einem Nachmittag zu beobachten. Sie versuchen, eine Unterhaltung mit ihr zu beginnen, und in der Zwischenzeit hüpfen ihre Kinder ständig auf der brandneuen Couch herum und bemalen die Wände mit wasserfesten Stiften. Sie scheint das überhaupt nicht zu bemerken. Disziplin? Was ist das?

Ihre Kinder nehmen sie nicht ernst, und sie ist so liberal, dass ihre Kinder zum Schrecken der Kirchengemeinde oder der Nachbarschaft werden. Sie mag zwar winken und lachen, in die andere Richtung schauen und vorgeben, sie hätte gar nichts bemerkt, aber wenn sie nicht besser aufpasst, wird es in nicht allzu ferner Zeit riesengroßen Ärger geben.

Sie ist der ewige Optimist, und normalerweise ist das sogar sehr gut. So ist es ihr möglich, mit den täglichen Problemen leichter fertig zu werden, weil sie weiß, dass wieder bessere Tage kommen. Aber in seiner extremen Ausprägung kommt ihr Optimismus einer Verleugnung gleich. Sie übergeht dann Streitfragen oder gefährliche Anzeichen in ihrer Ehe mit einem Schulterzucken: »Das wird schon wieder werden.« Oder sie übersieht Verhaltensprobleme ihrer Kinder und denkt: »Zu gehorchen bringe ich ihnen später bei.« Sie redet sich selbst ein, dass es im nächsten Jahr, wenn ihre Kinder älter sind, leichter ist, ihnen Disziplin beizubringen. Aus dem nächsten Jahr wird übernächstes Jahr und so fort, und die Disziplinierung wird nicht leichter, sondern mit jedem Jahr schwerer.

Die »populäre« Frau tendiert dazu, Auseinandersetzungen aus dem Weg zu gehen. Weil ihr Lebensziel ist, Spaß zu haben, lehnt sie es ab, sich mit Problemen zu beschäftigen. Ein aufmüpfiger Sechsjähriger ist problematisch genug, aber wenn sie es nicht fertig bringt, den unvermeidlichen Konflikt jetzt auszutragen, dann Gnade ihr Gott, wenn das Kind zum Teenager wird.

Vergesslich

Ich habe der Versuchung widerstanden, meine eigenen Sünden zu bekennen. Aber diese Eigenschaft der »populären« Frau ist mir so bekannt, dass ich Ihnen eine private Geschichte erzählen will. Es war in dem Jahr, in dem mein Mann erklärte, dass wir diesmal mit absoluter Sicherheit nicht den ganzen Halloween-Rummel mitmachen würden. Ich dachte: »In Ordnung, dann müssen wir uns eben eine Alternative ausdenken.« Als ich dann ein Flugblatt von einer hiesigen großen Kirche erhielt, auf dem zu einem Herbstfest eingeladen wurde, dachte ich: »Aha, da haben wir ja die Alternative. Wenn die Kinder wegen Halloween anfangen zu jammern und zu meckern, kann ich sie damit trösten, dass wir beim Kirchenfest bestimmt viel Spaß haben werden.«

Ich wachte an diesem freundlichen Samstagmorgen zeitig auf und begann meine Lieben für das Kirchenfest zusammenzutrommeln. Ich erklärte, dass das viel besser sei als dieser ganze Halloween-Blödsinn. Dann durchzuckte ein Gedanke mein Gehirn: »Donna, vielleicht solltest du die Anfangszeit auf dem Flugblatt noch einmal überprüfen.«

Nun hatten wir allerdings ein kleines Problem. Und Sie als »populäre« Frau, wissen, was passiert war. Ich hatte absolut keine Ahnung, wo ich das Flugblatt hingelegt hatte. Ich überlegte fieberhaft, wann ich es zum ersten Mal gelesen und dass ich den Termin in mein Notizbuch »Tagesplaner für Geschäftsfrauen« eingetragen hatte. Aber ich glaube, ich verrate Ihnen kein Geheimnis: Ich hatte absolut keine Ahnung, wo mein ach so hilfreiches Notizbuch abgeblieben war.

Während meine fix und fertig angezogene Mannschaft gespannt unsere bevorstehende Abfahrt erwartete, durchstöberte ich mein Büro. Nachdem ich mich 15 Minuten durch sämtliche Papierstapel gewühlt hatte, rief ich triumphierend: »Hier ist es.« Doch nach dem Bruchteil einer Sekunde flüsterte ich entsetzt: »Der Termin war gestern Abend.« Das liest sich vielleicht lustig, aber ich kann Ihnen versichern, dass meine Kinder das gar nicht zum Lachen fanden.

Als ich das Datum auf dem Flugblatt sah, wurde mir außerdem noch klar, dass ich den 13. Geburtstag meiner Nichte vergessen hatte. Ich glaube, sie hat sich auch nicht darüber gefreut. Die Vergesslichkeit ist eine wirkliche Schwäche der »populären« Frau.

Unzuverlässig

Die »populäre« Frau hat viel Fantasie. Sie hat eine tolle Idee für eine Weihnachtsparty und schafft es, alle dafür zu begeistern. Doch das Ganze dann durchzuführen steht wieder auf einem anderen Blatt. Ihr Motto ist:« Langweilt mich nicht mit Einzelheiten.« Sie würde es sich im Traum nicht einfallen lassen, etwas nach einer Gebrauchsanweisung zu machen. Sie würde sich nicht einmal die Mühe machen, diese zu öffnen. Und wenn ich es mir recht überlege, würde sie die Anleitung wahrscheinlich auch gar nicht finden.

Die Tatsache, dass sie Einzelheiten nur wenig Bedeutung beimisst, führt zu den verschiedensten Missgeschicken und manchmal auch zu echtem Ärger. Vergessene Kleinigkeiten, wie zum Beispiel tanken, kann großen Ärger bereiten, wenn man drei kleine Kinder im Auto hat und stehen bleibt. (Raten Sie mal, wem das auch schon passiert ist!) Sie macht Versprechungen, ohne genau zu überlegen, was das für Konsequenzen hat, und hält sie dann nicht. Wenn sie nicht aufpasst, kann sie – ohne es zu wollen – ihren Mann und die Kinder ziemlich verärgern – und das alles, weil sie mit Kleinigkeiten nicht belästigt werden will, zum Beispiel eben das zu tun, was, wann und wie sie es versprochen hat.

Sie steht gern ein wenig über den Dingen und schafft es, irrsinnig lustige Mahlzeiten zu zaubern, verrückte Kleidung und die tollsten Kunstwerke. Aber oft führt ihre unbekümmerte Art zum totalen Durcheinander, und das Endergebnis ist sehr weit von dem entfernt, was sie eigentlich wollte und versprochen hatte. Kurz gesagt: Sie ist unzuverlässig.

Kleinlich

Wenn die »populäre« Frau zum Beispiel die Spülmaschine einräumt, singt sie: »Nobody knows the trouble I've seen.« [Niemand kennt die Mühen, die ich kenne.] Sie kann anscheinend keine Arbeit tun, ohne dabei zu jammern und zu klagen. Wenn Sie zum Einkaufen fährt, schimpft sie fortwährend über den Verkehr. Dann meckert sie wegen dem, was nicht vorrätig ist. Schließlich wirft sie der Kassiererin böse Blicke zu, weil ihr alles zu lang dauert. Auf dem Nachhauseweg ist sie in großer Eile (vor einer Stunde hatte sie die gleiche Eile, um aus dem Haus zu kommen, und jetzt hetzt sie genauso, um wieder heim zu kommen). Möglicherweise wird sie gelegentlich innehalten, sich besinnen, und vielleicht wird sie sogar wahrnehmen, was die Menschen um sie herum denken: »Du wirst auch nicht viel Spaß daran haben, wenn du rechtzeitig ankommst.«

Es gibt einen einfachen Grund, warum die »populäre« Frau sich so oft aufregt und nörgelt: Sie mag einfach nicht arbeiten. Bringen wir es auf den Punkt: Arbeit macht keinen Spaß! Sich zur Arbeit zu melden macht Freude, diese Arbeit dann aber auch zu machen ist eine andere Sache.

Unordentliche Hausfrau

Die »populäre« Frau ist manchmal so unordentlich, dass sie selbst deshalb genervt ist. Sie scheint nie zu wissen, wo irgendetwas ist. Darum ist es für sie eine wahre Qual, das Haus zu verlassen. Aber sie liebt es, außer Haus zu *sein*. Doch das »Aus-dem-Haus-Gehen« hat es in sich.

Zuerst muss sie unter die Dusche. Das ist ein Problem, weil sie die Handtücher nicht finden kann. Dann muss sie ihre Haare machen – auch ein Theater, weil sie nicht weiß, wo sie beim letzten Mal die Lockenwickler versteckt hat. Wo kann nur ihr Make-up-Täschchen sein. Natürlich hat sie auch kaum etwas im Schrank, das frisch gewaschen und gebügelt ist. Sie gehört zu den Leuten, die nicht wissen, wo ihre Schlüssel sind.

Wir haben gesagt, dass die »populäre« Frau viel Spaß daran hat, bestimmte Dinge zu tun. Aber es gibt eines, was sie überhaupt nicht gerne macht: Putzen. Ihre Devise ist: »Wenn Sie kommen, um mich zu sehen – herzlich willkommen. Wenn Sie kommen, um mein Haus zu sehen, dann vereinbaren Sie bitte vorher mit mir einen Termin.« Ich wünsche mir, ich könnte meine Ablage im Badezimmer sehen. Ich bin mir sicher, dass es sie gibt, aber ich persönlich habe sie in den vergangenen Jahren nicht mehr gesehen. Mein ganzes Leben, all meine Lebensabschnitte sind chaotisch. Als ich ein junges Mädchen war, war mein Zimmer das reinste Chaos. Ich werde nie vergessen, als Larry, der Junge, von dem ich als Schulmädchen schwärmte, kam, um bei meinem Bruder Danny zu übernachten. Er lief über den Flur, ich bemerkte ihn nicht, und dann machte ich einen verhängnisvollen Fehler: Ich öffnete meine Zimmertür. Wenn der gute Larry jemals irgendwelche Heiratsabsichten mir gegenüber gehegt haben sollte, so konnte ich jetzt an seinem Gesichtsausdruck ganz deutlich erkennen: Das war ein für alle Mal vorbei!

Meine Studentenbude war ebenso chaotisch. Der einzige Weg, um herauszufinden, was ich heute anziehen wollte, war eine systematische Auslese. Ich probierte sämtliche Klamotten, die im Schrank waren an, entschied dann, dass das nicht das Richtige sei, und warf es auf den Boden. Im Lauf der Zeit fand ich schließlich das, was ich an diesem Tag tragen wollte, dafür sah es aber im Zimmer aus, als ob eine Bombe eingeschlagen hätte. Meine Studentenbude war so schlimm, dass meine Zimmergenossin mir drohte, Eintrittskarten zu verkaufen, damit auch andere diesen spektakulären Anblick genießen könnten: »Treten Sie näher und sehen Sie selbst. Ein Wunder geschieht. In diesem Unrat lebt ein Mädchen, und es hat sich noch keine ernsthafte Krankheit eingefangen.«

Als Cameron und ich heirateten, herrschte in unserer ersten gemeinsamen Wohnung das Chaos. Auch die zweite war nicht besser. Die dritte stand den beiden ersten in nichts nach. Dann kauften wir ein Haus, und mein lieber Mann war sich sicher, dass ich mich in eine gute Verwalterin unserer finanziellen Angelegenheiten verwandeln würde. Falsch. Es war chaotisch. Dann kauften wir unser zweites Haus in einer sehr ansprechenden Umgebung (ansprechend nach unserem Verständnis, denn unser erstes Heim war ein Wohnwagen). Und jetzt war mein Mann überzeugt, dass ich durch die bessere Umgebung »unter Druck« geraten und die »guten Hausfrauen« auf mich abfärben würden. Pech gehabt! Mein Haus ist und bleibt trotz dieser ansprechenden Umgebung ein Chaos.

Meine halbwüchsige Tochter rief mich eines Nachmittags an und erkundigte sich vorsichtig über den gegenwärtigen Zustand unseres Hauses. Sie hatte am Donnerstag das ganze Haus geputzt (Gott sei Dank, hatte sie sich am Mittwoch derart daneben benommen, dass ich eine Strafe in Form von Hausarbeit verhängen konnte.) Irgendwie ist es uns gelungen, den Boden bis Freitag so weit frei zu halten, dass man ihn, als sie um 17.00 Uhr ging, um die Nacht bei Freunden zu verbringen, noch sehen konnte. Nun wollte sie ihre Freundin mit zu uns nach Hause bringen, wollte aber vorher wissen, ob man das gefahrlos tun könne.

Ich sagte: »Denk an die Lektion von neulich über Gastfreundschaft. Weißt du, du solltest nicht so sehr darauf bedacht sein, ein perfektes Haus zu haben. Menschen fühlen sich viel wohler, wenn nicht alles so perfekt ist.«

»Ja«, erinnerte sie sich.

»Gut, ich denke, du hast eine einmalige Gelegenheit, es deiner Freundin hier sehr angenehm zu machen, wenn du sie jetzt mitbringst.«

Überheblich

Wie Sie sich anhand der obigen Beispiele vorstellen können, ist nicht alles an der »populären« Frau unbedingt »anbetungswürdig«. Tatsächlich gibt es Leute, die mit ihr überhaupt nicht zurechtkommen. Der Haupteinwand gegen sie: Sie ist zu überheblich! Der Mann einer meiner besten Freundinnen redet von mir nur als »Diese Partow-Frau«. Das ist kein Witz. Dabei bin ich bisher nur bei zwei winzig kleinen Gelegenheiten mit diesem Mann zusammengetroffen, aber ich habe das Gefühl, das war ein bisschen zu viel.

Eine andere »populäre« Frau, Sandy, erzählt die Geschichte ihrer ersten Erfahrung, als sie sich, kurz nachdem sie Christ geworden war, freiwillig bei ihrer Kirche zur Mitarbeit meldete:

> Ich war so begeistert davon, Gott zu dienen und die Dinge, die ich gelernt hatte, anderen mitzuteilen. Aber da ich jung und unerfahren war, sagten sie (die Kirchenangestellten) mir, dass ich höchstens dazu geeignet wäre, die Sonntagsschule für die Fünfjährigen zu halten. Zunächst musste ich das Schneiden und Kleben beaufsichtigen. Es machte mir nichts aus. Ich liebte es, mit den Kindern Spaß zu haben. Der Lehrerin war eine alte Frau, die schon seit vielen, vielen Jahren unterrichtete. Ihre Enkelin war auch in der Gruppe. Wenn das kleine Mädchen sonntagmorgens kam, lief sie immer an ihrer Großmutter vorbei zu meinem Tisch. Diese Situation war mir ein wenig unangenehm, aber ich konnte nicht viel dagegen tun. Ich liebte alle Kinder wirklich und überhäufte sie mit meiner Zuneigung, während die alte Frau nie eine emotionale Regung zeigte. Immer mehr hatte ich das Gefühl, dass diese Frau mich nicht leiden konnte. Dann bekam ich eines Tages einen vierseitigen Brief von meiner Glaubensschwester, der mir durch Mark und Bein ging. Der letzte Satz (genauer gesagt der vor »Im Namen Jesu, deine …) war: »Du bist die überheblichste Person, die ich je getroffen habe.« Ich betrat den Gruppenraum nie wieder.

Die »populäre« Frau kann tatsächlich Leute »überfahren«, wenn ihre Stärken in Extreme abdriften.

Scheinbar unaufrichtig

Gerade dann, wenn die »populäre« Frau ihr Bestes gibt, verstehen anscheinend viele andere Temperamente ihre Motive falsch. Das folgende Szenario zeigt auf, wie die »populäre« Frau als unaufrichtig erscheinen kann, obwohl ihre Absichten durchaus gut sind. Rhonda war ein aktives Mitglied in ihrer Kirchengemeinde. Eines Tages erhielt sie einen Anruf ihres Pastors, der sagte: »Rhonda, Sie sind für meine Frau immer so eine Ermutigung. Ich habe eine ganz spezielle Aufgabe für Sie. Ich habe die Frau eines jungen Pastors getroffen, die ungefähr in Ihrem Alter ist und mit starken Depressionen kämpft. Meine Frau und ich dachten, dass Sie sie vielleicht am Sonntagabend in der Kirche treffen und sich etwas mit ihr anfreunden könnten.« Sie war begeistert von dieser Aufgabe.

So ging sie Sonntagabend in die Kirche in der Hoffnung, dass es ihr gelingen könnte, die depressive Pfarrfrau aufzumuntern. Rhonda erinnert sich an das, was dann geschah:

> Ich schaute mich in der Kirche um und dachte: »Kein Wunder, dass sie depressiv ist. Jeder in ihrer Umgebung ist so ruhig.« Also begann ich, unaufhörlich mit ihr zu sprechen, und versuchte so, die Stille auszufüllen. Doch das war keine wirkliche Lösung. Dann überlegte ich: »Oh, jetzt weiß ich, was das Problem ist. Alle, die um sie herum sind, sind so ernst. Wenn ich nur daran denke, werde ich schon depressiv.« So begann ich Witze zu reißen. Doch sie schien immer noch depressiv zu sein, und schließlich fand ich heraus, warum: »Kein Wunder, dass sie völlig down ist, die Umgebung ist so kalt.« Also verteilte ich Umarmungen und Küsschen auf die Wange an alle, die ich erwischte.
>
> Dann bekam ich einen Anruf ...
>
> Die Frau, der ich helfen sollte, fand meine Aktivitäten anscheinend weder hilfreich noch amüsant. Ich konnte kaum glauben, dass sie so böse auf mich war, und nie werde ich ihre Worte vergessen: »Sie sind die unaufrichtigste Person, der ich jemals in meinem Leben begegnet bin. Immer wenn ich Sie sehe, umarmen Sie jemand anders, ich finde das widerlich. Sie behaupten von sich, die Menschen zu lieben. Wenn Sie wirklich so lieben würden, wie Jesus es tat, dann wären Sie nicht so flatterhaft.«

Rhonda hatte nicht erkannt, dass die Frau, mit der sie es zu tun hatte, vom Temperament her eine »tatkräftige« Frau war. Und wie Sie bald erfahren werden, ist die »tatkräftige« Frau die letzte Frau auf der ganzen Welt, die umarmt oder geküsst werden will. Sie hasst dieses Spektakel. Eine Frau wie sie misst der Pünktlichkeit einen überaus hohen Stellenwert bei, gefolgt von dem Anspruch, dass Verpflichtungen eingehalten und ordentlich ausgeführt werden – alles Fähigkeiten, die nicht gerade zu Rhondas Stärken gehörten. Zurückblickend merkt Rhonda an: Wenn ich mich damals schon mit den Temperamenten ausgekannt hätte, hätte ich ihren Bedürfnissen mehr Aufmerksamkeit schenken können. Wenn ich heute mit Frauen zu tun habe, die von ihrem Typ her zu den »tatkräftigen« gehören, dann strenge ich mich besonders an, pünktlich zu sein, spreche bewusst leiser und respektiere ihr Bedürfnis nach Privatsphäre.

Diese Geschichte illustriert gut, was passiert, wenn verschiedene Temperamente aufeinander prallen. Gott schuf die eine Frau, um Umarmungen und Küsschen auszuteilen, genauso wie die andere, um Ruhe und Ordnung in die Welt zu bringen. Wir müssen sehr vorsichtig sein, bevor wir ein Urteil über eine andere Person fällen. Es könnte sein, dass Gott diese Person so geschaffen hat, um auf anderer Leben Einfluss zu nehmen, wie wir es niemals könnten. Denken Sie daran: Nur weil jemand anders ist als Sie, muss er nicht schlechter sein. Wenn Sie keine andere »Weisheit« in diesem Buch finden, dann hoffe ich doch, dass Sie wenigstens dies mitnehmen.

Machen Sie das Beste aus Ihrem Temperament

Der erste Schritt, um das Beste aus Ihrem Temperament zu machen, ist, auf meinen Rat zu hören – einen Rat, den sie zweifellos in Ihrem Leben schon viele Male gehört haben: Reden Sie weniger und hören Sie dafür mehr zu. Es klingt vielleicht banal, ist aber wahr: Gott hat Ihnen zwei Ohren und einen Mund gegeben. Versuchen Sie, die beiden in genau diesem Verhältnis zu benutzen. Die Bibel ist voll von Warnungen über die Gefahren, die von der Zunge ausgehen. Sie sagt, dass wir für jedes Wort, das wir sagen, Rechenschaft werden ablegen müssen. Können Sie sich das vorstellen? Einige von uns werden für diesen Rechenschaftsbericht eine ziemlich lange Zeit brauchen.

Warum nicht mehr Zeit in das Lesen oder das Nachdenken über den nachfolgenden Jakobus-Text investieren?

> Wenn wir den Pferden den Zaum ins Maul legen, damit sie uns gehorchen, so lenken wir ihren ganzen Leib. Siehe, auch die Schiffe, obwohl sie so groß sind und von starken Winden getrieben werden, werden sie doch gelenkt mit einem kleinen Ruder, wohin der will, der es führt. So ist auch die Zunge ein kleines Glied und richtet große Dinge an. Siehe, ein kleines Feuer, welch einen Wald zündet's an! Auch die Zunge ist ein Feuer, eine Welt voll Ungerechtigkeit. So ist die Zunge unter unsern Gliedern: sie befleckt den ganzen Leib und zündet die ganze Welt an und ist selbst von der Hölle entzündet. Denn jede Art von Tieren und Vögeln und Schlangen und Seetieren wird gezähmt und ist gezähmt vom Menschen, aber die Zunge kann kein Mensch zähmen, das unruhige Übel, voll tödlichen Giftes. (Jakobus 3, 3-8)

Starke Worte, finden Sie nicht auch? Wenn diese Beschreibung auch auf Ihre Zunge zutrifft, dann sollten Sie in Erwägung ziehen, das Buch von Kay Arthur, *James: A Faith that Works* zu lesen. Das Arbeitsbuch ist erhältlich über: Precept Ministries, P.O. Box 182218, Chattanooga, TN 37422, 615-892-6814. (In den letzten Jahren ist viel Studienmaterial von Kay Arthur in Buchform veröffentlicht worden. Deshalb können Sie auch versuchen, es bei Ihrem Buchhändler zu bekommen.)

Wenn wir über die Zunge sprechen, müssen wir uns auch der Neigung zu übertreiben zuwenden. Tatsächlich ist das, was wir als Übertreibung bezeichnen, nichts anderes als Lüge, die mit dem Etikett »sozial akzeptiert« versehen ist. Aber plötzlich ist das keine nette, kleine Sünde mehr. Plötzlich steht das auf der Liste der Zehn Gebote. Ist es möglich, dass Sie bei einigen Ihrer Lieblingsgeschichten so sehr und lange übertrieben haben, dass Sie inzwischen selbst angefangen haben, diese Version zu glauben? Eine ernüchternde

Erfahrung könnte dann sein, sich hinzusetzen und eine exakte Aufstellung von dem zu machen, was tatsächlich geschehen ist. Möglicherweise wird Ihnen dann deutlich, wie weit Sie die Übertreibung von der Wahrheit entfernt hat.

Viele »populäre« Frauen neigen dazu, egozentrisch und auf sich selbst bezogen zu sein. Als kleines Beispiel: Erinnern Sie sich an Namen von Menschen, die Sie neu kennen gelernt haben? Haben Sie überhaupt auf deren Namen gehört? Oder geht es Ihnen auch öfter so: »Hey, die kennen mich anscheinend – aber keine Ahnung, wer die sind!« Wenn sich die Herzenseinstellung verändert, werden Sie auch fähig, sich Namen zu merken. Sie werden es sehen!

Neigen Sie dazu, alles zu vergessen? Ich habe die schreckliche Angewohnheit, mir alle wichtigen Informationen auf Zetteln zu notieren, die ich dann sofort verliere. Neulich hinterließ eine Frau eine Nachricht auf meinem Anrufbeantworter und sagte mir, dass sie zwölf Bücher bestellen wolle (das sind immerhin 120 Dollar – Geld, das ich bestimmt gut gebrauchen könnte). Sie sagte, ihr Name sei Bab, was mir deutlich machte, dass wir schon einmal miteinander gesprochen hatten. Dann legte sie auf. Nun hatte ich leider keine Ahnung, wer Bab ist oder wo ich ihre Telefonnummer aufgeschrieben haben könnte. Ich verbrachte eine Stunde mit Suchen, aber ich fand sie nirgends.

Einige Hilfsmittel, die solchen Frauen helfen können, alles auf die Reihe zu bekommen, finden Sie in den Büchern *The Disciplines of the Beautiful Woman, Disciplines of the Heart* und *Disciplines of the Home*, alle geschrieben von Ann Ortlund. Empfehlenswert sind auch noch Bücher von Emilie Barnes, einschließlich des Buchs *More Hours in My Day*. Ebenfalls hilfreich ist das Buch von Sandra Felton *The Messies Manual* [Ohne Chaos geht es auch]. Sie hat sogar ein Buch mit dem Titel *Living with a Messie* [Laß uns das Chaos überleben] geschrieben, das Sie vielleicht Ihrem Mann schenken könnten.

Die revolutionärste Veränderung in meinem Leben geschah, als ich das Buch *Disciplines of the Beautiful Woman* gelesen hatte, worin empfohlen wird, ein persönliches Tagebuch zu führen. Während der letzten 16 Jahre habe ich das mehr oder weniger ausführlich getan. Das Kunststück ist, einen Tagesplaner zu finden, der Platz genug hat, um all das aufzuschreiben, was Sie heute tun wollen, aber gleichzeitig handlich genug ist, dass Sie ihn immer bei sich tragen können. Wenn Sie ihn nicht immer bei sich haben, hat das Ganze keinen Zweck.

Eine andere bedeutende Veränderung in meinem Leben geschah, als ich erkannte, wie wichtig es ist, Zeit mit Leuten zu verbringen, die einen positiven Einfluss auf mich ausüben, auch wenn das bedeutet, sie an meinem Leben teilhaben zu lassen. Egal wie hektisch es zugeht, ich verbringe jeden Montagabend mit einer Gruppe gottesfürchtiger Frauen, die mich ermutigen zu wachsen – als Christ und als Mutter. Ich möchte denen von Ihnen, die das gleiche Temperament haben wie ich, ans Herz legen: Wählen Sie sorgfältig aus, mit wem Sie Ihre Zeit verbringen. Da Sie es lieben, wenn man Ihnen zustimmt, lassen Sie sich leichter in die Irre führen als andere Temperamente. Wenn sie anfangen, mit den falschen Frauen zusammen zu sein, kann sich das negativ für Sie auswirken.

Eine bedeutende Stelle in der Bibel, die Sie sich immer wieder in Erinnerung rufen sollten, ist Psalm 1 (ersetzen Sie die männliche durch die weibliche Form):

> Wohl der, die nicht wandelt im Rat der Gottlosen noch tritt auf den Weg der Sünder noch sitzt, wo die Spötter sitzen, sondern hat Lust am Gesetz des Herrn und sinnt über seinem Gesetz Tag und Nacht! Die ist wie ein Baum, gepflanzt an den Wasserbächen, der seine Frucht bringt zu seiner Zeit, und seine Blätter welken nicht. Und was sie macht, das gerät wohl. Aber so sind die Gottlosen nicht, sondern wie Spreu, die der Wind verstreut. Darum bestehen die Gottlosen nicht im Gericht noch die Sünder in der Gemeinde der Gerechten. Denn der Herr kennt den Weg der Gerechten, aber der Gottlosen Weg vergeht.

Bemerken Sie die Entwicklung in diesen Versen? Zuerst geraten Sie in eine verlockende Situation; diese nimmt dann Ihre ganze Aufmerksamkeit in Anspruch, sodass Sie stehen bleiben und genauer hinschauen. Als Nächstes setzen Sie sich zu den Spöttern. Klingt wie die Verlockungen des Fernsehens, oder? Das ist Ihr persönliches Schlachtfeld! Sie gehen durch das Wohnzimmer und eine Sendung zieht Ihre Aufmerksamkeit auf sich. Sie bleiben stehen, um ein paar Minuten zuzuschauen, und als Nächstes setzen Sie sich auf die Couch. Vier Stunden später haben Sie den Kopf voll mit Blödsinn und die Hausarbeit ist liegen geblieben. Jedes Temperament hat mit dem Fernseher zu kämpfen, aber sicherlich müssen die von uns, die sich gerne eine schöne Zeit machen, am wachsamsten sein.

Eine der unangenehmsten Angewohnheiten, die sich bei den meisten »populären« Frauen findet, ist der unwiderstehliche Drang, die Erzählungen anderer Leute zu unterbrechen. Möglicherweise glauben Sie, dass es ein Weg der Kontaktaufnahme, der Kommunikation ist, wenn Sie sagen: »Hey, ich kann zu dem, was Sie da erzählen, auch etwas sagen.« Aber das ist nicht der richtige Weg, um andere kennen zu lernen. Warum machen Sie nicht ein kleines Experiment. Achten Sie in den nächsten Wochen bewusst darauf, wie andere Leute Sie wahrnehmen. Wenn Sie in einer Gruppe sind, entspricht es wahrscheinlich Ihrer natürlichen Neigung, in den Ihnen eigenen »Aktivitäts-Modus« zu schalten und den nonverbalen Zeichen, die andere Ihnen geben, nur wenig Beachtung zu schenken. Lernen Sie besonders die Anzeichen, die Ausdruck von Langeweile sind, kennen: Beenden des Augenkontakts, von einer Seite zur anderen gehen, ein Blick auf die Uhr, sich im Raum umsehen und natürlich gähnen.

Ihnen mag es unwahrscheinlich vorkommen, dass Sie jemand mit Ihren Erzählungen jemals gelangweilt haben könnten, aber Sie sollten diese Möglichkeit wenigstens in Betracht ziehen. Möglicherweise werden Sie von dem Resultat unangenehm überrascht sein. Wenn Sie dazu neigen, Ihre Geschichten endlos in die Länge zu ziehen, sollten Sie lernen, auf den Punkt zu kommen. Probieren Sie zumindest, schneller als sonst üblich dort anzukommen.

Tun Ihnen Ihre Wort oftmals Leid? Haben Sie in der Sonntagsschule oder irgendwo anders jemals das Spiel gespielt, bei dem es darum ging, den Mund so lange wie möglich geschlossen zu halten? Haben Sie sich selbst jemals kleine Notizzettel geschrieben, die Sie daran erinnern sollten, auch einmal ruhig zu sein? Und all Ihren Bemühungen zum Trotz ist es Ihnen nie gelungen, sehr lange still zu sein. Irgendwie bringen Sie es immer wieder fertig, das Falsche zur falschen Zeit zu sagen. Hier sind einige Bibelverse, über die Sie nachdenken sollten: In Sprüche 4, 23 steht: »Behüte dein Herz mit allem Fleiß, denn daraus quillt das Leben.« Matthäus 12, 35–37 sagt: »Ein guter Mensch bringt Gutes hervor aus dem guten Schatz seines Herzens; und ein böser Mensch bringt Böses hervor aus seinem bösen Schatz. Ich sage euch aber, dass die Menschen Rechenschaft geben müssen am Tage der Gerichts von jedem nichtsnutzigen Wort, das sie geredet haben. Aus deinen Worten wirst du gerechtfertigt werden, und aus deinen Worten wirst du verdammt werden.« Das eigentliche Problem ist nicht Ihr Mund, sondern Ihr Herz.

Vielleicht haben Sie das bis jetzt noch nie so gesehen, aber das zugrunde liegende Problem ist, dass Sie andere zu wenig beachten. Ihnen fällt es schwer zu schweigen, weil es Sie nicht wirklich interessiert, was andere zu sagen haben. Während ein anderer spricht, legen Sie sich bereits Ihren nächsten Satz zurecht oder unterbrechen und beenden die Sätze der anderen Menschen, ja, Sie beantworten sogar an deren Stelle Fragen. Beantworten auch Sie Fragen, die an Ihren Mann oder Ihre Kinder gerichtet sind? Geben Sie es ruhig zu!

Beten Sie darum, dass Gott Ihr Herz verändert, dass er Ihnen ein ehrliches Interesse für andere schenkt. Wenn Sie das tun, werden Sie feststellen, dass Sie lieber zuhören und weniger häufig für andere antworten oder Geschichten erzählen, um andere zu amüsieren.

Glauben Sie nun aber nicht, dass Sie sich selbst zwingen sollen, introvertiert zu werden. Ganz bestimmt nicht. Gott schuf Sie als extrovertierte Frau, und es ist nichts grundlegend Schlechtes daran, wenn man so ist. Es wird nur zum Problem, wenn Ihr Herz nicht von Gott bestimmt wird. Wenn Ihr Herz von Gottes Gaben überquillt – von Liebe, Freude, Friede, Geduld, Freundlichkeit, Treue und Selbstbeherrschung –, dann wird Ihre Zunge Sie nicht mehr in so viele Schwierigkeiten bringen. Im Gegenteil: Ihre Worte werden zu einem mächtigen Werkzeug, um die Welt um Sie herum zu segnen.

Betrachten wir Ihr Herz. Wenn Sie betend und aktiv daran arbeiten, eine Veränderung herbeizuführen, denken Sie daran, dass es nicht Ziel ist, jemand zu werden, der Sie nicht sind. Ziel ist es das bestmögliche »Selbst« zu werden. Hier einige Tipps, um dieses Ziel zu erreichen.

1. *Benutzten Sie Ihre persönliche Beliebtheit für Gott.* Mit Ihrem gewinnenden Lächeln, Ihrer anregenden Persönlichkeit und Ihrem natürlichen Charisma, haben Sie enorme Möglichkeiten, Ihre Welt zu beeinflussen. Entscheiden Sie bewusst, wie Sie diesen Einfluss nutzen können. Vielleicht setzen Sie sich hin und beenden den folgenden Satz: »Weil sie mich kennen, möchte ich Menschen ...« Schreiben Sie in die Lücke die positive Wirkung, die Sie gerne im Leben eines Menschen hinterlassen würden.
2. *Geben Sie Feste mit Tiefgang.* Hier haben Sie wiederum die Gelegenheit, sich von der Welt abzuheben, indem Sie einfach Sie selbst sind. Ich habe es schon immer geliebt, Feste zu veranstalten, aber nicht unbedingt die von der Sorte »herumstehen und dann wieder gehen«, ich arrangierte Missionsfeste und ein Nepal-Fest, bei dem Dias gezeigt wurden, ein Evangelist, der in diesem Land tätig war, berichtete und bei dem es typisch nepalesisches Essen gab. Als ich ein Marokkanisches Fest veranstaltete, entfernten wir die Beine von unserem Tisch, und dann saßen alle zum Essen auf dem Boden, während Missionare aus diesem Land uns über ihr Leben und ihre Aufgaben erzählten. Die wirklich Mutigen unter uns versuchten im echt marokkanischen Stil zu essen: nur mit den Händen. Dann gab es ein Haitianisches Fest, und bestimmt haben auch Sie eine gute Idee. Warum also nicht ein Fest zu einem bestimmten Thema?
3. *Teilen Sie Ihre Kreativität mit anderen.* Ich spreche gern über den Rückzug der Frauen, und ich kann immer sagen, ob die »populären« Frauen der Gemeinde ihre Gaben nutzen. (Jede Gemeinde hat einige von diesen kreativen Frauen; die Frage ist nur, welche Rolle diese spielen.) Ich war in einigen Gemeinden, bei denen niemand auf die Idee käme, dass etwas Besonderes im Gang sei. Aber in anderen Gemeinden – alle Achtung! Die Kreativität der Dekoration war ein Segen für alle. Von dem Augenblick an, in dem man eintrifft, spürt man, dass etwas Außergewöhnliches

geschehen wird. Wir wissen, dass *jemand* dafür sorgte, dass ihre Kreativität sinnvoll eingesetzt werden konnte. Lassen Sie sich nicht einreden, Ihre kreativen Gaben seien überflüssig und unnötig. Teilen Sie Ihre Kreativität mit anderen und seien Sie ein Segen.

4. Kümmern Sie sich um die Einsamen. Weil Sie ein sehr kontaktfreudiger Mensch sind, haben Sie möglicherweise keine Vorstellung davon, wie einsam manche Frauen sind. Glauben Sie mir, ich treffe solche Frauen in jeder Gemeinde und jeder Stadt in Amerika. Frauen, die übersehen und ausgegrenzt werden, Frauen, die bei keinem gesellschaftlichen Ereignis berücksichtigt werden. Wenn Sie nur wüssten, was Sie mit einem täglichen Anruf bei Frauen, bei denen sonst nie das Telefon klingelt, bewirken könnten. Wenn Sie nur wüssten, was es für diese bedeutet, sich einbezogen zu fühlen oder einfach eine freundliche Stimme zu hören. Schauen Sie sich um: Vielleicht gibt es in Ihrer Gemeinde oder Nachbarschaft einsame Witwen oder einsame »Nur-Hausfrauen-und-Mütter«. Nehmen Sie Kontakt mit ihnen auf. Sie können in deren Leben Veränderungen bewirken, einfach indem Sie Sie selbst sind.
5. *Motivieren Sie andere.* Eine meiner Nachbarinnen, Ann, ist ein leuchtendes Beispiel dafür, wie man andere motiviert. Als Sie anfing, in die Kirche zu gehen, folgte bald die halbe Nachbarschaft ihrem Beispiel. Als sie beschloss, eine kleine Gruppe zu gründen, die sich mit der Bibel beschäftigt, war das plötzlich total »in«. Sie ist so begeistert über das, was Gott in ihrem Leben getan hat, dass sie das mit einen solchen Überschwang mitteilt, dass andere mitgerissen werden. Sie können das Gleiche in Ihrer Nachbarschaft tun!

3. Einführung in den Typ »perfekte« Frau

Stärken der »perfekten« Frau

Perfekte Hausfrau

Die perfekte Frau wird oft mit ihrem geliebten Begleiter gesehen: ihrem getreuen Staubwedel. Die perfekte Frau liebt es, das ideale Heim zu schaffen und es auch in diesem Zustand zu erhalten. Für gewöhnlich ist sie eine fabelhafte Dekorateurin und Gourmetköchin. Sie verrichtet ihre Hausarbeit in einer gut organisierten und selbstdisziplinierten Art und Weise. Ihr Motto ist: »Für alles einen Platz und alles an seinem Platz.«

Ich erinnere mich an die Teilnahme an einem ganztägigen Seminar zum Thema »Organisation des Haushaltes«, abgehalten von Emilie Barnes, der legendären Königin des Haushaltsmanagements. Sie faszinierte mich völlig mit ihrem Straußenfedernstaubwedel, ihren Superschachteln, alphabetischen Karteikartensystemen und ihren Reinigungsmitteln. Ich vermutete damals, dass solche Frauen große Schwindlerinnen seien. »Niemand ist *dermaßen* organisiert«, dachte ich. »Ich wette, wenn niemand kommt, sind ihre Häuser genau so unaufgeräumt wie meines. Schließlich räume selbst *ich* für Besuch auf.« (Tatsächlich sagen meine Kinder dann immer: »So, wer kommt denn vorbei?« Das erste Mal, als meine Tochter mir das sagte, da war sie gerade mal zwei Jahre alt. Noch ein Baby, und sie hatte mich schon durchschaut.)

Die perfekte Frau jedoch ist keine Schwindlerin. Sie wartet nicht mit dem Saubermachen, bis jemand vorbeischaut. Sie empfindet tatsächlich großes Vergnügen daran, ihre Umgebung in Ordnung zu halten. Wenn eine Ihrer Freundinnen diesem Temperament entspricht, können Sie zu jedem beliebigen Zeitpunkt, ob Tag oder Nacht, bei ihr vorbeikommen, und raten Sie mal? Alles wird absolut perfekt sein.

Aber es gibt auch ein schwerwiegendes Problem mit der perfekten Frau. Sobald sie in die Nachbarschaft einzieht, lässt sie den Rest von uns schlecht aussehen! Unsere Ehemänner beginnen verrückte Ideen von »selbst zubereiteten Mahlzeiten« oder »gebügelten Hemden« zu entwickeln. Sie wollen wissen, warum unser *Weiß* nicht weißer als weiß ist. (Scherzhaft natürlich!) Ich habe eine Freundin, die eine »populäre« Frau ist und ihre Schwiegermutter eine »perfekte«. Ihr armer Mann kann einfach nicht verstehen, warum ihr Haus nicht so aussieht wie das, in dem er aufgewachsen ist. Ausgehend von dem, was Sie bisher über die Temperamente gelernt haben, wie stehen da die Chancen, dass das Haus einer »populären« Frau jemals auch nur entfernt so aussehen wird, wie das der »perfekten« Frau? Die korrekte Antwort ist: Die Chancen sind gleich null!

Organisiert

Die organisatorischen Fähigkeiten der »perfekten« Frau reichen über ihr Haus hinaus. Falls sie berufstätig ist – entweder in einem Büro oder von zu Hause aus oder ehrenamtlich für die Kirche tätig –, ihr Schreibtisch wird in perfekter Ordnung sein. Ein todsicherer Weg dieses Temperament zu identifizieren ist in der Tat, einen Blick in ihre Schubladen zu werfen – die Stifte werden in einer Ecke ordentlich aufgereiht sein, das Notizpapier gestapelt in einer anderen. Sie bekommen den Eindruck, dass, was immer sie im Leben tut, organisiert ist: Sie wird einen Tagesplaner führen, Aufzeichnungen über Autoreparaturen aufbewahren, Sie zum Abendessen einladen, auf die Gegeneinladung warten, Sie dann wieder einladen.

Sie ist die perfekte Person von der man sich zu nahezu jedem Thema Rat holen kann, von der alphabetischen Anordnung der Gewürze bis zum Tapezieren des Kinderzimmers und allem, was dazwischen liegt. Möglicherweise hat sie ein Regal angefüllt mit »Wie macht man was«-Büchern und Schulungsvideos zum Thema

»Auto reparieren leicht gemacht«, »Kuchendekoration«, »Bau Ihres Traumhauses«. Sie hat vielleicht sogar ein Karteikartensystem angelegt, um das Ganze zu managen. Das ist kein Scherz; ich kenne tatsächlich eine »perfekte« Frau mit genau solch einem System.

Ebenso hat sie eine systematische Vorgehensweise, was die Gesundheit ihrer Familie betrifft. Obwohl sie eine Gourmetköchin ist und die besten, stark zuckerhaltigen Desserts servieren kann, besteht durchaus die Möglichkeit, dass sie für gewöhnliche Anlässe vollwertiges Essen serviert. Sie ist vielleicht sogar eine Verfechterin von gesunder Ernährung, die sich für alternativ-vorbeugende Medizin interessiert. Ohne Zweifel nimmt jedes Familienmitglied seine morgendlichen Vitamine zu sich, individuell auf seine körperlichen Schwächen abgestimmt. Wenn Ihr Kind sich nicht wohl fühlt, rufen Sie diese Frau an und fragen Sie sie um Rat. Sagen wir zum Beispiel, Ihr Kind hat Husten. Die perfekte Frau wird eine 50 Punkte umfassende Checkliste haben, um die genauen Ursachen der Beschwerden zu bestimmen. Wahrscheinlich ist sie sogar in der Lage, Ihnen die entsprechenden Heilkräuter zu nennen, mit denen Sie die Erkrankung erst mal selbst behandeln können. Nicht nur das, wenn sie in ihrem Tagesplaner eine Seite weiterblättert, wird sie es schaffen, Ihnen für die ärztliche Behandlung den Namen und die Telefonnummer des führenden Spezialisten der Stadt zu geben.

Perfekt gepflegt

Während die populäre Frau immer aussieht, als sei sie gerade eben erst aus dem Bett gestiegen, sieht die perfekte Frau immer sorgfältig gerichtet aus. Der einfachste Weg, dieses Temperament ausfindig zu machen, ist, ihre Erscheinung zu studieren: ordentlich, modisch, gut gepflegt. Manche haben kurze, schnittige Frisuren. Meiner Theorie nach ist das deshalb so, damit sie selbst unter der Dusche perfekt aussehen können. Sie tun ebenfalls ihr Bestes, damit auch ihre kleinen Kinder immer wie aus dem Ei gepellt aussehen. Eine Frau vertraute mir an, dass sie die Spielkleidung ihres dreijährigen Sohnes jeden Morgen bügelt.

Ich werde nie vergessen, wie ich eines Tages nachmittags im Haus meiner Freundin Ruth vorbeischaute, kurz nach der Geburt ihres zweiten Kindes. Da war sie, perfekt gepflegt und ordentlich gekleidet vom Kopf bis zu ihren Füßen. Was mir am stärksten im Gedächtnis blieb, ist, als sie die Windeln ihres Kindes wechselte, bemerkte, dass ihre Fingernägel perfekt manikürt waren.

Bevor ich die Temperamente verstanden habe, dachte ich, dass bestimmt *alle* Frauen im Haus so schlampig wie ich aussehen. (Sie wissen schon: alte Klamotten, kein Make-up, die Haare zu einem Pferdeschwanz zusammengebunden – Duschen nur als Gelegenheitsaktion.) Nun, meine Nachbarin Gayle hatte ich noch nie anders als perfekt gestylt gesehen. So habe ich denn, als Scherz, früh an einem Samstagmorgen meine Videokamera eingeschaltet und fing an, auf ihr Haus zuzugehen und dabei vor mich hin zu sprechen: »Meine Damen und Herrn, wir nähern uns jetzt dem Hause von Gayle. Wir sind dabei zu erfahren, wie sie wirklich aussieht – unfrisiert, ohne Make-up, ohne tolle Kleidung. Hier kommt sie, sie öffnet die Tür und sie sieht aus – absolut *perfekt.*« Wir sind nun schon seit vier Jahren Nachbarn, und ich habe sie kein einziges Mal ohne Make-up gesehen. Gayle sagte mir, dass sie niemals ihr Schlafzimmer verlässt, bevor sie nicht geduscht, angekleidet und vollständig geschminkt ist.

Wunderbare Gastgeberin

Bei einem anderen Anlass schaute ich im Haus meiner Freundin Jan vorbei, einen Tag vor der Party zum sechsten Geburtstag ihrer Tochter. Das Fest stand unter dem Motto: »Die kleine Meerjungfrau«, aber es gab keine vorgefertigten Disney-Kostüme zu sehen. Keineswegs! Jan war dabei, kleine weiße Dreiecke auszuschneiden, und ich fragte, was sie denn darstellten. »Haifischzähne«, antwortete sie beiläufig. Sie hatte einen riesigen Hai gebastelt und hatte vor, jeden der Partyteilnehmer zu fotografieren, wie er aus dem Haifischmaul herausschaut. Um genau den richtigen Effekt zu erzielen, war sie dabei, Haifischzähne von Hand auszuschneiden und sie Stück für

Stück an dem selbst gefertigten Hai anzukleben. Macht Sie das sprachlos?

Die Party war natürlich fabelhaft. Von Hand bemalte Jan Fischplätzchen mit Zuckerguss in tropischen Mustern. Es gab einen selbst gemachten Meerjungfrauen-Kuchen. Nicht so einer mit kleinen Plastikfiguren, die man beim Bäcker des örtlichen Lebensmittelladens mitnehmen kann. Nein, dieser hatte eine wunderschöne Meerjungfrauen-Puppe, die aus der Mitte des Kuchens herausragte.

Für die Erwachsenen bereitete sie leckere Speisen zu, von Huhn mit wildem Reis bis hin zu gerösteten Garnelen. Als ich sagte, dass Cameron und ich früher gehen müssten, bereitete sie, bevor wir gingen, speziell für uns Platten zu, die wir mit nach Hause nehmen konnten. Für die Kinder gab es alle Arten von Spielen und mit Hula-Tanz und Limbo für die Erwachsenen.

Das Erstaunliche dabei ist, dass solche Einladungen von ihr regelmäßig stattfinden.

Detailorientiert

Die perfekte Frau liest die Gebrauchsanweisungen, die zu ihren Haushaltsgeräten gehören, was der Grund dafür ist, dass ihre Gerätschaften viel länger halten als die der gewöhnlichen Frau. Sie mag es, alles nach dem Handbuch zu tun, und verschwendet keine Zeit damit, das Rad neu zu erfinden. Sie möchte den richtigen Weg kennen, Dinge zu tun, und setzt großes Vertrauen in das, was in der Vergangenheit funktioniert hat. Sie ist nicht der Typ, der jeder neuen Erfindung nachjagt, die gerade »in« ist, und zieht es vor, beim Erprobten zu bleiben. Die Dekoration in ihrem Haus ist eher klassisch und traditionell.

Wenn die perfekte Frau diese Charaktereigenschaften auf ihr religiöses Leben überträgt, sind die Ergebnisse wunderbar. Sie wird zur passionierten Bibelschülerin, sie widmet regelmäßig eine bestimmte Zeit der Stillen Zeit und pflegt systematisch die geistigen Übungen, die zu einem tieferen christlichen Leben führen.

Aufmerksam

Obwohl es wunderbar ist, dass die perfekte Frau niemals ein Detail übersieht, ist die Art, wie ihre Aufmerksamkeit für Details sich in Erinnerung verwandelt, von noch größerer Bedeutung. Sie bringt Geburts- und Feiertage mit Karten und Geschenken in Erinnerung, und zwar nicht mit jener Art von Geschenken, die man in letzter Minute vom Regal im Supermarkt schnappt. Nein, sie macht Geschenke, die sorgfältig ausgewählt und Wochen zuvor erstanden wurden.

Caroline ist ein wunderbares Beispiel. In unserer Nachbarschaft haben wir monatliche Abendessen-Partys, genannt: »Esse zu Abend mit Freunden«, wobei fünf Paare abwechselnd zum Abendessen in ihren Häusern einladen. Ich erinnere mich an einen Anlass, bei dem die Gastgeberin Caroline gebeten hatte, eines ihrer legendären Rezepte dazu beizusteuern. Das ist schon etwas Besonderes. Sie müssen eine Schulung besuchen und einen Abschluss machen, und selbst dann müssen Sie eine Empfangsbestätigung unterzeichnen, bevor Sie persönliche Rezepte erhalten. (Kleiner Scherz!)

Jedenfalls hatte die Gastgeberin das Huhn zu stark mariniert. So tropfte es vor sich hin, als der Ehemann versuchte, es auf den Grill zu legen. Als Caroline frühzeitig am Ort des Geschehens auftauchte, für den Fall, dass ihre Hilfe in der Küche benötigt würde, bemerkte sie das Dilemma der Gastgeberin und schritt augenblicklich zur Tat. Sie schickte ihren Mann zum nächsten Lebensmittelladen, um ein Huhn zu kaufen, und suchte die Zutaten zusammen, um eine neue Marinade zuzubereiten. Sie mischte sie und ließ das Ganze noch eine halbe Stunde ziehen ... alles bevor ich es schaffte, bei der Party überhaupt anzukommen.

Als die Gastgeberin die Speiseteller herausbrachte (Caroline hatte geholfen, sie so zu dekorieren, dass man meinen konnte, man sei in einem Fünf-Sterne-Restaurant), wollte sie einen Teller vor mich hinstellen. Caroline flüsterte sanft: »Nein, nein, nein, hier habe ich Donnas Teller. Schau, es sind keine Pilze darauf.« Ich antwortete mit einem »Woher um Himmelswillen wusstest du das«-Blick, und sie erklärte: »Das letzte Mal hast du deine Pilze auf dem Teller gelassen.«

Hier ist eine Frau, die nicht nur bemerkt hat, dass ich bei einem anderen Abendessen meine Pilze nicht gegessen hatte, sie erinnerte sich tatsächlich zwei Monate nach dem Ereignis noch daran. Um genauer zu sein, sie beschäftigte sich damit so sehr, dass sie darauf reagierte. Alle Achtung! Das nenne ich aufmerksam.

Sparsam

Die perfekte Frau ist extrem sparsam. Es ist egal, wie viel Geld sie hat, sie möchte es klug ausgeben. Auch wenn sie genug Geld gespart haben, um ihr Kind vier Jahre an einer Eliteuniversität studieren lassen zu können, so wird sie doch jede Woche vier Stunden damit verbringen, Fünfzig-Cent-Gutscheine auszuschneiden und zu fünf verschiedenen Lebensmittelläden zu fahren in der Hoffnung, zwanzig Dollar zu sparen.

Lebensmittelläden sind nicht der einzige Platz, an denen sie versucht, Geld zu sparen. Gerade heute Morgen rief eine meiner Freundinnen an, um mir von einem neuen Versandhandel zu berichten, den sie gefunden hatte. Sie erzählte mir begeistert, dass sie vier wunderschöne Partykleider für zwanzig Dollar gekauft habe. Ihr Mann ist außerordentlich erfolgreich, und sie könnten es sich sicherlich leisten, in den feinsten Geschäften der Stadt einzukaufen, aber sie sagt: »Ich *hasse* Einzelhandelspreise.«

Sorgfältig abwägend

Während manche vielleicht glauben, die perfekte Frau sei im Treffen von Entscheidungen zu langsam, ist sie lediglich vorsichtig. Sie bedenkt jeden möglichen Gesichtspunkt. Wenn sie eine neue Rührmaschine kaufen möchte, geht sie zur Bücherei und informiert sich über die verschiedenen Marken in Verbrauchermagazinen. (Wenn ich es mir recht überlege, so hat sie vermutlich ein Abonnement einer oder mehrerer dieser Zeitschriften.) Oftmals kann sie Probleme, denen wir ausgeliefert sind, vermeiden, weil sie kluge Entscheidungen fällt und so Probleme verhindert, bevor sie entstehen.

Kultiviert

Die »perfekte Frau« ist äußerst kultiviert. Ihre Kinder lässt sie weniger Disney-Filme anschauen, sondern Kinderfilmklassiker. Sie möchte nicht, dass ihre Kinder Comics lesen; stattdessen wird sie diesen eine Liste hochwertiger Kinderbücher vorlegen. Während der Rest der Frauen im Wartezimmer irgendein Klatsch-Blatt anschaut, holt sie sich ein anspruchsvolles Magazin. Wenn sie Dekorationsideen benötigt, holt sie sich ihre Anregungen nicht in irgendeiner beliebigen Familienzeitschrift, sondern in einem Fachblatt. Sie schickt ihre Kinder ins Ballett, nimmt sie mit in Museen und zum Symphoniekonzert.

Sie werden sie nicht ertappen, wie sie ein Mittagessen aus Zutaten serviert, die sie zufällig noch im Haus hat. Ihre Vorstellung von einer einfachen Dinnerparty ist ein Fünf-Gänge-Menü, das aus gefüllten Pilzen und den neuesten Rezepten aus der letzten Ausgabe des Gourmet-Magazins besteht. Ihre Kleider und die Freizeitkleider ihrer Kinder sind natürlich nicht aus irgendeinem Kaufhaus, sondern hochwertige Markenware. Es würde ihr nicht im Traum einfallen, ihre Kinder zur örtlichen staatlichen Hochschule zu schicken; die Eliteuniversitäten entsprechen da schon eher ihren Vorstellungen.

Schwächen der »perfekten« Frau

Perfektionistisch

Ist es nicht wunderbar, dass die »perfekte« Frau so perfekt ist? Wäre es nicht prima, so eine Ehefrau oder Mutter zu haben? Dann wäre Ihr Zuhause perfekt, und alle wären glücklich, stimmt's? Nun, nicht unbedingt. Sehen Sie, ihre Perfektion kann auch zu weit gehen und damit enden, dass sie die ganze Familie stresst. Bei allem hat sie unrealistisch hohe Ansprüche, von den häuslichen Pflichten bis zum akademischen und sportlichen Abschneiden. Sie wird zehn Sportstudios besichtigen, um das richtige zu finden, selbst wenn es dreißig Meilen entfernt ist. Sie wird den richtigen Trainer engagieren und sicherstellen, dass ihre Kinder den richtigen Lehrer an der richtigen Schule bekommen. Theoretisch klingt das wunderbar. In der Realität erzeugt es eine unglaubliche Menge an Stress. Einige Frauen haben Häuser, die so ordentlich und sauber sind, dass Menschen Angst haben, darin zu atmen. Das kann für ein Kind eine sehr beengende Umgebung sein, insbesondere für ein »populäres« oder »friedfertiges« Kind.

Haben Sie schon einmal ein Ereignis wie das nachfolgend geschilderte erlebt? Sie sind im Haus einer »perfekten« Frau eingeladen. Das Essen, die Dekoration, das Ambiente – alles ist perfekt. Auch der weiße Teppich sieht perfekt aus, bis zu dem fatalen Zeitpunkt, als jemand ein wenig Punsch verschüttet. Nein, es muss kein ganzes Glas voll Punsch sein, ein ganz klein bisschen reicht völlig. Was passiert als Nächstes? Mit großem Getöse rennt die Gastgeberin, um ihre Flasche mit Teppichreinigungsmittel hervorzuholen, und verbringt dann zehn Minuten auf Händen und Knien, um auch noch die letzte mikroskopisch kleine Spur von Punsch zu entfernen. Es ist, als ob man sie beim Durchführen einer Operation beobachtet. Derweil erlöschen alle anderen Gespräche, und das stattgefundene Drama wird zum Gesprächsthema der Party. (»Was macht sie?« »Oh tatsächlich, wer hat es verschüttet?«)

Es ist verständlich, dass die perfekte Frau möchte, dass ihr Teppich großartig aussieht. Das Problem ist, dass sie sich über den Zustand ihres Teppichs mehr zu sorgen scheint als über die Gefühle ihrer Gäste. Das ist eine total übertriebene Art der Perfektion.

Unbeliebt

Da die perfekte Frau sehr still und nachdenklich ist, erscheint sie manchmal als kühl und distanziert, was sie ziemlich unbeliebt machen kann. In Wirklichkeit ist sie einfach scheu und ängstlich.

Es besteht die Möglichkeit, dass sie in der Vergangenheit durch enttäuschende Freundschaften verletzt worden ist und sie ihr Innerstes schützen möchte. Sie arbeitet unermüdlich, um sicherzustellen, dass alles in ihrem Leben – ihr Heim, ihre Familie, ihre Karriere oder geistliches Amt – absolut perfekt erscheint. Und von weitem betrachtet ist es meistens auch so. Sie möchte nicht, dass Sie ihr zu nahe kommen, aus Angst, Sie könnten herausfinden, dass sie nicht ganz so perfekt ist, wie sie möchte, dass Sie glauben. Was ihr persönliches Leben und ihre Emotionen betrifft, hält sie sich oft bedeckt.

Sie ist vorsichtig im Schließen neuer Freundschaften. Nach allem ist es nicht einfach, mit einer »perfekten« Frau richtig warm zu werden. Sollte sie Ihnen das Privileg zubilligen, ihre Freundin zu werden, machen Sie sich bereit auf eine Fülle von Erwartungen. Sie wird von Ihnen erwarten, dass Sie ihren endlosen Jammergeschichten zuhören, die sie nervenaufreibend detailliert erzählt. Sie wird von Ihnen erwarten, dass Sie wissen, wann und warum sie niedergeschlagen ist. Wenn sie wütend auf Sie ist, wird sie von Ihnen erwarten, dass Sie selbst herausfinden warum. Sie wird von Ihnen auch erwarten, dass Sie sich an ihren Geburtstag erinnern und ihr die Art von wohl überlegten Geschenken geben, die sie selbst bei solchen Anlässen mit Stolz präsentiert. Wenn Sie ihren Erwartungen nicht gerecht werden (und die Wahrheit ist: kein Sterblicher wird jemals für ihren Geschmack perfekt genug sein), kann sie extrem sauer werden.

Streng

Die perfekte Frau kann sehr streng sein, wenn es darum geht, eine ihrer vielen, vielen, vielen Regeln zu befolgen. Sie hat eine Regel für alles, vom Einfachen bis zum Komplizierten. Vom »stelle die Gewürze immer in alphabetischer Reihenfolge zurück in das Regal« über »bestücke den Geschirrspüler immer zuerst mit allen Gläsern, bevor du beginnst, Tassen und Untertassen hineinzustellen«, bis hin zu »beweisen Sie Ihrer Frau, dass Sie das Geschenk mindestens drei Monate im Voraus geplant haben«. Es gibt nur eine richtige Art und

Weise, dies alles zu tun, und sie glaubt ernsthaft, sie allein wüsste, welche es ist.

Hat die »perfekte« Frau erst einmal die Regeln festgelegt, betrachtet sie diese, als in Stein gemeißelt. Sie kann gegenüber ihren Kindern, ihrem Ehemann und selbst gegenüber ihren Freunden sehr streng sein. Unglücklicherweise ist sie manchmal so damit beschäftigt, das Leben zu organisieren, dass sie vergisst, das Leben zu leben.

Die »perfekte« Frau lebt nach dem Buchstaben des Gesetzes und nicht nach dem des Geistes. Neulich habe ich in einem Seniorenzentrum am Schwarzen Brett einen Zettel angeheftet, dass ich nach einer Großmutter suche, die mein Baby beaufsichtigen sollte, während ich versuchen wollte, einige Arbeiten zu erledigen. Nun, ich erhielt eine Antwort, und es war eine »perfekte« Großmutter. Sie kam, um für mich zu arbeiten, und raten Sie, was sie tat? Sie beaufsichtigte das Baby. Punkt. Sie machte die Babyfläschchen nicht sauber. Eines Tages kam sie zu mir und sagte: »Es sind keine sauberen Fläschchen da.« Ich erwiderte, dass ich zu viel zu tun gehabt hätte (ich war gerade dabei, dieses Buch zu schreiben), um mit dem Geschirr auf dem Laufenden zu sein. Sie sagte in ruhigem Ton: »Dann muss ich ihr eben Gläschennahrung geben.« Und das tat sie dann auch. Es muss nicht erwähnt werden, dass sie beim Baden des Babys oder beim Aufräumen des Kinderzimmers nicht geholfen hat. Ich dachte, dass alle diese Dinge eigentlich ganz selbstverständlich seien, aber ich hatte keine Lust, sie ihr vorzuhalten. Von ihrem Standpunkt aus gesehen, hätte das Erledigen irgendeines dieser anderen Dinge dazu geführt, dass sie das Baby für einen Moment nicht ausschließlich hätte beaufsichtigen können, und meine Notiz besagte ja, dass sie das Baby beaufsichtigen sollte. Was ich zu sagen beabsichtigte, war, dass ich nach jemandem suche, der sich um alle Dinge kümmert, die das Baby betreffen. Aber großzügig, wie ich bin, schrieb ich nur diese ungenaue Notiz und befestigte sie am Schwarzen Brett, ohne sie zu durchdenken. Auf dem Zettel stand: »Beaufsichtigen des Kindes«, und das tat sie auch. Aber – ich sollte es noch hinzufügen – das machte sie wirklich wundervoll.

Trübsinnig

Die perfekte Frau wird ihren Tagesablauf in Abschnitte von je einer halben Stunde planen, sodass auf dem Papier alles großartig aussieht. Wenn ihr Tag sich jedoch nicht so entwickelt, wie ihr Planer das vorschreibt, wird sie oft frustriert und entmutigt. Nun stellen Sie sich irgendeine Mutter von Vorschulkindern vor, die sich ihren Tagesplan genau zurechtlegt und erwartet, dass er so abläuft wie geplant! Diese Frau schafft sich ihre eigenen Depressionen selbst. Und falls sie es nicht fertig bringt, ihre Erwartungen zurückzuschrauben, kann sie sich selbst und jeden in der Nähe unglücklich machen.

Sie muss einen Weg finden, das Leben mit dem Unerwarteten zu leben, weil das Leben voll ist von Unwägbarkeiten, Umwegen, ja, und auch Enttäuschungen. Wenn sie es nicht tut, wird ihr emotionales Leben einen fortwährenden Kampf darstellen. Mehr als irgendein anderes Temperament läuft die »perfekte« Frau Gefahr, trübsinnig zu werden. Manche werden regelrecht verzweifelt, wenn sie merken, dass das Leben nicht so perfekt ist, wie sie es sich erträumt hatten – und manche hegen dann sogar Gedanken an Selbstmord. Obwohl niemand Selbstmord im Bezug auf Temperamente untersucht hat, glaube ich, dass man davon ausgehen kann, dass bei diesem Temperament die Rate am höchsten ist. Die alarmierende Anzahl von Künstlern, Musikern, Philosophen und anderen kreativen Genies, die sich das Leben genommen haben, bestätigt dieses. Seit ich mir dieser Tatsache bewusst bin, bin ich meinen »perfekten« Freunden gegenüber weit sensibler. Ich habe sogar ein aktuelles Beispiel anzubieten. Während der vergangenen Wochen bin ich bei einem halben Dutzend Anlässe Martha über den Weg gelaufen. Es kam mir vor, als ob sie mich schnitt, und ich begann mich gekränkt zu fühlen. Ich dachte: »Was ist mit ihr los? Glaubt sie, dass sie zu gut für mich ist? Warum ist sie wütend auf mich?« Dann kam mir ein ungewöhnlicher Gedanke in den Sinn: »Donna, vielleicht hat es überhaupt nichts mit dir zu tun.« Für jemanden, der immer glaubt, das Universum drehe sich nur um einen selbst, war das eine ganz neue Vorstellung. Aber ich begann mich mit diesem Gedanken zu beschäftigen und fand ihn schließlich bestätigt.

Als ich sie anrief, stellte ich fest, dass sie deprimiert war. Unglücklicherweise hatte ich mir bisher keine Mühe gegeben, es zu bemerken. Wie die meisten »populären« Typen, bin ich oft mit mir selbst beschäftigt.

Jedenfalls habe ich mit ihr eine Stunde lang gesprochen und ließ sie ihren Frust von der Seele reden. Ich versuchte, ihr damit Mut zu machen, dass es immer noch Lösungswege gibt. Vor allem aber habe ich ihr zugehört, und das war's, was sie brauchte.

Ich habe eine andere »perfekte« Freundin, von der ich seit ein paar Monaten nichts gehört hatte. Ich war »zu beschäftigt« gewesen, sie anzurufen. Als wir uns schließlich wieder einmal trafen, gestand sie, dass sie seit einigen Monaten mit Depressionen zu kämpfen hatte. Bitte seien Sie sensibel für diese Neigungen Ihrer »perfekten« Freundinnen. Wenn Sie nichts von ihnen hören, ergreifen Sie die Initiative, strecken Sie die Hand aus und rufen Sie sie an. Wenn sie nicht nach Hilfe oder Aufmerksamkeit verlangen, ist genau das der Moment, wo sie Sic am meisten brauchen.

Unversöhnlich

In der gleichen Weise, wie sie sich an jedes kleine Detail über Dekoration und Kochen erinnert, so erinnert sie sich detailliert an alles, was Sie falsch gemacht haben. Noch genauer daran, wie Sie und der Rest der Welt ihr Unrecht getan haben. Sie ist der Typ von Frau, die zu ihrem Mann sagt: »Oh ja, und was war am 9. Juli 1973, als du …«, und dann ausführlich und genau auf jedes Detail dieses Vergehens eingeht.

Ganz sachlich (welches übrigens einer der Lieblingsausdrücke der »perfekten« Frau ist) hat sie ständig die Auflistung sämtlicher Fehler mit Querverweisen auf die anstößige Party, die Art des Fehlverhaltens und das Datum der Begebenheit parat. Neulich habe ich von einer Frau gelesen, die eine schriftliche Aufzeichnung über jeden führt, der sie gekränkt hat. Können Sie sich das vorstellen? Nicht nur das, insgeheim mögen es manche Frauen, falsch behandelt zu werden, weil es ihnen die Möglichkeit bietet, in die Rolle der

Märtyrerin zu schlüpfen, die zu spielen ihnen großes Vergnügen bereitet. Unglücklicherweise ist dies keine Rolle, bei denen viele Leute gerne Zuschauer sein möchten.

Ich habe einmal ein Gedicht gelesen, das mich bis ins Innerste berührt hat, und speziell eine Zeile daraus werde ich nie vergessen. Sie lautete: »Ein verbitterter alter Mensch ist eines der krönenden Werke des Teufels.« Alarmiert Sie das nicht? Dass Ihr Leben zu einem lebendigen Zeugnis der Macht des Bösen werden könnte und dass alles, was Sie dazu tun müssten, wäre, verbittert zu werden. Insbesondere »perfekte« Frauen müssen sich dagegen wappnen, dem Teufel eine solche Ausgangsposition in ihrem Leben zu schaffen, indem sie bewusste Anstrengungen unternehmen, zu vergeben und vergessen.

Geizig

Bei einer anderen Gelegenheit verbrachte ich die Nacht im Hause einer »perfekten« Frau – ein Haus, mehr wert als eine Million Dollar, gefüllt mit Möbeln im Wert von hunderttausenden Dollars. »Perfekt« ist nicht ganz die richtige Bezeichnung dafür. Bestimmt war es dort wunderschön. Und doch stimmte etwas nicht. Das Haus war absolut unterkühlt. Und als ich mitten in der Nacht auf die Toilette wollte, wurde ich regelrecht von Entsetzen gepackt. (Ich kann immer noch hören, wie mein Herz wild schlägt.) Warum? Es gab nirgends auch nur einen Schimmer von Licht auf diesem riesigen Anwesen. Noch am Abend hatten sich der Ehemann und seine Frau in unserer Anwesenheit darüber aufgeregt, weil jemand die Beleuchtung in der Halle zwei Minuten länger angelassen hatte als notwendig. (Mein Mann und ich haben uns nur angeschaut und dachten, dass das doch wohl nicht wahr sein dürfe.) Ich hatte allerdings nicht geahnt, dass sie der Meinung sind, dass es überhaupt nicht notwendig sei, Licht einzuschalten. Ich rede hier von völliger Finsternis. Ich musste meinen Weg durch den stockfinsteren Flur erfühlen, betete, dass ich auf einen Türgriff treffen würde, bevor ich ein Treppe hinunterstürzen und mit das Genick brechen würde. Nur ein echter Geizhals bringt es fertig, seinen Gästen das Licht abzudrehen.

Machen Sie das Beste aus Ihrem Temperament

Wenn ich eine perfekte Frau wäre (und Gott weiß, ich bin keine), wäre die Frage, die ich mir stellen würde: »Warum muss bei mir alles so verdammt perfekt sein?« Wenn Sie daran arbeiten, das Bestmögliche aus sich zu machen, besteht Ihr erster Schritt ironischerweise darin, Ihre Ansprüche zu senken. Das klingt vielleicht widersprüchlich, ist es aber nicht. Um mehr Ausgeglichenheit in Ihr Leben zu bringen, müssen Sie der Tatsache ins Auge sehen, dass dies eine wenig perfekte Welt ist, in der Dinge sich nicht immer so entwickeln, wie Sie sie geplant haben. Wenn Sie lernen, Ihr eigenes »Unperfekt-Sein« zu akzeptieren und insbesondere das Ihres Ehemannes und Ihrer Kinder, wird Sie das von der Fessel des Perfektionismus befreien.

Wenn Sie betend Ihr Leben betrachten, werden Sie vielleicht entdecken, dass Ihr größtes Bedürfnis darin besteht, in Ihrem Herzen Dankbarkeit und Gnade zu verspüren. Vielleicht denken Sie auch einmal über die Bedeutung des folgenden Verses nach:

> Was siehst du den Splitter in deines Bruders Auge und nimmst nicht wahr den Balken in deinem Auge? Oder wie kannst du sagen zu deinem Bruder: Halt, ich will dir den Splitter aus deinem Auge ziehen?, und siehe, ein Balken ist in deinem Auge. Du Heuchler, zieh zuerst den Balken aus deinem Auge; danach sieh zu, wie du den Splitter aus deines Bruders Auge ziehst. (Matthäus 7,3–5)

Denken Sie daran, dass der Balken in Ihrem Auge, der Grund für Ihre Neigung sein kann, nach dem Splitter in den Augen von anderen zu suchen.

Zwei Verse in Römer 12 und 14 bringen dies noch deutlicher zum Ausdruck:

Denn ich sage durch die Gnade, die mir gegeben ist, jedem unter euch, dass niemand mehr von sich halte, als sich's gebührt zu halten, sondern daß er maßvoll von sich halte, ein jeder, wie Gott das Maß des Glaubens ausgeteilt hat. (Römer 12,3)

Wer bist du, daß du einen fremden Knecht richtest? Er steht oder fällt seinem Herrn. Er wird aber stehen bleiben, denn der Herr kann ihn aufrecht halten. (Römer 14,4)

Falls wir es noch immer nicht kapiert haben, erinnert uns Gott nochmals in Jakobus 4,12 daran: »Einer ist der Gesetzgeber und Richter, der selig machen oder verdammen kann. Wer aber bist du, daß du den Nächsten verurteilst?«

Obwohl Sie Gott nicht geschaffen hat, um ein Komödiant zu sein, könnten Sie Ihre Beziehungen bereichern, wenn Sie einen Sinn für Humor entwickeln. Es ist traurig, aber wahr: Niemand mag Leute, die ständig furchtbar ernsthaft sind. Ihre Familie und Ihre Freunde lieben Sie, aber manchmal machen Sie es ihnen schwer, Sie zu mögen. Ihr größter Kampf nach dem gegen den Perfektionismus ist möglicherweise der gegen Depressionen. Vielleicht können Ihnen die folgenden Vorschläge helfen, das Beste aus Ihrem Temperament zu machen.

Achten Sie auf Ihren Körper

Mir ist klar, dass ich damit für viele von Ihnen Eulen nach Athen trage. Sie ernähren sich bereits vernünftig und treiben Sport, sodass dieser Abschnitt nur eine Bestätigung dessen ist, was Sie bereits tun, aber andere sollten dies hören.

»Oder wißt ihr nicht, daß euer Leib ein Tempel des heiligen Geistes ist, der in euch ist und den ihr von Gott habt, und daß ihr nicht euch selbst gehört? Denn ihr seid teuer erkauft; darum preist Gott mit eurem Leibe.« (1. Korinther 6,19–20)

Römer 12,1 geht einen Schritt weiter: »Ich ermahne euch nun, liebe Brüder, durch die Barmherzigkeit Gottes, daß ihr eure Leiber hingebt als ein Opfer, das lebendig, heilig und Gott wohlgefällig ist. Das sei euer vernünftiger Gottesdienst.« Behandeln Sie Ihren Körper wie den Tempel des Heiligen Geistes, nicht wie einen Mülleimer! Essen Sie viele Früchte und Gemüse und trinken Sie so viel Wasser, wie Sie überhaupt können. Lesen Sie *Fit for Life* von Harvey und Marilyn Diamond (erhältlich in den meisten Büchereien und Buchhandlungen). Obwohl es schwierig ist, versuchen Sie diese Ernährungsrichtlinien so weit wie möglich zu verinnerlichen. David und Anne Fraham schreiben gute Ernährungsbücher aus der christlichen Perspektive. Es könnte sein, dass, wenn Sie sich erst einmal intensiver damit beschäftigt haben, Sie zu einem wahren Ernährungsexperten werden – zu Ihrem eigenen Wohl und dem Ihrer Lieben.

Denken Sie über Gottes Wort nach und beten Sie täglich

Beginnen Sie mit den Psalmen, insbesondere mit Psalm 119,27–28: »Laß mich verstehen den Weg deiner Befehle, so will ich reden von deinen Wundern. Ich gräme mich, dass mir die Seele verschmachtet; stärke mich nach deinem Wort.«

Zählen Sie Ihre Segnungen

Holen Sie ein Stück Papier hervor und listen Sie zwanzig Segnungen oder Gebetserhörungen auf. Bewahren Sie die Liste vorne in Ihrer Bibel auf und aktualisieren Sie sie von Zeit zu Zeit, wenn Sie die Wunder Gottes und selbst seine kleinen Geschenke erfahren. Betrachten Sie diese Aufzeichnungen täglich, bis Ihr Herz anfängt, vor Dankbarkeit und Freude überzulaufen.

Stärken Sie Ihr Selbstbewusstsein, indem Sie all die Wahrheiten über sich, die Sie in Christus sind, bedenken

Neil T. Anderson behandelt dies ausführlich in seinen Schriften, insbesondere in *The Bondage Breaker* [Der die Ketten sprengt]. Trauen Sie nicht Ihren Gefühlen, glauben Sie der Wahrheit. Wussten Sie zum Beispiel, dass Sie eine Prinzessin sind? Lesen Sie mal in Römer 8,17: »Sind wir aber Kinder, so sind wir auch Erben, nämlich Gottes Erben und Miterben Christi, wenn wir denn mit ihm leiden, damit wir auch mit zur Herrlichkeit erhoben werden.« Wenn Gott, der

König des Universums, Ihr Vater ist, macht Sie das zu einer Tochter des Königs – einer Prinzessin. Wenn das nichts ist!

Befreien Sie sich

Treffen Sie die bewusste Entscheidung, denen zu verzeihen, die Sie gekränkt haben, indem Sie realisieren, dass Verzeihen deren Standpunkt nicht für richtig erklärt, sondern dass Verzeihen Sie frei macht.

> Und vergib uns unsere Schuld, wie auch wir vergeben unseren Schuldigern. Und führe uns nicht in Versuchung, sondern erlöse uns von dem Bösen. Denn dein ist das Reich und die Kraft und die Herrlichkeit in Ewigkeit. Amen. Denn wenn ihr den Menschen ihre Verfehlungen vergebt, so wird euch euer himmlischer Vater auch vergeben. Wenn ihr aber den Menschen nicht vergebt, so wird euch euer Vater eure Verfehlungen auch nicht vergeben. (Matthäus 6,12–15)
>
> ... und ertrage einer den anderen und vergebt euch untereinander, wenn jemand Klage hat gegen den anderen; wie der Herr euch vergeben hat, so vergebt auch ihr! Über alles aber zieht an die Liebe, die da ist das Band der Vollkommenheit. Und der Friede Christi, zu dem ihr auch berufen seid in einem Leibe, regiere in euren Herzen; und seid dankbar. (Kolosser 3,13–15)

Suchen Sie nicht ständig nach Negativem

Entscheiden Sie sich, Ihre Aufmerksamkeit auf die Dinge in der Welt zu richten, die gut sind, anstatt auf jene, die schlecht sind.

> Sorgt euch um nichts, sondern in allen Dingen laßt eure Bitten in Gebet und Flehen mit Danksagung vor Gott kundwerden! Und der Friede Gottes, der höher ist als alle Vernunft, bewahre eure Herzen und Sinne in Christus Jesus. Weiter, liebe

Brüder: Was wahrhaftig ist, was ehrbar, was gerecht, was rein, was liebenswert, was einen guten Ruf hat, sei es eine Tugend, sei es ein Lob – darauf seid bedacht. (Philipper 4,6–8)

Machen Sie sich klar, dass Depressionen oftmals biochemisch bedingt sind

Depressionen sind nicht Ausdruck eines schwachen Charakters oder mangelnden Glaubens. Machen Sie sich deshalb nicht selbst fertig. Depressionen können das Symptom eines Mangels an Thiamin, Biotin, Vitamin B 3, B 6, B 12 oder anderer Vitamine oder Mineralien sein. Nehmen Sie ein hochdosiertes Vitaminpräparat ein. Einige Ärzte empfehlen auch L-Phenylalanine und Kalium/Magnesium aspartate (jeweils 1 000 mg täglich). Wir haben alle unsere körperlichen Schwächen, weil wir alle in einer zerbrechlichen Hülle leben. »Wir haben aber diesen Schatz in irdenen Gefäßen, damit die überschwengliche Kraft von Gott sei und nicht von uns.« (2. Korinther 4,7) Denken Sie daran, dass Gott uns eines Tages von diesen unperfekten Körpern befreien wird. In der Zwischenzeit müssen wir mit dem zurechtkommen, was wir haben.

Suchen Sie Ihren Arzt auf. Falls er Ihnen Medikamente verschreibt, nehmen Sie diese auf jeden Fall. Chronische und manische Depressionen sind ernsthafte Erkrankungen und sollten so behandelt werden, wie Sie es bei anderen schweren Erkrankungen auch tun würden.

Seien Sie realistisch

Lassen Sie unrealistische Erwartungen fallen. Erkennen Sie, dass sie nur zu Enttäuschung, Verbitterung und Ärger führen. Dies ist eine unperfekte Welt, angefüllt mit unperfekten Menschen. »... sie sind allesamt Sünder und ermangeln des Ruhmes, den sie bei Gott haben sollten ...« (Römer 3,23) Die gute Nachricht ist: »... und wir werden ohne Verdienst gerecht aus seiner Gnade durch die Erlösung, die durch Christus Jesus geschehen ist.« (Römer 3,24) Und seit Gott gerichtet hat, haben wir kein Recht zu verurteilen. Jesus warnte uns, nicht zu erwarten, dass unser Leben der Himmel auf Erden sei, aber er beruhigt uns auch: »Das habe ich mit euch geredet, damit ihr in mir Frieden habt. In der Welt habt ihr Angst; aber seid getrost, ich habe die Welt überwunden.« (Johannes 16,33)

Sprechen Sie das folgende Gebet täglich. Vielleicht lernen Sie es sogar auswendig:

Gebet einer Nonne aus dem 17. Jahrhundert

Herr, du weißt besser als ich, dass ich älter werde und eines Tages alt sein werde. Bewahre mich vor der fatalen Angewohnheit, zu glauben, etwas zu jedem Thema und zu jedem Anlass sagen zu müssen. Befreie mich von dem Verlangen, mich in jedermanns Angelegenheiten einmischen zu wollen. Mache mich nachdenklich, aber nicht launenhaft; hilfreich, aber nicht herrisch. Mit meinem enormen Vorrat an Weisheit scheint es schade zu sein, ihn nicht ganz zu verwenden, aber du weißt, Herr, ich möchte zum Schluss noch ein paar Freunde haben.

Bewahre meinen Geist vor der endlosen Wiederholung von Details, verleihe mir Flügel, um auf den Punkt zu kommen. Hinsichtlich meiner Sehnsüchte und Schmerzen, verschließe meine Lippen. Sie verstärken sich und der Wunsch, sie zu erzählen wird größer, während die Jahre dahingehen. Ich wage nicht, um genug Gnade zu bitten, die Geschichten von den Schmerzen anderer zu genießen, aber hilf mir, sie mit Geduld zu ertragen.

Ich wage nicht, um ein besseres Gedächtnis zu bitten, aber um eine wachsende Demut und eine nachlassende Selbstsicherheit, wenn meine Erinnerung mit den Erinnerungen anderer zu kollidieren scheint. Lehre mich die glorreiche Lektion, dass auch ich falsch liegen könnte.

Erhalte mich angemessen lieb. Ich möchte keine Heilige sein – mit manchen von ihnen zu leben ist schwer –, aber eine verbitterte alte Person ist eines der krönenden Werke des Teufels. Gebe mir die Fähigkeit, gute Dinge an unerwarteten Plätzen zu sehen, und Talente in Menschen, von denen ich es nicht vermutet hätte. Und, oh Herr, gib mir die Kraft es ihnen zu sagen. Amen.

4. Einführung in den Typ »tatkräftige« Frau

Stärken der »tatkräftigen« Frau

Lassen Sie mich gleich mit dem Wesentlichen beginnen: Meines Erachtens kommt dieses Temperament in vielen Büchern eindeutig zu schlecht weg. Selbst wenn Stärken aufgelistet werden, findet man auch in den besten Büchern Äußerungen wie: »Macht anderen Vorschriften«, »bespricht sich nicht mit dem Ehemann, bevor sie lebensverändernde Entscheidungen trifft«, »nimmt sich keine Zeit für eine wirkliche Unterhaltung« und »mischt sich in alles ein«. Sind das etwa Stärken? Ich hatte Angst, zum Abschnitt über die Schwächen zu kommen.

Ich kann ruhig zugeben, dass mir persönlich etwas daran liegt, die wahren Stärken der »tatkräftigen« Frau vorzustellen, denn ich bin typmäßig eine Mischung aus »tatkräftig« und »populär«. Und so wie ich es liebe, eine schöne Zeit zu haben und das Leben zu genießen, so danke ich Gott dafür, dass er mir auch die Eigenschaften des »tatkräftigen« Typs und die Entschlossenheit gegeben hat, um in dieser Welt etwas zu bewirken. Wenn es meine »tatkräftige« Seite nicht gäbe, hätte ich es niemals fertig gebracht, dieses oder irgendein anderes Buch zu schreiben. Bücher, von denen ich hoffe und darum bete, dass sie eine Menge Leben zum Besseren verändern.

Frauen mit diesem Temperament haben viele wunderbare Stärken. Lassen Sie mich nun gleich mit deren Vorstellung beginnen. Hier ist sie, mit einem Kommandostab, und erklärt jedem, was zu tun ist! (Das *ist* eine Stärke. Manche Leute brauchen es, dass man ihnen sagt, was sie tun sollen.)

Sie ist der Typ von Frau, der die Dinge auf die Reihe bringt. Sie hat jede Menge Energie, geht aus sich heraus und ist immer offen für

Neues. Wenn ich durch das Land reise, um Frauen, die sehr in sich gekehrt sind, Hilfe anzubieten, bemerke ich, dass die meisten von ihnen von einer »tatkräftigen« Frau »geschoben« werden. Und ich witzele immer: »Ich garantiere persönlich dafür, dass in diesem Raum heute Frauen sind, denen gesagt wurde, dass sie heute hier zu sein haben.« Das erzeugt meist ein heiteres Gelächter, weil es so wahr ist.

Ist es nicht interessant, dass ein »tatkräftiger« Mann in den Himmel gelobt wird wegen seiner Führungsqualitäten, aber wenn eine »tatkräftige« Frau solche Eigenschaften an den Tag legt, dann wird sie beschuldigt, beherrschend, übermäßig aggressiv oder dominant zu sein. Männer fühlen sich von solchen Frauen oftmals bedroht, während sie von anderen Frauen abgelehnt und verurteilt werden. Anstatt die Frau, die die Führung übernimmt, zu unterstützen, wollen andere Frauen sie wieder auf den ihr in ihren Augen zustehenden Platz zurückweisen. Ich habe dies wieder und wieder so erlebt, in meinem eigenen Leben und im Leben von Frauen, die ich sehr bewundere. Eine hervorragende christliche Autorin mit herausragenden Führungsfähigkeiten riet mir einmal, dass ich nicht immer versuchen sollte, eine lebenswichtige Rolle in meiner örtlichen Gemeinde zu spielen, weil ich überhaupt keine Chancen hätte, dass dies jemals akzeptiert werden würde. Sie sagte, dass sie dies aufgrund ihrer dreißigjährigen Erfahrung beurteilten könne, während der sie kaum eine »tatkräftige« Frau gesehen habe, die nicht auf ständigen Widerstand stieß, wenn sie versuchte, ihre Führungsqualitäten einzubringen. Sie glauben jetzt vielleicht, dass mich ihre Worte entmutigt hätten? Ganz im Gegenteil! Es waren für mich die befreiendsten, die ich jemals gehört hatte! Sie machten mir deutlich, dass die Opposition mir gegenüber nicht persönlich gemeint ist, sondern dass dies ein allgemeines Phänomen ist. Wie traurig!

»Tatkräftige« Frauen, fassen Sie sich ein Herz. Sie sind nicht allein. Und der Rest von Ihnen, meine Damen, hören Sie genau zu: Unterstützen Sie die »tatkräftige« Frau, die bereit ist Führungsaufgaben zu übernehmen. Seien Sie dankbar dafür, dass sie die Initiative ergreift, um den Ball ins Rollen zu bringen. Ansonsten müssten die meisten von Ihnen gelangweilt zu Hause sitzen. Danken Sie Gott für diese Frauen, die Verantwortung übernehmen.

Mutig

Die »tatkräftige« Frau ist sehr couragiert. Wenn Sie sie einladen, um mit Ihnen Ski fahren zu gehen, wird Sie sie zu den Abfahrten für Könner führen. Es spielt für sie keine Rolle, dass sie noch nie zuvor auf Skiern gestanden ist. Sie ist davon überzeugt, dass sie, wenn sie etwas will, das auch kann. Ihr Motto ist: »Oftmals falsch, aber niemals zögerlich.«

Einige merken vielleicht etwas abschätzig an: »Die hat vielleicht Nerven.« Egal in welcher Tonlage man das sagt, es stimmt: Diese Frau hat tatsächlich Nerven wie Drahtseile, die sie wirksam einsetzen kann, um Gutes zu erreichen. Wenn eine »tatkräftige« Frau ihr Leben Gott übergibt, kann er durch sie außergewöhnliche Dinge vollbringen. Egal was gemacht werden muss, egal was für Hindernisse sich ihr in den Weg stellen, sie wird fest daran glauben, dass sie es mit Gottes Hilfe schaffen kann.

Einer meiner liebsten Kinofilme ist »The Inn of the Sixth Happiness« mit Ingrid Bergman in der Hauptrolle. Der Film basiert auf der wahren Lebensgeschichte von Gladys Aylward, einer britischen Hausangestellten, die 1930 zur China-Inland-Mission stieß, um Gott als Überseemissionarin zu dienen. Eigentlich wollte man sie dort zuerst gar nicht, weil sie nicht fein genug erzogen war und keine beeindruckenden Referenzen vorweisen konnte. Aber sie glaubte daran, dass Gott sie gerufen hatte, und ließ sich nicht abhalten.

Sie begann, jeden Pfennig, den sie verdiente, zu sparen, um sich irgendwann einmal die Überfahrt leisten zu können. Sie fing an, alles nur Mögliche über die Mission in China zu lesen, und lernte eine ältere Witwe, Jeannie Lawson, kennen, die darauf brannte, dass ihr jemand bei ihren Geschäften half. Schließlich hatte sie genug Geld beisammen, um ein Reise von London – über Europa und die Sowjetunion – nach China zu bezahlen. Wenn Sie von diesem Wagemut hören, dann können Sie sich vielleicht vorstellen, welche Nerven eine Frau brauchte, die vor 60 Jahren alleine nach China reiste. Männer trauten sich nicht auf ein Missionsfeld zu gehen, ohne eine Missionsgesellschaft im Rücken zu haben, die sie unterstützte. Bis heute würden es nur wenige Missionare wagen, ihre Heimat zu verlassen, ohne durch eine Missionsgesellschaft ausgesendet worden zu sein und ohne deren volle Unterstützung. Diese Dame hatte jede Menge Mut.

Im Jahr 1940, als die Japaner begannen, das Dorf, in dem sie lebte und arbeitete, zu bombardieren, brachte sie eine Gruppe von 100 Kindern in einer anstrengenden Fahrt über unwegsames Gebiet in die Sicherheit einer anderen chinesischen Stadt. Ich bin davon überzeugt, dass es auf dieser Welt keinen »populären« Typ gibt, der in einer solch unwirtlichen Umgebung hätte überleben können. Die »perfekten« Typen wären vermutlich so depressiv geworden, dass sie keinen Schritt mehr hätten tun können, wenn sich die Dinge nicht von Beginn an positiv entwickelt hätten. Und wie Sie schon bald sehen werden, würde der »friedfertige Typ« sich niemals gegen das System auflehnen. Wenn die Missionsgesellschaft Nein gesagt hätte, dann wären sie zurück zu ihrem Hausputz gegangen und hätten nie auch nur ein Wort der Beschwerde geäußert. Aber der »tatkräftige« Typ hat den Mut, zu seinen Überzeugungen zu stehen.

Entschlossen

Die sicherste Art, eine »tatkräftige« Frau zu motivieren, ist, ihr zu sagen: »Das geht nicht!« Beobachten Sie dann einmal, wie sie in Aktion gerät, um die Herausforderung anzunehmen. Sie sieht das Leben als eine Reihe von Problemen, die gelöst werden, und Herausforderungen, die gemeistert werden müssen. Frauen, die mein Buch *No More Lone Rager Moms* [Als Mutter nie mehr allein mit dem Ärger] gelesen hatten, und ein Mütter-Netzwerk in ihren Gemeinden gründen wollten, gab ich bei meinen Vorträgen den Rat: »Wenn Sie wollen, dass in Ihrer Gemeinde oder Nachbarschaft ein Mütter-Netzwerk entsteht, Sie aber nicht den Schneid haben, es selbst in Angriff zu nehmen, hier mein Tipp: Gehen Sie zu einer ›tatkräftigen‹ Frau, halten Sie eine Kopie von *No More Lone Ranger Moms* in Ihrer Hand und sagen: ›Ich glaube nicht, dass es jemand fertig bringt, so etwas in unserer Kirche zu organisieren.‹ Die Spur ist gelegt. Sie wird das Mütter-Netzwerk im Nu auf die Beine stellen. Sie werden ein

Logo und eigenes Briefpapier haben, und es wird ein Direktorium gewählt werden – mit ihr als Präsidentin.«

Diese entschlossene Frau wächst an den Herausforderungen. Während die meisten Leute sagen: »Was nicht geht, geht nicht«, ruft sie: »Wenn es nicht freiwillig funktioniert, müssen wir eben ein bisschen nachhelfen und sehen, was dann passiert.« Sie lebt von Kampf zu Kampf, von Eroberung zu Eroberung. Deshalb hat sie auch oft Probleme damit, wenn sie ihre Arbeit aufgegeben hat, um zu Hause bei ihren Kindern zu bleiben. Hier gibt es nicht Großartiges zu vollbringen, nichts ist jemals fertig. Wäre es nicht schön, als Mutter sagen zu können: »Ja, jetzt ist die Arbeit fertig. Die Wäsche ist ein für alle Mal erledigt.« Das wird nie geschehen. Obwohl ich vor einiger Zeit zu meiner Familie gesagt habe: »Ich *bin* fertig.«

Kämpferisch

Die »tatkräftige« Frau sieht nicht nur die Schlechtigkeiten und Ungerechtigkeiten des Lebens (das hat sie zwei anderen Temperamenten voraus), sie sieht sich genötigt, die Dinge in Ordnung zu bringen (etwas, das sie allen anderen Temperamenten voraus hat). Sie ist die Einzige, die für Veränderungen kämpft. Sie können »tatkräftige« Mütter finden, wie sie vor Abtreibungskliniken protestieren, wie sie einen Streikposten vor einem Laden einrichten, der pornographische Literatur vertreibt, oder wie sie sich als Vorsitzende in einer gemeinnützigen Organisation betätigen.

Manche Frauen bewältigen sowohl ihre häusliche Arbeit als auch ihren Kreuzzug. Wie ich, zum Beispiel! Während der letzten Augustwoche im Jahr 1995 erhielt ich einen Anruf von einer Gebetskette wegen eines 12-jährigen Mädchens mit Namen Nikki, die heimatlos geworden war, nachdem beide Eltern im Gefängnis gelandet waren. Man hatte sich mit all ihren Verwandten in Verbindung gesetzt, aber niemand war bereit, sie bei sich aufzunehmen. Sie brauchte unbedingt eine neue Heimat. Es war ein Donnerstagnachmittag. Das Jugendamt hatte entschieden, dass unsere Gemeinde noch bis Montag Zeit hätte, eine geeignete Unterkunft für das

Mädchen zu finden, ansonsten würde sie in ein Heim eingewiesen werden.

Ich rief sofort den Pastor an und sagte ihm, dass wir es in Erwägung ziehen, sie in unserem Haus aufzunehmen. Dieses Mädchen war total allein, und ich spürte den Drang, diesen Zustand ändern zu müssen. Ich erinnere mich, dass ich zu meinem Mann sagte: »Ich kann nachts nicht schlafen, wenn in unserer Welt Kindern solche Dinge zustoßen. Was für Menschen sind wir geworden, wenn ein unschuldiges Kind völlig ungeliebt und unerwünscht sein kann?« Das war vor zwei Jahren. Nikki lebt noch immer bei uns und hat sich zu einer liebenswerten, netten jungen Dame entwickelt. Wie ich schon sagte: »Tatkräftige« Kämpfer müssen alles zurechtrücken.

Produktiv

Da »tatkräftige« Frauen so hart arbeiten, zielorientiert und energisch sind, führen Sie meist ein außerordentlich erfolgreiches Leben. Viele machen erfolgreiche und anspruchsvolle Karrieren. Wie oben erwähnt, sehnen sich viele Frauen, sogar solche, die es als sehr wichtig empfinden, bei den Kindern zu Hause zu bleiben, nach mehr, als nur Mutter zu sein. Mir ging das auch so. Das war der Grund, warum ich zu Hause eine Arbeit begann und später als Rednerin und Autorin tätig wurde. Unser Bedarf nach einem zweiten Einkommen war der entscheidende Faktor, aber selbst wenn wir das Geld überhaupt nicht benötigt hätten, bin ich mir sicher, dass ich früher oder später andere Interessen verfolgt hätte. Ich traf viele Frauen mit diesem Temperament, die erfolgreich zu Hause eine Arbeit ausführen oder verschiedene Ämter ausfüllen.

Es gibt keinen Grund, sich deshalb schuldig zu fühlen, auch wenn manche Leute, die dieses Temperament nicht verstehen, versuchen werden, Ihnen Schuldgefühle einzureden. Geben Sie ihnen nicht nach. Genau so hat Gott Sie geschaffen. Er erschuf Sie, um Dinge zu bewirken.

Meine einzige Warnung an tatkräftige Mütter (mich eingeschlossen) ist, auf die Stimme unseres himmlischen Vaters zu hören, um das zu tun, was er für Sie vorgesehen hat. Und hier ist eine wichtige Regel: Wenn die Arbeit, die Sie tun, von Gott ist, dann sind Sie auch in der Lage, Ihre Zeit so einzuteilen, dass Ihre Familie nicht vernachlässigt wird. Wenn Ihre Arbeit nicht von Gott für Sie gedacht ist, wird diese, egal wie sehr Sie sich anstrengen, nicht den Erfolg und die Zufriedenheit bringen, nach der Sie sich sehnen. Glauben Sie mir, ich musste diese Lektion auf einem sehr harten Weg lernen.

Kürzlich traf ich eine »tatkräftige« Frau in Texas, die das jährliche Frauentreffen ihrer Kirche organisierte, zu dem ich als Sprecherin eingeladen war. Was für ein Energiebündel war diese Frau! Und was für eine unglaublich schöne Zusammenkunft. Welch ein Segen für die Hunderte von Frauen, die anwesend waren. Am Ende nahm sie sich zwanzig Minuten Zeit, um jeder Frau zu danken, die dazu beigetragen hatte, das Treffen überhaupt erst zu ermöglichen. Sie beschrieb, was sie getan hatten, und rief jede nach vorne und gab ihr ein Geschenk, das sie selbst gemacht hatte. Dann sagte sie etwas, das mich wirklich packte:

»Gott gab mir schon vor vielen Jahren eine Vision und ein Herz für die Frauenarbeit. Aber es hat eine lange Zeit gebraucht, bis ich lernte, darauf zu vertrauen, dass auch andere Frauen ihren Teil dazu beitragen. Wenn ich es richtig machen wollte, hatte ich das Gefühl, alles selber machen zu müssen. Jetzt weiß ich, dass ich einfach nur die richtige Frau fragen und sie machen lassen muss. Ich muss sie es so machen lassen, wie sie glaubt, dass es am besten ist, und dann wird alles funktionieren.« Das ist eine schwierige Lektion für viele »tatkräftige« Frauen (ich weiß, dass ich auch noch nicht so weit bin!), aber einmal werden sie lernen, dass es buchstäblich keine Grenze für das gibt, was Gott in ihrem Leben und durch ihr Leben vollbringen kann.

Offen und ehrlich

Sie müssen nicht darüber rätseln, was die »tatkräftige« Frau wirklich denkt oder fühlt. Sie wird es Ihnen mitteilen, ob sie es wissen wollen oder nicht. Sie ist am offensten und am ehrlichsten von allen Temperamenten. Es will zwar nicht jeder die Wahrheit hören, doch das ist mehr deren Problem als ihres. Sie hat oft ausgezeichnete Erkenntnisse, die ignoriert werden, weil jemand die Art nicht gefällt, wie sie dies vorbringt. Ich finde, das ist wirklich beschämend. Finden Sie nicht auch? Die Bibel sagt, dass wir die Wahrheit *in Liebe* sprechen sollen. Vielleicht können wir »tatkräftigen« Frauen davon profitieren, Bücher zu lesen, wie zum Beispiel *How to Win Friends and Influence People* [Wie man Freunde gewinnt und Menschen beeinflusst], aus denen wir lernen können, wie man taktvoller miteinander kommuniziert. Nebenbei gesagt: Mit Takt kann man etwas erreichen, ohne sich Feinde zu machen.

Interessant ist das auch, weil die »tatkräftige« Frau meist ziemlich deutlich sagt, was sie denkt, und das kann anderen schon ganz schön unter die Haut gehen. Aber ich wette, Sie werden sie lieben, wenn sie so etwas vom Rednerpult aus sagt oder in einem Buch schreibt. Tatsächlich hat heute die überwiegende Mehrheit der bekannten christlichen Redner dieses Temperament. Und neben den meisten von ihnen fühle ich mich wie eine kleine graue Kirchenmaus. Meist sind sie vom Temperament her eine Mischung aus »tatkräftig« und »populär« oder – sie werden es kaum glauben – aus »tatkräftig« und »perfekt«. Stellen Sie sich eine Frau vor, die nicht nur ihren Weg geht, sondern das auch noch perfekt tut.

Ich freue mich immer, wenn ich Briefe von Frauen von überall aus dem Land bekomme, die zum Ausdruck bringen, wie sehr sie sich wünschen, in meiner Nähe zu leben und was für großartige Freunde wir doch sein könnten und so weiter. Lesen Sie mal, was Becky Freeman, die Autorin von *Worms in My Tea and Other Mixed Blessings* [Würmer in meinem Tee und verschiedene andere Segnungen], als Einleitung zu einem meiner Bücher schrieb:

»Ich wünschte mir, Donna Partow würde in meiner Nachbarschaft wohnen. Nicht, weil Sie so viel drauf hat – oh nein –, sondern weil sie so erfrischend ehrlich ist. Sie legt nicht jedes Wort auf die Goldwaage, reißt die Masken ab und öffnet ihre Seele.«

Becky und ich führen, schon so lange wir uns kennen, eine wunderbare Freundschaft auf eine größere Distanz, schicken uns regelmäßig E-Mails und telefonieren gelegentlich miteinander. Aber irgendwie habe ich das unbestimmte Gefühl, meine erfrischende Ehrlichkeit würde der guten Becky ziemlich schnell auf die Nerven gehen, wenn wir Wand an Wand wohnen würden. Höre ich da nicht meine Nachbarn im Hintergrund »Amen« sagen? Denken Sie daran, Offenheit und Ehrlichkeit ist zwar eine Stärke der »tatkräftigen« Frau, aber in extremer Ausprägung kann das zu einer ernsthaften Schwäche werden.

Disziplinierend

Die »tatkräftige« Mutter diszipliniert ihre Kinder, die sich üblicherweise auffallend gut benehmen, sehr sorgfältig. Sie sagt ganz genau, was sie erwartet, und umgibt sich selbst mit der Aura von Autorität, sodass die Kinder sie ganz automatisch respektieren. Meine gute Freundin Jaime ist ein leuchtendes Beispiel für eine Frau, die ihre Kinder mit Liebe unter Kontrolle hält. Sie hat zwei Töchter, die altersmäßig nur elf Monate auseinander sind, aber es sind die kleinen Mädchen mit dem besten Benehmen, das ich je bei Kindern angetroffen habe.

Kürzlich erzählte sie mir folgende Geschichte:

> Als die Mädchen zwei und drei Jahre alt waren, war ihre absolute Lieblingsbeschäftigung in die Bücherei zu gehen. Wenn wir dann zu Hause waren, habe ich ihnen stundenlang vorgelesen. Als wir an dem Tag, von dem ich berichten möchte, auf dem Weg zur Bücherei waren, erklärte ich ihnen ganz genau, dass sie immer in meiner Nähe bleiben müssen und sie nicht überall herumrennen dürfen. In einer Bücherei herrsche Ruhe. Ich sagte ihnen auch, dass, wenn sie sich nicht daran halten, wir keine Bücher aus der Bücherei mit nach Hause nehmen würden. Ich vergewisserte mich, dass sie das auch verstanden hatten.
>
> Dann verbrachten wir eine Stunde damit, uns sehr sorgfältig 30 Bücher auszusuchen, und die Mädchen benahmen sich fabelhaft. Aber dann, als wir gerade gehen wollten, begannen

sie zwischen den Bücherregalen hin und her zu rennen. Der Bibliothekar hatte gerade alle Bücher, die wir leihen wollten, in den Computer eingegeben. Ich rief die Mädchen zu mir und sagte: »Leider habt ich euer Mama nicht gehorcht. Deshalb können wir keines dieser Bücher mit nach Hause nehmen.« Ich wurde dabei nicht laut. Ich ging langsam zur Buchrückgabe und blieb dort stehen, während sie jedes Buch einzeln zurücklegten. Der Bibliothekar war völlig schockiert. Die Mädchen weinten auf dem ganzen Nachhauseweg, aber sie haben sich in der Bücherei nie wieder daneben benommen.

Einmal fragte ich Jaime, was ihr Geheimnis sei, wie sie ihre Kinder dazu bringe, sich so gut zu benehmen. Sie sagte einfach: »Ich spreche nie Warnungen aus. Ich erkläre ihnen die Spielregeln. Und in dem Moment, in dem sie ungehorsam sind, schnappe ich sie mir. Das mag hart erscheinen, aber in Wirklichkeit ist das liebevoll. Wenn du ein Kind ein ums andere Mal warnst oder die Regeln, die du aufgestellt hast, nicht konsequent durchsetzt, dann erziehst du deine Kinder im Endeffekt zum Ungehorsam. Und am Ende bist du ärgerlich und wirst grob, weil sie so geworden sind, wie du sie erzogen hast.«

Ja, Jaime, damit liegst du völlig richtig. Wenn Sie wissen, dass die »tatkräftige« Frau Recht hat (und das hat sie meistens) und Sie den inneren Drang verspüren, ihre disziplinarischen Techniken auch anzuwenden, dann schlagen Sie zwei Fliegen mit einer Klappe: Fragen Sie ein »tatkräftige« Mutter um Rat.

Schwächen der »tatkräftigen« Frau

Unbeliebt

Wie sie vielleicht bemerkt haben, besitzt die »tatkräftige« Frau viele wunderbare und erstaunliche Stärken. Aber dies sind keine Stärken, mit denen sie sich bei Leuten beliebt macht. Sie hat die Art von Stärken, die erst bewundert werden, wenn sie tot ist. Während die »populäre« Frau jeden zum Lachen bringt (deshalb lieben ihre

Freunde sie) und die »perfekte« Frau ein wunderschönes Heim bereitet (deshalb liebt ihre Familie sie), meint die »tatkräftige« Frau, die Welt retten zu müssen (und wer liebt sie dafür?). Leider tragen solche grandiosen Aktivitäten nicht immer zu einer gesteigerten Beliebtheit bei. Man bewundert sie zwar aus der Entfernung, aber von Leuten aus ihrer Umgebung wird sie häufig verachtet. Deshalb ist es für die »tatkräftige« Frau nicht ungewöhnlich, zu den am wenigsten beliebten Frauen in ihrer Kirche oder Gemeinde zu gehören.

Gemein

Wir wollen ganz offen sein: Die »tatkräftige« Frau kann anderen ganz schön zusetzen. Anderen kann sie als boshaft, distanziert und unzugänglich erscheinen, selbst dann, wenn sie keine schlechte Laune hat. Sie ist möglicherweise so sehr mit ihrer eigenen Tagesordnung beschäftigt, dass sie andere gar nicht wahrnimmt. Wenn sie richtig schlechte Laune hat, dann können Sie etwas erleben. Und falls Sie die Ursache Ihrer schlechten Laune sind, sollten Sie sich in Acht nehmen.

Wenn Dinge nicht entsprechend ihrer Idealvorstellung verlaufen, kann sie explodieren und dabei eine wahre Verwüstung anrichten. Das kann ihren Mann und ihre Kinder ebenso treffen wie völlig Fremde. In diesem Zustand hupen solche Frauen auf der Straße beim geringsten Anlass wie verrückt und legen sich mit den Kassierern im Supermarkt an. Sie glauben, der Planet sei nur von Vollidioten bevölkert, die sie beim besten Willen nicht tolerieren können. Die »tatkräftige« Frau kann Menschen durch ihre Wutausbrüche und verbalen Angriffe ziemlich erschrecken.

Sie achtet nicht auf die Gefühle anderer Menschen und verletzt sie mit groben Äußerungen und einer lieblosen Haltung. Sie versucht oft, ihre Kinder durch Furcht und Einschüchterung zu kontrollieren. Es gibt einen Platz für eine gesunde Furcht vor der elterlichen Autorität, genauso wie wir eine gesunde Furcht vor unsrem Herrn haben sollen. Aber viele »tatkräftige« Mütter verbreiten eine ungesunde Furcht in den Herzen ihrer Kinder. Eine Frau vertraute mir an: »Von außen betrachtet, gehorchen meine Kinder mir aufs Wort, aber ich weiß, dass ihre Herzen sehr weit weg von mir sind. Die traurige Wahrheit ist, dass meine eigenen Kinder Angst vor mir haben.« Möglicherweise benutzt sie ihre gemeine Seite auch, um über ihren Ehemann zu bestimmen, besonders dann, wenn sie einen sanftmütigen »friedfertigen« Mann geheiratet hat, was gar nicht selten ist.

Unglücklicherweise vertreibt Furcht die Liebe. »... sondern die vollkommene Liebe treibt die Furcht aus; denn die Furcht rechnet mit Strafe. Wer sich aber fürchtet, der ist nicht vollkommen in der Liebe.« (1. Johannes 4,18)

Wenn Sie eine »tatkräftige« Frau sind, ist es nicht Ihr Schicksal, jede Schlacht zu gewinnen, aber den Krieg um ihre Familie zu verlieren. Seien Sie vorsichtig und versuchen Sie, nicht so gemein zu sein.

Egozentrisch

Sind Sie jemals einer Person begegnet, die sich nur für sich selbst interessierte? Ich erinnere mich an eine große Konferenz, bei der als weitere Rednerin eine aus dem Radio bekannte Persönlichkeit als Sprecherin eingeladen war. Nachdem ich ihre Sendung gehört hatte, war mir klar, dass es sich bei ihr um den »tatkräftigen« Typ handelte. Alle Redner und die anderen Mitarbeiter kamen mittags zusammen, und diese Frau sagte kein einziges Wort. Keinen Piep! Ich konnte es kaum glauben. Die Themen reichten von gegrillten Hähnchen bis zum Weltfrieden, sodass für jede Frau etwas dabei war, wozu sie etwas sagen konnte.

Dann passierte es: Jemand stellte ihr eine Frage über ein wirklich faszinierendes Thema: nämlich über sie selbst. Und das war's dann. Während der nächsten halben Stunde redete sie ununterbrochen über sich selbst und über ihre verschiedensten Aktivitäten. Keine brachte es fertig, sie zu unterbrechen. Es lief das altbekannte Schema ab: »Genug über mich, erzählen Sie mal was über sich. Was halten Sie von mir?« Es war nicht besonders witzig. Als Christen sollten wir uns gemäß Philipper 2,3.4 verhalten: »Tut nichts aus Eigennutz oder um eitler Ehre willen, sondern in Demut achte einer den andern höher als sich selbst, und ein jeder sehe nicht auf das Seine, sondern auch auf das, was dem andern dient.«

Leute ausnutzen

Wenn es um Freundschaften geht, hat die »tatkräftige« Frau oftmals keine Zeit. Es ist nicht so, dass sie unfreundlich ist, es ist eher so, dass sie das Geben und Nehmen, worauf langfristige Freundschaften beruhen, nicht so sehr interessiert. Sie hat ihre Aufgaben und Aktivitäten, und das reicht ihr. Aber das bedeutet nicht, dass sie nicht eine Gruppe leitet (im Klartext: sie sagt den anderen, was zu tun ist), Dinge organisiert und in die richtige Richtung lenkt (zu Deutsch: jedem sagt, was er tun muss).

Achten Sie darauf: Wir sagten nicht, dass sie keine Zeit für Freundschaften hat, sie hat keine Zeit für Freunde. Das ist ein Unterschied. Sie wird Ihnen überaus dankbar sein, wenn Sie ihr bei etwas helfen: Sie wird sich Dinge bei Ihnen ausleihen, Sie um jede Menge Gefälligkeiten bitten, und als Krönung wird sie Sie rufen, damit Sie über ihre verschiedenen Aktivitäten berichten, und von Ihnen erwarten, dass sie jede davon an die große Glocke hängen. Die Wahrheit ist, dass sie dazu tendiert, Menschen zu benutzen, sie als Werkzeuge betrachtet, um ihre Ziele zu erreichen. Nach ihrer Ansicht sind Projekte wichtiger als Menschen – besonders dann, wenn es sich dabei um *ihre* Projekte handelt. Diese Haltung führt unvermeidlich zu Konflikten. Die Bibel sagt dazu:

> Woher kommt der Kampf unter euch, woher der Streit? Kommt's nicht daher, daß in euren Gliedern die Gelüste gegeneinander streiten? Ihr seid begierig und erlangt's nicht; ihr mordet und neidet und gewinnt nichts; ihr streitet und kämpft und habt nichts, weil ihr nicht bittet; ihr bittet und empfangt nichts, weil ihr in übler Absicht bittet, nämlich damit ihr's für eure Gelüste vergeuden könnt. (Jakobus 4,1–3)

Impulsiv

Die »tatkräftige« Frau hat die Fähigkeit, Dinge auf die Reihe zu bringen, sodass jeder in der Nachbarschaft sie darum beneidet. Das ist der Grund, warum sie nicht zögert, große Anstrengungen zu unternehmen, um ihre gesetzten Ziele zu erreichen. Unglücklicherweise geht sie dabei oft sehr impulsiv vor. Lassen Sie mich ein Beispiel erzählen. Eines Morgens wacht sie auf und beschließt, dass das Wohnzimmer vergrößert werden muss. Ohne zu zögern marschiert sie in die Garage, holt sich das entsprechende Werkzeug und reißt die Wand ein. Als ihr Liebster nach Hause kommt, ist die Überraschung perfekt! Wenn er natürlich schon länger mit ihr verheiratet ist, ist er so etwas schon fast gewohnt. Nun sollte man meinen, dass sie das Vorhaben, das sie eben erst begonnen hat, auch zu Ende führt. Glauben Sie nicht, dass ich übertreibe: Ich kenne keine Frau, die das getan hat.

Arbeitssüchtig

Für den Fall, dass die Neigung, ein begonnenes Vorhaben nicht zu Ende zu führen, den Eindruck vermittelt hat, diese Frau sei faul, muss ich das richtig stellen. Denn nichts könnte weiter von der Wahrheit entfernt sein. Im Gegenteil, viele von ihnen sind arbeitssüchtig. Ich sollte mich zu Beginn wohl immer so vorstellen: »Hallo, mein Name ist Donna, und ich bin arbeitssüchtig.« Als ich in einer amerikanischen Firma tätig war, arbeitete ich durchschnittlich 60 Stunden pro Woche. Dann machte ich mich 1989 zu Hause selbstständig, und da ging das Stunden-Scheffeln erst richtig los. Es war für mich nicht ungewöhnlich, zehn oder zwölf Stunden pro Tag zu arbeiten – und das sechs Tage in der Woche. Ich erinnere mit besonders an eine Woche, in der ich mehr als 100 Stunden schuftete. Bei einer anderen Gelegenheit arbeitete ich tatsächlich vier Tage lang rund um die Uhr. Ich schrieb den Entwurf zu dem Buch *Becoming a Vessel God Can Use* [Werden Sie ein Gefäß, das Gott benutzen kann] innerhalb von fünf Tagen, wobei ich 18 Stunden pro Tag arbeitete. Wie ich Ihnen schon sagte, ich bin arbeitssüchtig. Und wenn ich mich ausruhe, dann fühle ich mich schuldig.

Eines Tages hörten meine Tochter Leah und ich eine christliche Kinderkassette. Ein kleiner Junge sang: »Sprich mit mir, zeige mir, dass du dich um mich sorgst. Sprich mit mir, höre mir zu, wenn ich etwas sage.« Leah drehte sich zu mir um und sagte: »Mami, ich wünschte mir, du würdest das tun.« Ich wusste, dass sie das nicht auf das Singen bezog. Meine Tochter bat mich nicht darum zu singen. Deshalb sagte ich: »Was, Liebes? Was willst du, dass Mami tun sollte?« Und sie wiederholte: »Du weißt es, sprich mit mir.« Ich sagte: »Leah, ich rede doch die ganze Zeit mit dir!«

Aber sie glaubte mir kein Wort. »Mami, alles, worüber du redest, ist die Schule und deine Arbeit. Das zählt nicht. Du willst den ganzen Tag nur an deinem Computer arbeiten.«

Sie hatte völlig Recht. Ich verbrachte meine ganze Zeit damit zu arbeiten, und wenn sie etwas wollte, sagte ich: »Nicht jetzt, Mami ist beschäftigt.« Dann machte ich mal eine Pause, um mich um das Thema Schule zu kümmern, und dabei drängte ich sie ständig, ihre Hausarbeiten fertig zu machen. Sogar wenn ich einmal wirklich Zeit mit ihr verbrachte, was extrem selten war, stand da stets die unausgesprochene Botschaft: »Mami muss bald wieder an ihre Arbeit zurück, lass uns das deshalb schnell erledigen.« Ich bin fast davon überzeugt, dass ich begonnen habe, meine Kinder zu Hause zu unterrichten, weil ich keine Zeit damit vergeuden wollte, mit ihnen zu spielen. Ich wollte etwas erreichen, deshalb verwandelte ich die Spielzeit in Lernzeit.

Die einzige Zeit, die ich bereit war zu verschwenden, war, um mit Leah zu malen. Schließlich fand ich einen Weg, sogar diese Tätigkeit in meine Arbeit zu integrieren. Ich überzeugte sie davon, dass sie ein eigenes kleines »Geschäft« zu Hause aufmachen könnte, indem sie ihre Gemälde für 25 Cents das Stück bei meinen Vorträgen verkaufen könnte. Ich hatte natürlich nicht bewusst vor, ihr den Spaß am Malen zu nehmen. Tatsächlich ist für sie das Malen etwas zum Spaßhaben und nicht, um Geld damit zu verdienen. Der springende Punkt ist, dass die »tatkräftige« Frau automatisch aber so denkt. Sie fragt sich ständig unbewusst – oftmals aber auch bewusst: »Wie kann ich auch damit meine Zeit produktiv nutzen?«

Und es gibt noch etwas anderes, das ich an mir festgestellt habe, und vielleicht können es einige auch an sich feststellen: Wenn ich nicht in meinem wahnsinnigen Arbeitsmodus bin, dann falle ich wie ins Koma und spare mir meine Energie für den großen Moment, wenn ich wieder arbeite. Bevor ich verstand, dass ich meine Energie für wichtige Arbeit aufsparte, verwirrte dieses Verhalten mich und meine Familie. Auf der einen Seite war ich ganz offensichtlich arbeitssüchtig. Aber sobald Hausarbeit an der Reihe war und andere profane Tätigkeiten des Lebens und der Mutterschaft benahm ich mich plötzlich wie der größte Faulenzer.

In ihrem Buch über Temperamente, *The Two Sides of Love,* sprechen Trent und Gary Smalley über dieses Temperament von einem Löwen. Das ist interessant, denn für gewöhnlich schlafen Löwen 20 Stunden pro Tag. Wussten Sie das? Aber wenn sie aufwachen, dann heißt es, sich in Acht zu nehmen. Sie verfallen in hektische Aktivität und können so in den kurzen vier Stunden so viel machen, dass sie als König des Dschungels bezeichnet werden. Was für ein treffendes Bild für die »tatkräftige« Frau.

Trotzdem muss die »tatkräftige« Frau sich damit abfinden, dass ein Großteil des Lebens aus profanen Dingen besteht. Ich mag die Art und Weise, wie Oswald Chambers dies zum Ausdruck bringt:

> Wir brauchen nicht die Gnade Gottes, um Krisen zu meistern, die menschliche Natur und der menschliche Stolz reichen dafür aus, wir können Anstrengungen sehr gut verkraften. Aber es bedarf der übernatürlichen Gnade Gottes, 24 Stunden jeden Tag als ein Heiliger zu leben, wie ein Jünger die Plackerei zu ertragen, eine gewöhnliche, unbemerkte und ignorierte Existenz zu führen wie ein Jünger Jesu. Es ist uns angeboren, dass wir herausragende Dinge für Gott vollbringen müssen, aber das müssen wir gar nicht. Wir müssen herausragend in den gewöhnlichen Dingen sein, um in den wirklich wichtigen Dingen, unter wichtigen Menschen heilig zu sein, und dies ist nicht in fünf Minuten zu lernen.*

* Oswald Chambers, My Utmost for His Highest (Ulrichsville, Ohio: Barbour) 1991, S. 218.

Herrschsüchtig

Aufgrund meiner Tätigkeit als Rednerin und Schriftstellerin erhalte ich eine Menge Briefe. Ich bekomme verrückte Briefe, herzzerreißende Briefe, wunderbar erbauende Briefe. Und manchmal bekomme ich Briefe, die voll sind von Korrekturen und Anweisungen von den Besserwissern. Einer meiner besten kam von einer älteren Frau, die ihren Brief mit folgenden Worten begann:

»Wir wurden aufgefordert, Ihr Buch für die Sonntagsbibelschule zu lesen. Sobald ich es geöffnet hatte, wandte ich mich an die Frau neben mir und sagte: ›Dieses Buch ist nicht gut. Schauen Sie mal, sie verwendet die falsche Bibel.‹«

Dann führte sie ihre Kritik an meinem Buch weiter aus, mit Seitennummer und Verweisen auf den betreffenden Abschnitt, mit dem Ergebnis, dass alles an ihm schlecht war. Von meiner Sprache über meine Grammatik bis hin zu meiner theologischen Auffassung. Dann schrieb sie am Ende des Briefes in großen, fetten Buchstaben einen Kommentar: *Schließen Sie sich keiner Kirche an, die im Besitz der Wahrheit ist.*

Wir haben uns nie getroffen, aber sie wollte alles bestimmen: die Bibel, die ich las, die Prediger, die ich im Radio hörte, bis hin zu der Kirche, der ich mich anschließen sollte. Und warum? Weil sie alles besser wusste. Wenn Sie dieses Temperament haben, achten Sie darauf, dass Sie nicht zu einer der herrschsüchtigsten und störendsten Personen auf der Welt werden.

Meist im Recht, aber oft abgelehnt

Nur wenige Bücher haben mich so beeinflusst wie *Give This Mountain* von Helen Roseveare (InterVarsity). Ich erinnere mich noch an den Tag, an dem ich es las. Ich kam von der Arbeit nach Hause, nahm das Buch aus dem Regal und ließ mich auf mein Bett fallen. Ich konnte es einfach nicht mehr aus der Hand legen. Das Buch schildert ihre Erfahrungen als Missionarin im medizinischen Bereich im Kongo in Zentralafrika. Ich erinnere mich, dass ich an manchen Stellen herzhaft lachte, an anderen aber hemmungslos weinte.

Nun möchte ich Ihnen aber das berichten, was wirklich interessant ist. Etwa ein Jahr, nachdem ich das Buch gelesen hatte, las ich eine andere Beschreibung über ihr Leben und Wirken in dem Buch von Ruth Tucker, *From Jerusalem to Irian Jaya* [Von Jerusalem nach Irian Jaya]. Es berichtete darüber, wie vielen Konflikten und Widerständen Helen ausgesetzt war:

Anstatt ein regionales medizinisches Zentrum aufzubauen, in dem ein Arzt rund um die Uhr anwesend war und so die Kranken kurzfristig behandeln konnten, hatte sie die Vision von einer Schule, an der angehende Krankenschwestern in Bibelkunde und medizinischen Grundkenntnissen unterrichtet werden sollten. Dann sollten sie in ihre Heimatorte zurückkehren, dort die Bewohner in präventiver Medizin unterrichten und Dienst als Laienprediger tun. Es war ein weitreichender Plan, und von Beginn an wurde Helen bei jeder Gelegenheit von ihren Kollegen behindert, die davon überzeugt waren, dass sich eine Mission nicht in geschäftliche Dinge einmischen sollte wie in die Ausbildung von Einheimischen im Bereich der Medizin.*

Nennen Sie mich ruhig verrückt, aber für mich hörte sich die Idee von Helen hervorragend an. Trotzig widersetzte sie sich jedem Schritt ihrer Gegner. Genau das ist ganz typisch für dieses Temperament. Sie haben oftmals herausragende Ideen und sind völlig im Recht, wenn sie die Lösung der Probleme aufzeigen, aber Menschen wollen nicht auf sie hören oder ihre Ideen nicht umsetzen.

Finden Sie nicht auch, dass das eigentlich sehr bedauerlich ist? Möglicherweise waren einige der Meinung, sie sei zu fordernd für eine Frau. Alles was ich weiß, ist, dass sie durch ihre Lebensarbeit eine enorme Leistung vollbrachte. Ich frage mich, was der Welt alles verloren geht, weil Ideen, die von »tatkräftigen« Frau vorgeschlagen werden, bewusst blockiert werden.

* Ruth Tucker, From Jerusalem to Irian Jaya (Grand Rapids: Zondervan) 1983, S. 257

Die vielleicht wichtigste Beobachtung, die man über eine »tatkräftige« Frau machen kann, ist, dass Gott sie zu großen Dingen benutzt.

Trotz ihres bemerkenswerten Opfers und großer Leistungen ... war Helens Geist gebrochen, als sie 1973 Afrika verließ. Es war eine Tragödie, zumindest nach menschlichen Begriffen, dass ihr 20 Jahre dauernder Dienst in Afrika auf diese Weise endete. (Trotzdem) ... anstatt verbittert zu werden, war da ein neuer Geist von Demut in ihr und eine neue Erkenntnis von dem, was Jesus für sie am Kreuz getan hatte. Gott bereitete sie für eine noch größere Aufgabe vor – eine, die sie sich selbst nie hätte träumen lassen. In den folgenden Jahren wurde sie zu einer der international begehrtesten Rednerinnen für die christliche Mission. Sie schreibt bis heute und spricht aus, was ihr Herz ihr sagt, und ihre Aufrichtigkeit (gepaart mit Einfühlungsvermögen) ist wie ein erfrischender Wind in einem Berufsfeld, das zu lange dem Image der Super-Heiligkeit verhaftet war.*

»Tatkräftige« Frauen, fasst euch ein Herz. Obwohl Sie wahrscheinlich die Miss-Wahlen für Beliebtheit nicht gewinnen werden, sind Sie beim Gott des Universums sehr beliebt. Wie das zusammenpasst? Die Bibel sagt, dass kein Christ überrascht sein sollte, wenn die Welt ihn oder sie verachtet. Aus den richtigen Gründen unbeliebt zu sein ist – aus Gottes Sicht – eine Tugend. Trotzdem ist im Recht zu sein nicht die höchste Tugend; die höchste ist, liebevoll zu sein. Bemühen Sie sich bewusst, bevor Sie Ihren Standpunkt zum Ausdruck bringen, sich nicht nur zu fragen: »Habe ich Recht?«, sondern auch: »Ist das, was und wie ich es sage, liebevoll?«

* From Jerusalem to Irian Jaya, S. 259.

Machen Sie das Beste aus Ihrem Temperament

Wenn Sie das Beste aus Ihrem Temperament machen wollen, sollten Sie Ihre höchste Priorität darauf richten, Ihr starkes Bedürfnis nach Kontrolle in den Griff zu bekommen. Sind Sie in einem Elternhaus aufgewachsen, in dem das Leben außer Kontrolle war? War vielleicht ein Elternteil Alkoholiker? Beten Sie, dass Sie tief in sich erkennen, dass es in Ordnung ist, Fehler zuzugeben und Sie nicht immer Recht haben können. Menschen mögen keine Alleswisser. Warum wollen Sie also Ihre Zeit und Energie damit verschwenden, vorzugeben, Sie wüssten alles. Nur Gott weiß alles, und offenbart dennoch nicht alles. Im Gegenteil:

> Seid so unter euch gesinnt, wie es auch der Gemeinschaft in Christus Jesus entspricht: Er, der in göttlicher Gestalt war, hielt es nicht für einen Raub, Gott gleich zu sein, sondern entäußerte sich selbst und nahm Knechtsgestalt an, ward den Menschen gleich und der Erscheinung nach als Mensch erkannt. Er erniedrigte sich selbst und ward gehorsam bis zum Tode, ja zum Tode am Kreuz. (Philipper 2,5–8)

Obwohl in unserer Kultur Arbeitssüchtige eher als positiv bewertet werden, ist es trotzdem eine Form von Abhängigkeit. Und das ist nicht positiv. Es ist eine Sucht. Sie können einen kleinen Test machen: »Würden Sie lieber arbeiten, als etwas anderes tun? Wenn Sie im Lotto gewonnen hätten, würden Sie dann weiterhin arbeiten?« Wenn Sie das nicht mehr unter Kontrolle haben, müssen Sie zum Wesentlichen zurückkommen.

Ich will Ihnen ein Beispiel geben, von dem ich hoffe, dass es Ihr Herz genauso anrührt wie meines. Die Stadt Phönix, in der ich lebe, hat kürzlich eine neue Technik der Geschwindigkeitskontrolle eingeführt, die Foto-Radar genannt wird. Und so funktioniert dieses System: Wenn Sie die zulässige Höchstgeschwindigkeit überschreiten, wird Ihr Zulassungsschild fotografiert, diese Daten werden an einen zentralen Computer weitergeleitet, und Sie erhalten dann unverzüglich Ihren Strafzettel. Stellen Sie sich nun vor, Sie wachen eines Morgens auf, und Sie stellen fest, dass Sie für einen sehr wichtigen Termin zu spät dran sind. Sie steigen ins Auto und fahren wie eine Wilde. Sie kennen das: Während Sie die Straße entlangrasen, suchen Sie nach Ihrem Schminktäschchen. An der Kreuzung legen Sie Rouge auf. Dann werden Sie mutig und versuchen, während Sie um Schlaglöcher herumfahren, Mascara aufzutragen. Sie müssen so viele Dinge gleichzeitig tun! Deshalb haben Sie auch keine Zeit, auf so winzige Details wie Schilder mit Geschwindigkeitsbegrenzungen zu achten.

Stellen Sie sich weiter vor, Sie waren bei Ihrer Verabredung und kommen spät am Abend nach Hause. Ihre Welt ist in Ordnung … bis zu dem verflixten Tag, an dem Sie den Strafzettel in der Post finden. Die Quintessenz der Geschichte ist: Sie haben geglaubt, Sie hätten etwas gut zu Ende gebracht, aber in Wirklichkeit ist dies nicht so. Sie taten, was zum betreffenden Zeitpunkt am zweckmäßigsten erschien, und Sie hatten keine Ahnung davon, welchen Preis Sie dafür bezahlen müssen, bis der Strafzettel kam.

Sie können all Ihre Ziele erreichen, wissen aber nicht, wie hoch der Preis dafür ist, bis Sie die Quittung dafür bekommen. Wenn zum Beispiel Ihre Kinder rebellieren, weil Sie anderweitig zu sehr beschäftigt sind, um ihnen die Liebe und Fürsorge zukommen zu lassen, die sie brauchen. Oder wenn Sie vor Gott stehen und darüber Rechenschaft ablegen, was Sie in Ihrem Leben gemacht haben. Sie müssen nicht nur die Dinge etwas langsamer und gemächlicher angehen, Sie müssen auch damit aufhören, alle in Ihrer Umgebung ständig anzutreiben, so hart zu arbeiten, wie Sie es tun. Lernen Sie, sich auszuruhen. Sie können damit beginnen, das Buch *When I relax I feel Guilty* von Tim Hansel (David C. Cook, 1979) zu lesen.

Akzeptieren Sie, dass Sie nicht dafür zuständig sind, das gesamte Universum zu kontrollieren. Seien Sie bereit, Ihr Bedürfnis danach, alles kontrollieren zu wollen, aufzugeben. Lassen Sie Gott Gott sein. Und während Sie hier auf dieser Erde sind, müssen Sie auch bereit sein, sich mit der Führungsrolle anderer abzufinden. Ihre natürliche Neigung ist es, auf all die Dummen herabzuschauen, aber möglicherweise ist es an der Zeit zu akzeptieren, dass andere Menschen eine höhere Position einnehmen als Sie, weil sie es entweder verdienen, über ihnen zu stehen, oder weil Gott sie dahin gestellt hat.

Hör auf, Menschen zu benutzen (das empfehle ich am meisten mir selbst, hoffe aber dennoch, dass Sie trotzdem hinhören). Vielleicht entscheiden Sie sich auch, es weiter wie bisher zu machen, aber möglicherweise erkennen die Menschen, dass Sie sie für Ihre eigenen Ziele manipulieren, und dann beginnen sie, Sie zu meiden. Erkennen Sie, dass Sie von Ihrer Art her kein Mensch des Volkes sind, und treffen Sie die Entscheidung, konsequent daran zu arbeiten. Lesen Sie Dale Carnegies Buch *How to Win Friends and Influence People*, aber benutzen Sie die darin geschilderten Techniken nicht für weitere Manipulationen. Lernen Sie, andere über sich selbst zu stellen, so wie es die Bibel uns sagt. Eine Art, andere zu schätzen, ist, seine Meinung zurückzuhalten, bis man gefragt wird. Die meisten Leute sind nicht erpicht auf Ihren Rat, weil sie nicht gesagt bekommen wollen, was sie für Sie oder jemand sonst tun sollen.

Florence Littauer befragte ihre Zuhörer, welche Eigenschaften sie an anderen am wenigsten mochten. Raten Sie mal, was am weitesten oben auf der Liste stand? *Beherrschend.* In einer zweiten Befragung gab niemand in der Versammlung zu, beherrschend zu sein. Das liegt daran, weil wir »tatkräftigen« Typen uns selbst als hilfsbereit empfinden. Florence hat das folgendermaßen erklärt: »Weil der ›Tatkräftige‹ so schnell zu wissen glaubt, was richtig ist, sagt er, was ihm gerade in den Sinn kommt, ohne sich darüber Gedanken zu machen, wie das bei den anderen ankommt. Er ist mehr mit den Dingen, die getan werden müssen, beschäftigt als mit den Gefühlen anderer. Er selbst empfindet sein Handeln als hilfreich, aber die anderen, die mit ihm zu tun haben, halten ihn für beherrschend.«*

Hören Sie auf, andere manipulieren zu wollen und Ärger zu verursachen.

> Habt ihr aber bittern Neid und Streit in eurem Herzen, so rühmt euch nicht und lügt nicht der Wahrheit zuwider. Das ist nicht die Weisheit, die von oben herabkommt, sondern sie ist

* Personality Plus, S. 124.

> irdisch, niedrig und teuflisch. Denn wo Neid und Streit ist, da sind Unordnung und lauter böse Dinge. Die Weisheit aber von oben her ist zuerst lauter, dann friedfertig, gütig, läßt sich etwas sagen, ist reich an Barmherzigkeit und guten Früchten, unparteiisch, ohne Heuchelei. Die Frucht der Gerechtigkeit aber wird gesät in Frieden für die, die Frieden stiften. (Jakobus 3,14–18)

Wieder ist es Florence Littauer, die das hervorragend ausdrückt: »Choleriker lieben Auseinandersetzungen und Diskussionen, egal ob nur zum Spaß oder im Ernst. Die daraus entstehenden Probleme sind von extrem negativer Art.«* Nehmen Sie sich die Freiheit, auch andere einmal Recht haben zu lassen, und denken Sie immer daran: Es ist möglich, zu einhundert Prozent im Recht, aber dennoch ausgesprochen unbeliebt zu sein. Sie haben die Wahl: Wollen Sie Recht haben oder geliebt werden? Es ist Ihre Entscheidung.

Ihr Ziel sollte es sein, ein demütiges Herz zu bekommen:

> So demütigt euch nun unter die gewaltige Hand Gottes, damit er euch erhöhe zu seiner Zeit. Alle Sorge werfet auf ihn; denn er sorgt für euch. (1. Petrus 5,6.7)

Lesen Sie das Buch *Humility* von Andrew Murray. Einiges, was dieser wunderbare Schriftsteller aus dem 19. Jahrhundert zu sagen hat, könnte sich auch heute als hilfreich erweisen. Beherzigen Sie die folgenden weisen Worte:

Es ist leicht zu glauben, dass wir uns vor Gott demütigen. Doch Demut gegenüber Menschen ist der einzig wirkliche Beweis dafür, dass die Demut vor Gott echt ist. Es ist der einzige Beweis dafür, dass wir ganz von Demut erfüllt sind und sie zu unseren Natur geworden ist. ... Wenn in der Gegenwart Gottes das Herz demütig geworden ist, ist es unwichtig, welche Stellung wir einnehmen, wenn wir an ihn denken oder ihn anbeten, wichtig ist nur der rechte Geist unseres Lebens, der sich in allem unserem Verhalten gegenüber den Brüdern

* Personality Plus, S. 126.

äußert. Diese Lektion ist von größter Wichtigkeit. Die einzige Demut, die uns wirklich eigen ist, ist nicht die, wie wir uns vor Gott darstellen, ... sondern die, die wir in unserem ganz normalen Lebensalltag an den Tag legen. Es geschieht in den Augenblicken, in denen wir uns am wenigsten beobachtet fühlen, dass wir zeigen, wie wir wirklich sind.*

Wenn Sie dieses demütige Herz weiterentwickeln, dann haben Sie immer größere Möglichkeiten, Ihre vielen Talente in die Tat umzusetzen. Hier einige Vorschläge:

1. Übernehmen Sie die Leitung bei einer Sache, die gerade im Entstehen begriffen ist, und sorgen Sie für die *liebevolle Führung,* die notwendig ist, um die Dinge zum Laufen zu bringen – oder seien Sie mutig genug, um aus nichts etwas zu machen! Sie haben eine unglaubliche Visionskraft und Energie, benutzen Sie diese, um in dieser Welt eine Veränderung zu bewirken! Vielleicht können Sie den Startschuss für eine Frauengruppe in ihrer Kirchengemeinde geben oder ein Netzwerk zur Unterstützung von Frauen in Ihrer Nachbarschaft ins Leben rufen. Wo andere nur Hindernisse sehen, haben Sie die Kraft, Chancen zu erkennen. Vermitteln Sie diese Hoffnung und diese Begeisterung denen, die um sie herum sind. Lassen Sie Gott das Werk durch Sie vollbringen. Ich verspreche Ihnen, dass nichts auf der ganzen Welt Ihnen mehr Freude und Erfüllung bereiten kann, als wenn Sie Ihre Gaben im Dienste Gottes einsetzen.
2. Seien Sie mutig! Auch wenn man Ihnen Widerstand entgegensetzt – was unzweifelhaft der Fall sein wird – haben Sie die große Chance, ein lebendes Beispiel für Mut und Gnade auch bei Unterdrückung zu sein. Solange Sie den Weg gehen, den Gott Sie führt, und tun, was er Ihnen aufträgt, machen Sie weiter. Mit den Worten des Lehrers in dem Film *Chariots of Fire:* »Entdecken Sie, wo Ihre echte Chance für wahre Größe liegt. Nutzen Sie diese Chance und lassen Sie sich von keiner Macht oder Verlockung von Ihrer Aufgabe abbringen.« Zeigen Sie der Welt, was der Begriff »Entschlossenheit« bedeutet!

* Andrew Murray, Humility (Springdale, Penn.: Whitaker House) 1982, S. 43–44.

3. Kämpfen Sie für eine Sache. Auch wenn es dabei keine Möglichkeiten für Sie gibt, eine Führungsrolle einzunehmen, so können Sie doch etwas bewirken, indem Sie für die Sache kämpfen. Vielleicht können Sie in einer gemeinnützigen Organisation tätig werden oder als Vorsitzende für eine Wohltätigkeitsstiftung agieren. Beten Sie zuerst, dann suchen Sie sich eine Sache aus, an die Sie glauben, und verwenden Ihre ganze Energie darauf.
4. Bleiben Sie produktiv. Auch wenn manche Frauen nicht viel von dem halten, was Sie vorhaben, lassen Sie sich davon nicht abhalten. Kümmern Sie sich als Erstes um die Dinge, die in Ihrer direkten Umgebung sind, aber wenn Gott Sie mit einer Portion zusätzlicher Energie ausgerüstet hat, besteht keine Notwendigkeit, sich dafür zu entschuldigen, dass Sie ein außerordentlich produktives Leben führen. Machen Sie's! Verändern Sie die Welt!
5. Bleiben Sie offen und ehrlich. Noch einmal: Entwickeln Sie ein demütiges Herz, das es Ihnen ermöglicht, das Beste aus sich zu machen. Wenn Sie offen und ehrlich leben angesichts einer Welt, die Sie beobachtet, wird das nicht jeder verstehen. Einige werden eingeschüchtert sein, andere werden Sie verurteilen. Das macht nichts. Solange Ihr Herz vor Gott in Ordnung ist, wird Ihre Offenheit und Ehrlichkeit Sie von anderen unterscheiden, das verspreche ich Ihnen. Ein Vers, der mich sehr ermutigt hat, steht in 1. Petrus 2,23: »... der nicht widerschmähte, als er geschmäht wurde, nicht drohte, als er litt, er stellte es aber dem anheim, der gerecht richtet.« Ist das nicht wunderbar? Sorgen Sie sich nicht darum, ob andere Sie falsch einschätzen oder nicht. Vertrauen Sie stattdessen auf Gott, der immer richtig urteilt.

5. Einführung in den Typ »friedfertige« Frau

Nun möchte ich Ihnen eine sehr spezielle Frau vorstellen. Die »friedfertige« Frau lenkt niemals die Aufmerksamkeit auf sich, aber sie zieht Menschen, die sich verletzt fühlen, an. Das ist der Grund, warum verletzte Menschen das Gefühl haben, in ihr eine Sicherheit, ein offenes Ohr gefunden zu haben. Sogar völlig Fremde neigen dazu, sich gegenüber einer »friedfertigen« Frau zu öffnen und ihr über ihre Probleme zu berichten, um von ihr getröstet zu werden.

Stärken der »friedfertigen« Frau

Tröstend

Wenn eine »friedfertige« Frau sagt: »Ich kann mich in Ihren Schmerz einfühlen«, dann meint sie das auch so. Sie werden Sie wahrscheinlich mit einer großen Packung Papiertaschentücher antreffen, während Sie die Geplagten tröstet: »Oh, Sie armes Ding. Ich bin so besorgt um Sie gewesen. Sie scheinen ziemlich niedergeschlagen zu sein.«

Sie ist der Typ Freund, der Sie anruft, einfach um zu hören, ob bei Ihnen alles in Ordnung ist. Und wenn Sie jemals einen Freund brauchen, mit dem Sie reden können, dann sollten Sie diese Frau anrufen. Sie ist ein sehr guter Zuhörer mit einem angeborenen Gespür für andere Menschen. Sie wird stundenlang Ihren Erzählungen über Ihr Leid lauschen, ohne dabei zu versuchen, Sie in Ihrem Bericht zu unterbrechen oder gar aufzuhalten. Ihr macht es aufrichtig Freude, für Menschen, denen es wirklich schlecht geht, zu sorgen.

Meine gute Freundin Denise ist so eine Frau. Sie ruft mich mindestens einmal pro Woche an, um mich zu fragen, worum Sie für mich beten kann, und um sicher zu sein, dass ich keinen Nervenzusammenbruch seit unserem letzten Telefongespräch bekommen habe. (Sie kennt mich gut genug, um zu wissen, dass dies passieren könnte.) Wann immer ich völlig fertig bin und das Gewicht all meiner Verpflichtungen auf mich einstürzen fühle, lade ich mich selbst bei Denise ein. Ich sitze auf ihrer Veranda, die umgeben ist von einem Garten mit vielen Blumen, während sie mir eine Tasse Kräutertee macht. Wenn sie weiß, dass ich komme, bereitet Sie manchmal mein Lieblingsessen vor: Himbeer-Kekse. Was in aller Welt würde ich ohne diese Frau tun?

Um Ihnen die Wahrheit zu sagen: Die meisten meiner engsten Freunde besitzen dieses Temperament. Wenn Sie die Danksagungen in meinen Büchern lesen, werden Sie deren Namen wieder und wieder finden. Diese Frauen sind der Wind unter meinen Flügeln. Dank ihrer aufrichtigen Liebe, ihrer Unterstützung und Hingabe, ist es mir möglich, durchs ganze Land zu reisen und »große Dinge für Gott zu tun«. Im bin so dankbar für diese Freundinnen, die durch »große« Dinge so überhaupt nicht zu beeindrucken sind. Stattdessen lieben sie mich genug, um mir in die Augen zu schauen und mich zu fragen, wie treu ich in den kleinen Dingen bin. Welch ein Segen!

Besonnen

Die »friedfertige« Frau lebt nach dem Motto: »Alles hat etwas Gutes an sich.« Und wie Recht sie hat. Als meine Tochter Taraneh ungefähr acht Wochen alt war, bekam ich einen Anruf von einer »friedfertigen« Frau aus der Nachbarschaft. Sie bot mir an, meine ältere Tochter Leah in dieser Woche zur Ferien-Bibelschule zu fahren und dann wieder nach Hause zu bringen. Sie drückte es folgendermaßen aus: »Ich erinnere mich, dass für mich die härteste Zeit war, als meine Babys so etwa zwei Monate alt waren. Da machte sich so langsam der Schlafmangel bemerkbar.«

Eine andere »friedfertige« Frau rief mich kürzlich an und sagte mir: »Meine Tochter ist aus ihrer warmen Schulkleidung herausgewachsen. Ich dachte gleich an Leah. Wollen Sie morgen bei mir vorbeikommen und die Kleidung für sie mitnehmen?« Es ist noch gar nicht so lange her, da hatte mich die gleiche Frau angerufen und gemeint: »Ich denke, Tara ist jetzt alt genug, um in einem Laufstall zu sitzen. Möchten Sie sich meinen ausleihen? Mein Baby ist schon zu groß dafür, und der Laufstall ist in hervorragendem Zustand.« Sie sehen, die »friedfertige« Frau denkt immer über andere Menschen und deren Bedürfnisse nach.

Kurz bevor mein Baby zur Welt kam, wurde der treue Kreis »friedfertiger« Frauen meine Rettung. Eine wollte wissen, ob ich eine Wiege und einen Autositz bräuchte. Natürlich brauchte ich das. Eine andere hörte, dass ich im Bett lag, und kam, um mein Haus zu putzen, obwohl ich sie gar nicht darum gebeten hatte.

Wie Sie sehen, sind das alles prachtvolle Frauen, die zur Stelle sind, wenn ein Baby unterwegs ist. Sie sind einfach wundervoll, wenn es darum geht, Bedürfnisse zu stillen. Im Gegensatz dazu hat die »populäre« Frau keine Vorstellung davon, was sie mit dem alten Laufstall tun könnte. Die »perfekte« Frau würde ihn nicht ausleihen, weil Sie Angst hätte, ihn nicht in perfektem Zustand zurückzubekommen, falls sie noch ein weiteres Kind bekäme oder wenn sie ihn an die Enkelkinder weitervererben wollte. Die »tatkräftige« Frau wäre wie immer zu beschäftigt mit ihren eigenen Projekten, um einen Gedanken an so etwas zu verschwenden.

Aufmerksam

Eine andere Spezialität dieser Art von Mutter sind Karten. Wie sie es liebt, solche Karten zu versenden! Diese Frauen halten ihren Terminkalender auf dem Laufenden. (Die »tatkräftige« Frau würde sich fragen: »Wo um alles in der Welt ist der Terminkalender?«) Sie schicken Ihnen nicht nur Karten zum Geburtstag und Jahrestag, sondern auch zu Erntedank und Ostern. Und Karten, wenn Sie im Chor ein schönes Solo gesungen haben. Wenn ich es mir recht überlege, werden sie Ihnen sogar eine Karte schicken, wenn das Solo wirklich übel war. Es gibt eine Karte, wenn Ihr Nachwuchs in der

Weihnachtsaufführung den Schäfer spielte. Karten einfach deshalb, weil diese Frau an Sie denkt. Karten, Karten, Karten.

Hier ist eine meiner liebsten, die ich vor einigen Jahren erhalten habe. Sie wurde mir von der Mutter zweier Mädchen geschickt, die in meiner Sonntagsschulgruppe waren:

> Liebe Donna!
>
> Ich wollte Ihnen nur kurz berichten, dass Julie und Kristi durch Ihr Zeugnis in der Sonntagsschule sehr bewegt waren. Es ist wichtig für sie, etwas über die Realität des Lebens ohne Christus und über die Macht Gottes, Leben zu verändern, zu erfahren …
> Es wäre schön, wenn Sie eine Möglichkeit finden würden, sich mit Julie einmal unter vier Augen zu unterhalten. Sie hatte diesen Sommer eine schwere Prüfung – und sie hat sie nicht bestanden. Seither ist sie so niedergeschlagen. Sie hat es mir unlängst gebeichtet. Ein Gespräch mit Ihnen könnte vielleicht helfen, dass sie wieder besser mit all dem klarkommt. Wären Sie für ein solches Gespräch mit ihr bereit?
>
> Viele Grüße
> Joan

Beachten Sie: Sie lobt mich für etwas, was ich bereits getan habe. Aber sie hofft, dass ich »die Gefallene« trösten werde, was eigentlich die Spezialität einer »friedfertigen« Frau ist.

Loyal

Sie ist eine sehr loyale Freundin. Wenn sie einmal für Sie ist, dann bleibt sie dabei. Janet kam neun Monate nach mir zur Welt, in einer Familie, die etwas weiter unten in unserer Straße wohnte. Wir waren achtzehn Jahre lang Nachbarn, spielten mit den gleichen Kindern, besuchten die gleichen Gruppen. Heute leben wir beide in Phoenix.

Ich finde es faszinierend, dass Menschen aus unserem Heimatort – Menschen deren Namen und Gesichter ich schon seit langem vergessen habe – Tausende von Kilometern durch die Gegend fliegen, um ein paar Tage mit ihrer alten Freundin Janet zu verbringen. Das sind die gleichen Menschen, die mir noch nie im Leben eine Weihnachtskarte geschickt haben. (Allerdings verschicke ich auch keine Weihnachtskarten an irgendjemand, weil ich das nie rechtzeitig auf die Reihe bekomme. Ich hatte mir vorgenommen, einen »Partow-Familien-Neuigkeiten-Brief« an unsere Freunde im Osten zu schicken, nachdem wir nach Arizona gezogen waren. Das ist fünf Jahre her! Wenn Sie eine alte Freundin von uns sind, bleiben Sie geduldig. Wir werden das schon noch machen. Besuchen Sie uns in der Zwischenzeit doch einmal!)

Sie sehen, das ist der Unterschied zwischen dem so genannten »populären« und dem »friedfertigen« Typ. Während ich Hunderte von Freunden habe (welche, wie ich zugeben muss, in Wirklichkeit nur Bekannte sind), hat Janet tiefe und unverbrüchliche Beziehungen zu einem kleinen Kreis von Freunden aus der Kindheit.

Manchmal kann es vorkommen, dass die »friedfertige« Frau entmutigt wird, wenn sie den Eindruck hat, dass andere ihre Freundschaft nicht erwidern. Ihre »tatkräftigen« Freundinnen sind zu beschäftigt mit ihren eigenen Projekten, um ihr die Art von Aufmerksamkeit zu schenken, nach der sie sich sehnt. Meine beste Freundin – eine »friedfertige« Frau – wurde letzten Monat fünfzig. Seit ihrem 49. Geburtstag hatte ich mir vorgenommen, an diesem Tag etwas Besonderes zu organisieren: eine riesige Party, zu der all ihre Freunde eingeladen sind, und ein sorgsam ausgewähltes Geschenk zu besorgen. Überraschung! Ich habe den Geburtstag total vergessen … bis es mir vor einigen Wochen wieder einfiel. Ich war mit dem Schreiben des Buches zu beschäftigt, um in meinen Kalender zu schauen. Ich war bis heute noch in keinem Geschäft, um ein Geburtstagsgeschenk zu kaufen …

Im Gegensatz dazu haben ihre »perfekten« Freundinnen selbstverständlich an ihren Geburtstag gedacht und – dem Anlass angemessen – Geburtstagsgeschenke überreicht. Aber sie sind emotional zu zurückhaltend, um ihr wahres Bedürfnis nach enger

Freundschaft erfüllen zu können. Und es braucht nicht besonders erwähnt zu werden, dass ihre »populären« Freunde zu sehr damit beschäftigt sind, hinter dem »Freund für eine Woche« herzujagen, um eine langfristige Beziehung aufzubauen.

Deshalb sollten »friedfertige« Frauen versuchen, andere Frauen zu finden, die das gleiche Temperament haben und das Bedürfnis nach einer lebenslangen Freundschaft mit ihnen teilen.

Friedensstifter

Ein Grund dafür, dass die »friedfertige« Frau so lang dauernde Beziehungen aufbauen kann, ist, dass sie es selten zu zwischenmenschlichen Konflikten kommen lässt. Sie gedeiht bei Harmonie und tut deshalb alles, um diese zu erhalten. Sie passt sich schnell den Menschen um sie herum an und besteht nicht darauf, dass Dinge nach ihrem Kopf gehen müssen. Es ist ihr höchstes Bestreben, anderen Freude zu bereiten, aber nicht auf gleiche Weise, wie das die »populäre« Frau tut (das heißt, mit dem Hintergedanken, Applaus und Zustimmung zu ernten). Die »friedfertige« Frau denkt bei all dem nicht an sich selbst. Ganz im Gegenteil: Sie denkt an Sie und wie sehr sie sich wünscht, dass Sie glücklich sind. Wer würde mit einer solchen Person nicht gern eine lebenslange Freundschaft schließen?

Wenn ich in Kirchen überall im Land spreche, nähert sich mir oftmals unaufdringlich eine Frau, die wegen einiger Konflikte oder anderer Dinge in ihrer Gemeinde besorgt ist. (Wissen Sie, es gibt in allen Gemeinden Konflikte.) Während die »friedfertige« Frau nicht absichtlich einen Konflikt provozieren will, sondern ihn im Gegenteil, wann immer möglich, zu vermeiden sucht, fühlt sie sich oft dazu gezwungen zu handeln, wenn sie erkennt, dass darin die beste Chance für eine friedliche Lösung besteht. Sie hat die wundervolle Gabe, die Dinge von allen Seiten zu betrachten und anderen zu helfen, sich in die Lage des Gegners zu versetzen. Ihre Fähigkeiten als Vermittler sind nicht nur in der Gemeinde oder im Beruf geschätzt, sondern auch in der Nachbarschaft, auf dem Spielplatz und zu Hause.

Verlässlich

Auf die »friedfertige« Frau ist hundertprozentig Verlass. Wenn sie sagt, dass sie sich um etwas kümmert, ist es so gut wie getan. Sie ist immer da, wenn jemand sie braucht, sogar dann, wenn manche sie sehr häufig und voreilig um Hilfe bitten. Sie brauchen einen Babysitter? Rufen Sie sie an! Sie haben das Essen anbrennen lassen? Sie steht vor Ihrer Tür mit einer Huhn-Reis-Spezialität. Diese Qualitäten werden ganz besonders von ihrem Mann und ihren Kindern geschätzt. Sie können sich sicher sein, dass sie auch in schweren Zeiten für sie da ist.

Meine Freundin Terry berichtet:

> Als ich in der letzten Klasse der Highschool war, glaubte ich, meine Welt würde zusammenstürzen. Mein Vater wechselte seine Arbeitsstelle, und plötzlich lebten wir auf der anderen Seite des Landes. Ich hatte keine Freunde, und ich hatte auch kein richtiges Verlangen danach, neue Freunde zu finden, weil ich wusste, dass ich in einem Jahr aufs College gehen würde. Die neue Schule war völlig anders – sie war zehnmal so groß wie die, die ich zuvor besucht hatte. Ich erinnere mich noch genau, wie meine Mutter jeden Abend zu mir ins Zimmer kam, um zu schauen, wie es mir geht. Und ich meine *jeden* Abend, ohne Ausnahme. Sie saß einfach nur da und hörte mir zu. Sie muss bei meinem Gejammere verrückt geworden sein, aber sie ließ mich das nie spüren. Wenn ich mit etwas überhaupt nicht mehr zurechtkomme, weiß ich, dass ich mich meiner Mutter anvertrauen kann, die immer für mich da ist.

Fürsorglich

Sie ist die Sorte von Frau, die nachts in die Kinderzimmer schleicht, um zu schauen, ob die Kinder auch gut schlafen. Während der Arbeit, hat sie ihr Kind gern auf dem Schoß, wenn das irgend möglich ist. Am liebsten, bis es ins College kommt! Wenn sie es auf dem

Schoß halten kann, ist alles in Ordnung. Aber sie muss es auf jeden Fall in Sichtweite haben, so viel steht fest. Ich habe festgestellt, dass viele Frauen mit diesem Temperament sich bei uns in Amerika für Hausunterricht entscheiden, um ihre Kinder in ihrer Nähe und in ihrer Obhut zu haben. (Der andere Typ, der Hausunterricht bevorzugt, ist die »tatkräftige« Frau, die Einfluss auf ihre Kinder und deren Erziehung unter Kontrolle haben möchte.)

Wenn sie ihr Kind in die Schule schickt, taucht sie im Klassenzimmer auf, so oft sie kann. Warum? Einfach um sicherzustellen, dass ihrem Kind auch genug Aufmerksamkeit entgegengebracht wird. Als meine Tochter in der ersten Klasse war, konnte ich, wann immer ich an der Schule vorbeikam, dieselben Frauen dort entdecken. Und vergessen wir nicht die arme, überarbeitete Lehrerin. Wenn diese Lehrerin klug ist, wird sie es nicht wagen, die Kinder der »friedfertigen« Frau zu kritisieren. Diese sanftmütige Frau kann ziemlich in Rage geraten, wenn es darum geht, ihre Familie zu verteidigen.

Sie nimmt sich Zeit für die Kinder

Viele meiner »friedfertigen« Freunde haben eine große Familie. Barb hat fünf, Sue fünf, Denise vier eigene Kinder und ihren dreijährigen Enkel, Christine hat drei, aber möchte bald noch mehr Kinder haben. Das sind Frauen, die sich Zeit für ihre Kinder nehmen, die stundenlang dasitzen und vorlesen, die nicht ständig in Eile sind, um irgendetwas absolut Wichtiges zu erledigen. Das ist die Art von Frauen, die nicht ständig meinen Lieblingssatz gebraucht: »Nicht jetzt, Mami hat zu tun.« Drei von ihnen unterrichten ihre Kinder zu Hause, was das Absolute ist, was eine Mutter an Zeitaufwand erbringen kann. Barbs Kinder waren schon älter, als sie anfing, sie zu Hause zu unterrichten. Ich habe den Verdacht, dass Sie dabei zwei Fliegen mit einer Klappe schlagen wollte. Anstatt die Kinder in der christlichen Schule zu lassen, was mit einer größeren finanziellen Belastung verbunden ist, spielt sie so immer eine aktive Rolle in ihrer Ausbildung.

Die »friedfertige« Frau ist bereit, ihre Kinder durch die ganze Stadt zu fahren. Sue, zum Beispiel, verblüfft mich. Sie steht um fünf Uhr morgens auf und beginnt ihre Kinder fertig zu machen. Sie fährt an der öffentlichen Schule vorbei auf ihrem Weg zu einer Schule, für die man bezahlen muss und die zwölf Meilen von ihrem Zuhause entfernt ist. Dort lädt sie zwei ihrer Kinder ab. Sie dreht um und fährt ihre Tochter im Teenageralter zu einer fantastischen Junior-High-School, bei der die Tochter, um aufgenommen zu werden, einen bestimmten Notendurchschnitt erreichen musste. Sie fährt nach Hause zurück und beginnt ihre älteste Tochter zu Hause zu unterrichten. Um zwei Uhr fährt sie wieder an der örtlichen Schule vorbei, um ihre älteste Tochter zu einer Fachschule, in der Fotografie unterrichtet wird, zu bringen. Bald ist es Zeit, die Schulen – jetzt in umgekehrter Reihenfolge – wieder anzufahren, die Kinder abzuholen und nach Hause zu bringen.

Die meisten von uns würden eine derartige Fahrerei niemals auf sich nehmen, aber diese Frau macht es gern. (Übrigens habe ich festgestellt, dass es diesem Temperament eigentlich gefällt herumzufahren. Es ist gut, friedfertig.) Sue erklärt: »Ich will einfach nur das Beste für meine Kinder.« Das tut sie sicher. Und sie ist bereit, Tag und Nacht aufopferungsvoll zu arbeiten, um sicherzustellen, dass es ihren Kindern auch wirklich gut geht.

Geduldig

Wenn ich so viel Zeit mit meinen Kindern im Auto verbringen würde, würde ich den ganzen Tag die anderen Autofahrer beschimpfen. Wenn mich einer schneidet, werde ich sauer. Und möglicherweise würde ich dann auch noch die Kinder anschreien. Aber die »friedfertige« Frau wird nicht so leicht ärgerlich. Sie regt sich nicht einmal auf, wenn jemand das schwerste Verbrechen begeht: die Geschwindigkeitsbegrenzung zu beachten. Sie ist zufrieden damit, gemächlich, ohne Eile durchs Leben zu gehen. Sie ist bereit, mit dem Strom zu schwimmen, und besteht nicht darauf, dass Dinge nach ihrem Kopf gehen müssen. Sie wird sich schnell der Vorgehensweise der Menschen um sie herum anpassen. »Das macht mir wirklich nichts aus«, ist der Standardspruch der »friedfertigen« Frau.

Treu

Ich traf Patsy Cline, eine Sängerin aus den Fünfzigerjahren, die das Lied »Stand by Your Man« [Halte zu deinem Mann] sang, niemals persönlich, aber ich kann ihr Temperament erraten. Die »friedfertige« Frau ist loyal bis zum bitteren Ende. Loyalität ist ihr Markenzeichen und das Hauptcharakteristikum ihres Wesens. Sie hat die außerordentliche Fähigkeit, emotionalen Schmerz abzublocken und ihre Verpflichtung gegenüber einer anderen Person trotzdem aufrechtzuerhalten.

Sie wird an einer problematischen Ehe festhalten, wenn die meisten von uns schon längst aufgegeben hätten. Ich kenne Frauen, deren Männer mehr als nur schwierig waren – die tranken, das Geld verspielten und fremd gingen – aber die Frauen hielten zu ihnen, Jahr um Jahr. Wie sie gleich sehen werden, heiraten »friedfertige« Frauen oft »populäre« Männer, die meist zur Unzuverlässigkeit neigen. Sie wird ihm immer wieder verzeihen und den Schmerz in sich hineinfressen. Treue kann auch zu weit gehen und sich in Hörigkeit verkehren, aber wir wollen uns die Schwächen für den folgenden Abschnitt aufsparen.

Ein Grund dafür, dass sie sich mit so vielem abfindet, ist, dass sie eine Friedensstifterin ist, die einen Konflikt um jeden Preis verhindern will. Hinzu kommt, dass sie von Menschen nicht erwartet, dass sie perfekt sein müssen, und sie ist gegenüber den menschlichen Schwächen anderer sehr tolerant. Was nicht bedeutet, dass es nicht auch bei ihr eine Grenze gibt! Wenn sie auf ihrer Meinung besteht, dann ist es vorbei. Aus und vorbei, nichts mehr zu machen.

Kathy hatte sich zwanzig Jahre mit allen möglichen Schikanen von Seiten ihres Mannes abgefunden. Schließlich ertappte sie ihn auf frischer Tat beim Seitensprung. Sie deutete auf die Tür und schenkte seinem Protest keinerlei Gehör. Innerhalb weniger Wochen hatte sie die Scheidungspapiere und lebt nun ihr eigenes Leben. Genug war genug.

Hingebungsvoll sorgend

Es ist nicht ungewöhnlich, »friedfertige« Frauen in sozialen Berufen zu finden: Lehrerin, Krankenschwester, ehrenamtliche Beraterin. Ebenso habe ich festgestellt, dass nicht wenige von ihnen einen Bibelstudienkreis für Frauen oder ein Amt für Frauenangelegenheiten leiten. Sie ist in dieser führenden Position nicht so spritzig wie das »populäre« Temperament, aber um sie versammelt sich eine treue Anhängerschaft, und sie führt ihre Aufgabe sehr effektiv durch. Auch wenn es sich dabei nicht um eine bezahlte Tätigkeit handelt, findet sie ihre Befriedigung und Erfüllung darin, sich um den kranken Ehemann oder die kranken Kinder zu kümmern. Sie möchte andere erfreuen, nicht als Alleinunterhalter, sondern mit einer echten Motivation und einem Herz, das bereit ist, die eigenen Bedürfnisse zurückzustellen, um anderen zu dienen. Ebenso geht sie ihren Verpflichtungen nach. Das sind die Frauen, die sich Jahr um Jahr um die Kranken in der Verwandtschaft kümmern und die sich niemals dazu durchringen könnten, sie in ein Pflegeheim zu geben, auch wenn der Arzt dazu rät.

Kürzlich traf ich die Schwiegermutter einer solchen Frau. Im Alter von 22 Jahren hatte sich ihr Mann Heethe bei einem Sturz aus großer Höhe schwer verletzt. Er musste wieder ganz neu lernen, zu laufen und zu sprechen. Der Arzt sagte ihr, dass 99 Prozent der Ehen mit einer gesundheitlichen Belastung dieses Ausmaßes in der Scheidung enden. Sie antwortete ruhig: »Genau das werde ich nicht tun.« Heethes Mutter Neicy erzählte mir, dass sie eine solche Loyalität, Treue und Hingabe selten gesehen hätte. »Sie ist völlig ruhig, auch dann, wenn er seine Frustration an ihr auslässt. Nie kommt eine Klage über ihre Lippen, wenn sie ihn badet und für ihn sorgt. Sie sagte mir, dass sie niemals auch nur den Gedanken gehabt hätte, ihn zu verlassen.«

Die zweite Person, die Heethe in dieser Situation beigestanden hat, ist sein Bruder Jett, der ebenfalls ein »friedfertiges« Temperament ist. (Wir werden in Kürze zu den Temperamenten der Männer kommen, aber ich kann nicht widerstehen, ihnen das schon hier an dieser Stelle zu erzählen.) Er war mit einem Baseballstipendium im

Abschlussjahr des Colleges, aber er hörte auf und blieb zu Hause, um zu helfen, so gut er konnte. Er erklärte ruhig, aber bestimmt: »Ich gehe nicht zurück.« Jeder war völlig schockiert, denn sie wussten um das unglaubliche Opfer, das er da brachte. Als ein Redakteur des *Guidpost* Magazins bei ihm anrief und ihn interviewen wollte, war er verblüfft. Er selbst empfand das, was er tat, als gar nichts Besonderes. Welch wunderbares Beispiel für ein »friedfertiges« Temperament.

Schwächen der »friedfertigen« Frau

Wenig begeisterungsfähig

Ob Sie's glauben oder nicht: Diese hingebungsvolle und mildtätige Frau hat tatsächlich auch ein paar Fehler. Obwohl es ihr selbst sicherlich nicht so vorkommt, glaube ich, dass die gravierendste Schwäche der »friedfertigen« Frau ihr Mangel an Begeisterungsfähigkeit ist. Sie können ihr erzählen: »Ich habe am vergangenen Wochenende den Mount Everest bestiegen«, und sie wird Ihnen antworten: »Das ist aber schön.« Und Sie denken dann: »Die hat überhaupt nicht verstanden, was ich eben gesagt habe.« Also wiederholen Sie es, diesmal mit entsprechender Betonung: »*Ich* habe den Mount Everest erklommen.« Sie können an Betonung hineinlegen, was Sie wollen. Es wird Ihnen nicht gelingen, bei ihr mehr Begeisterung hervorzurufen. Ihr Ziel ist es, ihre begrenzten Energievorräte aufzusparen. Und sie wird sie bestimmt nicht für Ihre letzten Heldentaten verschwenden.

Es dauerte eine ganze Weile, bis ich das begriffen habe, obwohl ich einige Freunde habe, die dieses Temperament besitzen. Ich erinnere mich an mehrere Gelegenheiten, bei denen ich eines meiner Bücher druckfrisch zu meinen »friedfertigen« Freunden brachte, um ihnen zu zeigen, dass ich sie in der Danksagung erwähnt hatte. Wenn jemand meinen Namen auf der ersten Seite eines Buches verewigen würde, wäre ich mächtig stolz und würde damit angeben, als ob ich das Buch selbst geschrieben hätte: »Ja, ich schätze, sie weiß, dass sie mir Dank schuldet. Was soll ich dazu sagen? Ich habe ihr alles beigebracht, was sie weiß.«

Aber raten Sie mal? Keine meiner Freundinnen reagierte, wie ich gehofft hatte. Absolut keine! Sie warfen einen kurzen Blick auf ihren Namen, dann schauten sie mich an und murmelten: »Oh ...« Ich war geschockt und dachte: »Was stimmt mit diesen Menschen nicht? Wissen sie nicht, wie toll das ist? Mögen sie mich vielleicht nicht mehr?« Allmählich kam mir der Gedanke an die Theorie mit dem Aufsparen der Energie, und dieser hat sich immer wieder als richtig erwiesen. Ich erwähne ihre Namen immer noch auf den Anfangsseiten meiner Bücher. Aber ich erwarte deshalb keine Begeisterungsausbrüche mehr – jedenfalls nicht von meinen »friedfertigen« Freundinnen.

Dies mag nun als nur eine kleine Schwäche erscheinen. Manche mögen auch der Meinung sein, dass dies gar keine Schwäche ist. Aber für die von uns, die ihre Gefühle sehr offen zeigen und sich ununterbrochen darum bemühen, Dinge fertig zu bekommen, ist das, wie wenn man einen Eimer kaltes Wasser übergeschüttet bekommt. Es ist wie ein kalter Guss. Dieser Mangel an Begeisterungsfähigkeit kann zu ernsthaften Konflikten in ihren Beziehungen zu Freunden und zu Familienmitgliedern, die entweder ein »tatkräftiges« oder ein »populäres« Temperament haben, führen. Denn die könnten ihre mangelnde Begeisterung als einen Mangel an Liebe und Verständnis deuten, was bei ihren Kindern sogar einen emotionalen Schaden anrichten kann.

Und noch eine kleine Anmerkung: Nachdem ich diesen Abschnitt geschrieben hatte, habe ich ihn einer meiner »friedfertigen« Freundinnen vorgelesen, die mir erklärte: »Ich glaube nicht, dass wir nicht begeisterungsfähig sind. Wir verhalten uns nur so, weil wir in Verlegenheit sind. Wir wollen die Aufmerksamkeit nicht auf uns ziehen; wir sind eher Menschen, die im Hintergrund bleiben.«

Unbeteiligt

Menschen, die im Hintergrund bleiben? Ich kann das verstehen, aber »friedfertige« Frauen neigen dazu, sich aus allem herauszuhalten. Natürlich muss unsere Familie an erster Stelle kommen, aber dann sollte etwas an zweiter Stelle stehen. Leider versteckt sich diese Frau hinter ihrer Mutterrolle und benutzt sie als Rechtfertigung für ihr mangelndes Engagement. Egal um was sie jemand bittet, es zu tun, ihre Antwort ist: »Ich sehe im Moment keine Möglichkeit, wie ich das machen könnte.« Sie meldet ihre Kinder in der örtlichen Schule an, aber ist nicht bereit, in irgendwelchen Ausschüssen dort mitzuarbeiten. Oder sie unterrichtet ihre Kinder zu Hause, beteiligt sich aber nicht an der örtlichen Gruppe, die Hilfe anbietet. Sie geht am Sonntagmorgen zur Kirche, aber das ist das Äußerste ihrer Beteiligung. Sie will sich keiner kleinen Gruppe anschließen oder an einem Bibelstudienkreis für Frauen teilnehmen. Sie für etwas zu begeistern ist fast ein Ding der Unmöglichkeit. Ob es sich um ein Hobby, eine politische Betätigung, ein Ehrenamt oder ein Gemeindeamt handelt, wenn Sie eine »friedfertige« Frau sind, sollten Sie versuchen, hin und wieder aus Ihren eigenen vier Wänden herauszukommen. Finden Sie etwas, für das Sie sich einsetzen können und das Ihnen Spaß macht. Machen Sie es, wie die Bibel es sagt: »Alles war ihr tut, das tut von Herzen als dem Herrn und nicht den Menschen, denn ihr wisst, dass ihr von dem Herrn als Lohn das Erbe empfangen werdet. Ihr dient dem Herrn Christus!« (Kolosser 3,23–24)

Furchtsam

Zum Teil liegt eine Ursache, warum diese Frau sich nicht gerne an etwas beteiligt, darin, dass sie Angst davor hat. Sie quält sich ständig mit der Frage: »Was ist wenn.« Was ist, wenn ich verspreche, einen Kuchen zu backen, und er gelingt mir nicht! Was ist, wenn ich mich an einer Bibelstudiengruppe beteilige und ich bei den Lektionen nicht mitkomme? Oder was ist, wenn der Leiter mich aufruft und ich die Antwort nicht weiß? Was ist, wenn ich mich an einem Komitee beteilige und die Leute feststellen, dass ich gar nicht weiß, was ich tue? Was, wenn das dann zu Konflikten führt? Was ist, wenn einige Gemeindemitglieder die Ideen, die wir vorschlagen, ablehnen? Was ist wenn, was ist wenn, was ist wenn? Wer ständig so fragt, wird durch Furcht und Unsicherheit völlig gelähmt, bis er sich schließlich überhaupt nicht mehr traut, etwas Neues zu versuchen, und niemals mehr etwas riskiert. Natürlich ist das ein sicherer Weg, aber es ist nicht die Art, wie wir leben sollen. Die Bibel sagt: »Gott hat uns nicht gegeben den Geist der Furcht, sondern der Kraft und der Liebe und der Besonnenheit.« (2. Timotheus 1,7)

Und es gibt noch mehr Verse, die eine besondere Ermutigung enthalten, den »Geist der Furcht« zu überwinden:

> Stärket die müden Hände und macht fest die wankenden Knie! Saget den verzagten Herzen: »Seid getrost, fürchtet euch nicht! Seht da ist euer Gott!« (Jesaja 35,3.4a)
> Fürchte dich nicht, ich bin mir dir; weiche nicht, denn ich bin dein Gott. Ich stärke dich, ich helfe dir auch, ich halte dich durch die rechte Hand meiner Gerechtigkeit. (Jesaja 41,10)
> Und wenn ihr auch leidet um der Gerechtigkeit willen, so seid ihr doch selig. Fürchtet euch nicht vor ihrem Drohen und erschreckt nicht; heiligt aber den Herrn Christus in euren Herzen. Seid allezeit bereit zur Verantwortung vor jedermann, der von euch Rechenschaft fordert über die Hoffnung, die in euch ist. (1. Petrus 3,14.15)

Träge

Der andere Grund, warum die »friedfertige« Frau sich nur ungern an etwas beteiligt, ist, dass sich ihr das nach zu viel Arbeit anhört. Und wenn es ums Arbeiten geht, ist sie nicht gerade die Größte. Bevorzugt betrachtet sie eine Situation unter der Fragestellung: »Was ist das absolute Minimum, mit dem ich das, was ich tun muss, noch schaffen kann?« Und dann tut sie genau dieses Minimum und kein bisschen mehr. Wenn Sie bei ihr zu Hause vorbeischauen, dann ist ihr Haushalt nicht nur desorganisiert (wie dies bei der »populären« Frau gewöhnlich der Fall ist), sondern es ist dort wirklich schmutzig. Der Ofen wurde noch niemals gereinigt, denn wer schaut da schon rein? Das Badezimmer wurde auch schon lange nicht mehr richtig geschrubbt, weil das doch eine ganze Menge Anstrengung bedeuten würde. Das Geschirr ist schon seit einer Ewigkeit nicht mehr gespült worden, und überall liegen Dinge herum, während sie auf der Couch liegt und Fernsehen schaut.

Tatsächlich ist der Fernseher für sie am gefährlichsten. Sie liebt die Seifenopern, weil sie hier die verschiedensten Lebenssituationen angeboten bekommt – Romanzen und aufregende Dinge –, ohne dafür die geringste Energie aufwenden zu müssen. Sie liebt Spiele-Shows, weil sie sich so einreden kann, Preise zu gewinnen, ohne die Antworten wirklich lernen zu müssen. Und sie liebt seichte Talkshows, weil das etwas Spannung in ihr ansonsten langweiliges Leben bringt.

Dieser träge Lebensstil kann zu einer übermäßigen Gewichtszunahme führen, was sie dann immer noch mehr verlangsamt. Dann wird allein schon der Gedanke, von der Couch aufstehen und ins wahre Leben hinausgehen zu müssen, für sie so unerträglich, dass sie es nicht einmal mehr versucht. Ich habe Frauen kennen gelernt, die in diesen bösen Kreislauf hineingeraten sind. Sie wurden schließlich so träg und nahmen derart zu, dass sie sich am wirklichen Leben nicht mehr beteiligten. Lassen Sie nicht zu, dass Ihnen das auch passiert. Schaffen Sie den Fernseher ab und befreien Sie sich von seinem versklavenden Einfluss. Stehen Sie auf und kommen Sie zurück ins reale Leben!

Kompromissbereit

Ihr edler Wunsch, Konflikte zu vermeiden, gekoppelt mit ihrer trägen Natur, kann zu einem weitaus weniger edlen Ergebnis führen. So kann zum Beispiel ihre Vorliebe für rührselige Seifenopern zweifellos die Reinheit ihres Geistes gefährden. Von Natur aus neigt sie dazu, das zu tun, was alle tun, und ihre Maßstäbe denjenigen anzupassen, mit denen sie die meiste Zeit verbringt. Wenn sie mit engagierten, gottesfürchtigen Frauen zusammen ist und diesen nachfolgt, dann tut sie gut daran. Aber es ist ziemlich unwahrscheinlich, dass viele engagierte und gottesfürchtige Frauen jeden Tag im Wohnzimmer dieser Frau brav herumsitzen, während sie in die Röhre glotzt. Mit einem solchen Lebensstil läuft sie Gefahr, falsche Arten von Freundschaften zu beginnen – Freunde, die sie herunterziehen, anstatt sie zu geistigem und geistlichem Wachstum zu ermuntern. Vielleicht werden ihre Seifenopern-Freunde sie in abenteuerliche Geschichten mit hineinziehen, und sie wird richtiggehend süchtig danach. Vielleicht werden sie sie dazu ermutigen, über andere zu tratschen oder schlecht über ihren Mann zu sprechen (siehe 2. Thessalonicher 3,10–12).

Nehmen Sie zu Kenntnis, dass Sie vom Typ her jemand sind, der anderen nachfolgt und nutzen Sie diese Eigenschaft in einem positiven Sinn. Machen Sie es sich zu Ihrer Hauptaufgabe, sich mit solchen Frauen zu umgeben, die so sind, wie Sie gerne werden möchten, und folgen Sie dann deren Beispiel. Ich bin davon überzeugt, dass Sie und Ihre Familie dann glücklich werden. Es führt dazu, dass Sie sich aus der Couch erheben und auch mal einige Risiken eingehen, aber es wird sich lohnen!

Ja-Sager

Eine andere der positiven Eigenschaften der »friedfertigen« Frau, die zu weit führen und deshalb Probleme auslösen können, ist ihre unverbrüchliche Treue. (Wie bei allen Temperamenten sind ihre Schwächen eigentlich nur ins Extrem abgeglittene Stärken. Es ist schwer zu sagen, wann Loyalität zu weit geht, aber die meisten von uns bemerken es, wenn sie die Geschichten darüber hören.)

Obwohl jeder in die Rolle des »Ja-Sagers« geraten kann, ist die »friedfertige« Frau besonders gefährdet. Ich weiß, dass das folgende Beispiel ziemlich extrem zu sein scheint, aber die Geschichte, die ich von einer christlichen Frau gehört habe, wird Ihnen zu denken geben. Eine Frau erzählte mir, dass sie eine Go-Go-Tänzerin geworden war, weil ihr Mann es aufregend fand zuzuschauen, wenn sie andere Männer anmachte. Sie wusste, dass es falsch war, aber sie wollte nicht mit ihrem Mann streiten. Um einen Konflikt zu vermeiden und um ihre Ergebenheit zu zeigen, erniedrigte sie sich selbst öffentlich. Sie konnte sich erst dann lösen, als er Männer aus der Bar nach Hause einlud und sie zwingen wollte, mit ihnen intim zu werden, damit er dabei zuschauen konnte. Dieser Mann war ein Ältester der örtlichen Kirchengemeinde.

Vielleicht denken Sie: Aber mein Mann ist kein Alkoholiker und ich bin mit Sicherheit auch keine Go-Go-Tänzerin, also betrifft mich das nicht. Vielleicht nicht, aber ich möchte Sie trotzdem ermutigen, Ihr Verhältnis zu Ihrem Mann und Ihren Kindern zu überprüfen, um festzustellen, ob Sie es ihnen auf irgendeine Art und Weise leicht machen, sich unverantwortlich zu benehmen. Falls das so ist, lassen Sie sie liebevoll, aber deutlich die logischen Konsequenzen ihrer Handlungsweise spüren.

Machen Sie das Beste aus Ihrem Temperament

Ich kann ruhig zugeben, dass ich gegenüber den »friedfertigen« Frauen voreingenommen bin. Mein Mann und alle meine engsten Freunde haben dieses Temperament. Aber Freunde müssen manchmal hart sein, und deshalb will ich hier einiges deutlich ansprechen. Sie müssen sich etwas mehr Begeisterung zulegen! Sie können manchmal so furchtbar selbstgefällig sein. Sie gelten nicht als ein Mensch, der andere kontrolliert, aber Sie haben es gelernt, wie man andere mit mangelnder Begeisterungsfähigkeit unter Druck setzt. Florence Littauer stellt fest: »›Friedfertige‹ Frauen haben herausgefunden, dass sie andere durch ihren Mangel an Begeisterung aus der Fassung bringen können. Und sie nutzen diese Fähigkeit als eine stille Form der Kontrolle, und sie amüsieren sich über die Anstrengungen der anderen, die versuchen, bei ihnen Begeisterung zu wecken.«* Da ich selbst

* Personality Plus, S. 130.

schon oft Opfer dieses Spiels war, kann ich sagen, dass ich das nicht besonders komisch finde.

Wie wär's damit: Versuchen Sie doch einmal etwas Neues. Irgendetwas Neues. Und wenn es nur das ist, einmal in ein anderes Restaurant zu gehen oder auf einer anderen Kirchenbank zu sitzen oder einmal eine andere Eissorte zu bestellen. Gehen Sie doch einmal dahin, wo Sie noch nie zuvor waren, einfach weil Sie dort noch nie waren.

Vielleicht haben Sie geglaubt, Sie seien besser als die anderen Temperamente, weil Sie keine so deutlichen Schwächen haben. Aber Sie sollten erkennen, dass Faulheit in der Bibel streng verurteilt wird. Lesen Sie im Buch der Sprüche und achten Sie einmal darauf, an wie vielen Stellen der träge oder faule Mensch verurteilt wird, während die hart Arbeitenden gelobt werden. Und im Neuen Testament schreibt Paulus:

> Denn schon als wir bei euch waren, geboten wird euch: Wer nicht arbeiten will, der soll auch nicht essen. Denn wir hören, dass einige unter euch unordentlich leben und nichts arbeiten, sondern unnütze Dinge treiben. Solchen aber gebieten wir und ermahnen sie in dem Herrn Jesus Christus, daß sie still ihrer Arbeit nachgehen und ihr eigenes Brot essen. (2. Thessalonicher 3,10–12)

Sicherlich, Faulheit ist eine harmlose Sünde – wenn man so will, ein gewaltloses Verbrechen –, aber in Gottes Augen ist es eine ernste Sünde. Lesen Sie das Gleichnis von den anvertrauten Zentnern und erkennen Sie den Ärger Christi über den bösen und faulen Knecht (Lukas 19,26). Gott hat Ihnen Zeit und Begabungen gegeben, um diese einzubringen. Er will nicht, dass Sie diese irgendwo vergraben.

Finden Sie Möglichkeiten, sich selbst zu motivieren. Vielleicht setzen Sie sich einige Ziele und bitten »tatkräftige« Freundinnen, Sie Tag und Nacht damit zu nerven, bis Sie diese erreicht haben. An einer solchen Aufgabenstellung werden diese Freundinnen mit Sicherheit Freude haben.

Man kann kaum ein christliches Buch für Frauen schreiben, ohne dabei auf das gefürchtete Kapitel 31 im Buch der Sprüche hinzuweisen. Es passt genau an das Ende dieses Abschnittes. Und wissen Sie warum? Als ich diese Textstelle las, da wurde mir klar, wie geschäftig und aktiv diese Frau ist. Ihre inneren Qualitäten werden erwähnt, aber der überwiegende Teil der Verse richtet sein Hauptaugenmerk darauf, wie unglaublich hart sie arbeitet. Deshalb, weil harte Arbeit den Charakter formt. Warum gehen Sie nicht einfach mal den Text durch und markieren all die Worte, die eine Aktivität zum Ausdruck bringen. Gottes ideale Frau ist geschäftig, aktiv und arbeitsam – so sollten Sie auch sein. Eine Collegefreundin von mir hat etwas gesagt, das Sie vielleicht auch auf sich anwenden können: Lebe – sei mitten drin!

> Wem eine tüchtige Frau beschwert ist, die ist viel edler als die köstlichsten Perlen. Ihres Mannes Herz darf sich auf sie verlassen, und Nahrung wird ihm nicht mangeln. Sie tut ihm Liebes und kein Leid ihr Leben lang. Sie geht mit Wolle und Flachs um und arbeitet gerne mit ihren Händen. Sie ist wie ein Kaufmannsschiff; ihren Unterhalt bringt sie von ferne. Sie steht vor Tage auf und gibt Speise ihrem Haus, und dem Gesinde, was ihm zukommt. Sie trachtet nach einem Acker und kauft ihn und pflanzt einen Weinberg vom Ertrag ihrer Hände. Sie gürtet ihre Lenden mit Kraft und regt ihre Arme. Sie merkt, wie ihr Fleiß Gewinn bringt; ihr Licht verlischt des Nachts nicht. Sie streckt ihre Hand nach dem Rocken und ihre Finger fassen die Spindel. Sie breitet ihre Hände aus zu dem Armen und reicht ihre Hand dem Bedürftigen. Sie fürchtet für die Ihren nicht den Schnee; denn ihr ganzes Haus hat wollene Kleider. Sie macht sich selbst Decken; feine Leinwand und Purpur ist ihr Kleid. Ihr Mann ist bekannt in den Toren, wenn er sitzt bei den Ältesten des Landes. Sie macht einen Rock und verkauft ihn, einen Gürtel gibt sie dem Händler. Kraft und Würde sind ihr Gewand, und sie lacht des kommenden Tages. Sie tut ihren Mund auf mit Weisheit, und auf ihrer Zunge ist gütige Weisung. Sie schaut, wie es in ihrem Hause zugeht, und ißt ihr Brot nicht mit Faulheit. Ihre Söhne stehen auf und preisen sie, ihr Mann lobt sie: »Es sind wohl viele tüchtige Frauen, du aber

übertriffst sie alle.« Lieblich und schön sein ist nichts; ein Weib, das den Herrn fürchtet, soll man loben. Gebt ihr von den Früchten ihrer Hände, und ihre Werke sollen sie loben in den Toren. (Sprüche 31,10–31)

Wenn Sie beim »Spiel des Lebens« mitmachen wollen, will ich Ihnen einige praktische Tipps geben, wie ich das auch bereits für die anderen drei Temperamente getan habe:

1. Versuchen Sie die Menschen in Ihrer Nähe zu trösten. Sie haben die unglaubliche, große Gabe, Trost zu spenden. Erlauben Sie Ihrer natürlichen Trägheit nicht, Sie davon abzuhalten, diese Gabe in vollem Maß zu nutzen. Es gibt so viele leidende Menschen, und Sie können in deren Leben etwas bewirken, einfach indem Sie Sie selbst sind. Fragen Sie Ihren Pastor, ob es eine Möglichkeit gibt, sich für Menschen, die krank sind oder anderen Kummer haben, zu engagieren.
2. Setzen Sie Ihre Gedanken in Handlung um. Es ist wundervoll, dass Sie ganz automatisch an die Bedürfnisse anderer Menschen denken. Aber lassen Sie es nicht nur beim Denken. Wenn Sie daran denken, dass jemand dringend einen Kuchen braucht, dann backen Sie einen und bringen Sie ihn zu ihm. Wenn Sie sehen, dass eine schwangere Frau unbedingt etwas Ruhe braucht, dann helfen Sie ihr mit den Kindern oder beim Hausputz. Eine andere Möglichkeit ist, Frauen, die in Not sind, mit anderen bekannt zu machen, die ihnen helfen können. Mit anderen Worten: Sie müssen nicht alle Bedürfnisse selbst befriedigen. Wenn Sie das machen wollten, wären Sie völlig überfordert. Wenn Sie aber eine Notsituation erkennen – und ich bin fest davon überzeugt, dass Gott es Ihnen ermöglicht, Bedürfnisse zu sehen, die andere Menschen nicht bemerken –, dann machen Sie jemanden darauf aufmerksam, der helfen kann. Sie können zum Beispiel den Pfarrer informieren. Oder Sie stellen eine Liste von Frauen zusammen, die sagen: »Ich kann hin und wieder mal für andere kochen.« Sie können aber auch jemanden direkt informieren: »Barb, weißt du, dass der Doktor Susan Bettruhe verord-

net hat? Ich habe vor, an einem Tag für sie zu kochen. Könntest du das an einem anderen Tag machen?« Wählen Sie die Möglichkeiten, die Ihrer Lebensweise am besten entsprechen.

3. Stellen Sie eine Sammlung von Karten für alle möglichen Gelegenheiten zusammen: Genesungswünsche, Geburtstagsgrüße, Ich-denk-an-Dich- und noch leere Karten für andere Zwecke. Ich bin mir sicher, dass Gott Ihnen zeigen wird, wer ein aufmunterndes Wort brauchen kann. Das ist eine Ihrer besonderen Gaben. Gehen Sie nicht davon aus, dass andere die Karten schreiben werden, wenn Sie sich nicht die Zeit nehmen. Möglicherweise tun sie es nämlich nicht. Sie haben eine Auswahl von Karten an der Hand, und Sie können auf Ihre ruhige Art und Weise so für andere zum Segen werden.
4. Halten Sie alte Freundschaften aufrecht. Das ist eine andere besondere Gabe von Ihnen und eine weitere Möglichkeit für Sie, auf die ruhige Art, wie Gott Sie geschaffen hat, für andere zum Segen zu werden. Auch wenn andere nicht immer zum Ausdruck bringen, wie viel es ihnen bedeutet, bestehen Sie darauf, alte Freundschaften aufrechtzuerhalten. In einer Welt, die sich ständig verändert, sind Leute dankbar für etwas, das Bestand hat: besonders wenn es sich dabei um die beständige Liebe einer treuen Freundin handelt.
5. Seien Sie ein Friedensstifter. Obwohl Sie sich wahrscheinlich nur ungern einmischen, wenn es in Ihrer Gemeinde oder zwischen Ihren Freunden Konflikte gibt, sollten Sie bedenken, dass Sie die einzigartige Fähigkeit besitzen, Frieden zu stiften. Kein anderes Temperament besitzt Ihre Fähigkeit, die verschiedenen Seiten einer Sache zu berücksichtigen und im Eifer des Gefechts ruhig zu bleiben. Sie können jeden in der Gemeindeleitung fragen, und alle werden Ihnen sagen, wie dringend Ihre Fähigkeit zum Vermitteln gebraucht wird. Beten Sie und bitten Sie Gott darum, Ihnen zu zeigen, wie er Sie gebrauchen will, »zu wahren die Einigkeit im Geist durch das Band des Friedens« (Epheser 4,3b).

Teil 2

Verstehen Sie Ihren Mann

6. Die männlichen Temperamente in Aktion

Wenn Sie dieses Buch lesen, haben Sie möglicherweise auch einen Ehemann. Und möglicherweise treibt er Sie von Zeit zu Zeit zum Wahnsinn. In Teil 3 werden wir speziell über die Ehe sprechen – warum Probleme entstehen und wie man es besser machen kann. Aber zuerst möchte ich einen kurzen Blick darauf werfen, wie sich die Temperamente bei Männern darstellen. Offensichtlich sind die zugrunde liegenden Merkmale die gleichen, aber ich hoffe, dass Ihnen dieses Kapitel eine genauere Vorstellung davon vermittelt, was Sie von Ihrer besseren Hälfte zu erwarten haben. Ich glaube fest daran, dass Verständnis gegenüber Ihrem Mann mehr bewirkt, als nur Frieden in Ihr Leben zu bringen. Ich war innerlich oft sehr in Aufruhr, bevor ich die Auswirkungen des Temperaments meines Mannes verstand. Nun bin ich nicht nur eine bessere Ehefrau, ich bin auch beruhigter, weil ich weiß, dass er mich nicht absichtlich frustriert.

Ich denke, die beste Art und Weise, das deutlich zu machen, ist, Sie auf eine Reise mitzunehmen, die ich kürzlich unternommen habe, und während der ich diese Männer in Aktion antraf. Unsere Familie reiste von unserem Heimatort in Arizona zu einer Konferenz nach Kalifornien, auf der mein Mann Cameron und ich sprechen sollten. Wir nahmen die Kinder, Nikki (13), Leah (6) und unser Baby Taraneh mit, sodass wir nach der Konferenz noch Camerons Schwester besuchen konnten.

Die Geschichte beginnt an einem Donnerstagabend, als Cameron mir das, was er geplant hatte, darlegte. Er teilte mir mit, was ich am nächsten Tag noch zu erledigen hätte, und sagte mir, dass ich bis um 15.15 Uhr mit allem fertig und bereit zur Abreise sein sollte. Die Kinder und ich verbrachten den Tag damit, wie die Irren herumzurennen. Ich hatte Termine einzuhalten, an bestimmte Orte zu gehen, Dinge zu tun. Ich hatte nicht einmal die Zeit für die unwichtigeren Dinge auf seiner Liste ... wie zum Beispiel Kofferpacken.

Jedenfalls fuhr Cameron exakt um 15.15 Uhr mit dem Auto vor und kam erwartungsvoll ins Haus. Nach 15 Jahren Ehe glaubte mein Ehemann immer noch auf mysteriöse Weise daran, dass ich zu dieser Zeit angezogen wäre, gepackt hätte, bereit stünde und auf ihn warten würde. Was glauben Sie wohl, wie die Chancen dafür standen – nach dem, was Sie bis jetzt über die Temperamente gehört haben? Hier stand ich also mit frisch gewaschenen nassen Haaren und telefonierte mit einer Gemeinde in Pittsburgh. Leah rannte herum und versuchte, ihren verlorenen Schuh wieder zu finden. Die Koffer – die ich gemäß seiner exakten Anweisung in einer Linie im Gang an der Tür zur Garage aufreihen sollte – waren noch überall in den Schlafzimmern verstreut. Immer wenn ich an einem vorbeikam, habe ich etwas in ihn hineingeworfen.

Wir schafften es, das Haus 45 Minuten später als in dem von meinem Mann ausgearbeiteten Zeitplan festgelegt zu verlassen. Als wir den Flughafen erreichten, hatten wir gerade noch genug Zeit, das Auto auf dem Langzeit-Parkplatz abzustellen, um Geld zu sparen. (Falls Sie es noch nicht erraten haben: Mein Mann hat auch ein bisschen etwas vom »perfekten« Temperament in sich!) Die Kinder und ich rannten durch den Flughafen, und ich benutzte den Kindersportwagen dabei als tödliche Waffe.

Wir erreichten das Gate und ich ließ etwa 20 Pfund Gepäck fallen. Ich hatte eine Windeltasche, den Rucksack meiner Tochter, mein Diktiergerät, meine eigene Tasche, Leahs Pullover und einige Decken für das Baby, für den Fall, dass es im Flugzeug zu kalt sein würde, zusätzlich noch meinen Geldbeutel und meinen Tagesplaner. Als sich die Schlange am Schalter vorwärts bewegte, schob ich den ganzen Stapel mit dem Fuß vor mir her.

Auf einmal kam ein gut gekleideter Mann ohne ein Wort des Grußes auf mich zu, zeigte auf den riesigen Berg vor mir und sagte dann bestimmt: »Sie sollten das ganze Zeug nehmen und es dort drüben hinstellen. Sie können es dann trotzdem noch sehen. Wenn Sie es weiterhin so vor sich herstoßen, werden Sie völlig erschöpft sein, bevor Sie im Flugzeug sind.« Er stemmte seine Hand in die Hüfte und wartete darauf, dass ich es tat. Jeder in der Schlange dachte wahrscheinlich, dass es sich bei dem jungen Mann um meinen dominanten Ehemann handeln würde, aber es war ein völlig Fremder, der mir hier angeben wollte, wie ich in der Flughafenhalle zu warten hätte. Erraten Sie, was für ein Temperament er hatte? Ein »tatkräftiger« Mann. Und nun kommt das Verrückte: Ich setzte mich in Bewegung und tat genau das, was er mich angewiesen hatte, obwohl das Flughafenpersonal immer sehr nervös wird, wenn Taschen so herrenlos in der Halle herumstehen.

Am nächsten Morgen erwachten wir in unserem Hotelzimmer und entdeckten als Erstes, dass das Baby überall rote Punkte hatte: im Gesicht, an den Händen und an den Füßen. Ich hatte eine ziemlich genaue Vorstellung, worum es sich da handeln könnte, denn ich hatte während der ganzen Nacht ein verräterisches Surren gehört. Und außerdem waren auch meine Arme und Beine mit Mückenstichen übersät. Ich gab meine Diagnose bekannt und die Parole aus, dass die Show weitergehen musste. Aber Cameron war nicht dazu bereit, die aus dem Ärmel geschüttelte Diagnose einer »populären« Frau anzuerkennen. Stattdessen entschied er, so bald wie möglich zu einem Arzt zu gehen.

Bevor er mit mir zum Seminar kam, brachte mein Mann das Baby in die Notaufnahme. Fünf Stunden später und 55 Dollar weniger kehrte er zurück, um zu berichten, dass sie dort keine Ahnung hätten, was das für mysteriöse rote Pusteln wären. Obwohl er keine genaue Auskunft vom Arzt bekommen hatte und obwohl er den Teil des Seminars verpasst hatte, den er eigentlich hätte halten sollen, war er davon überzeugt, das Richtige getan zu haben. Sich um das Baby gekümmert zu haben war für meinen Mann weitaus wichtiger, als seinen Job getan zu haben. Wie Sie vielleicht aufgrund Ihrer bisherigen Studien schon erkannt haben, ist mein Mann eine Kombination aus »perfektem« und »friedfertigem« Temperament.

Während mein Mann in der Notaufnahme war, konnte ich ein anderes Temperament in Aktion beobachten, als der Pastor begann, mich vorzustellen. Ein »perfekter« Pastor hätte dem Publikum einen detaillierten Überblick über meine sämtlichen Referenzen gegeben.

Ein »tatkräftiger« Pastor hätte die Zuhörer aufgefordert: »Richten Sie Ihre Aufmerksamkeit nun auf die wichtigen Dinge, die Ihnen diese Frau zu sagen hat, damit wir etwas erreichen.« Ein »friedfertiger« Pastor hätte auf eine Einführung verzichtet und mit der ganzen Versammlung für das Wohlergehen meines Babys gebetet.

Aber hier handelte es sich um einen »populären« Pastor. Und so tat er, was Menschen seines Temperaments für gewöhnlich tun. Zwei Sekunden bevor er anfing, drehte er sich zu mir um und fragte mich: »Gibt es etwas Bestimmtes, das ich erwähnen soll, wenn ich Sie vorstelle?« Ich schüttelte meinen Kopf. Er stand auf und begann zu sprechen: »Eines Tages saß ich an meinem Schreibtisch. Sie wissen, an meinem Schreibtisch, der unten in dieser Halle steht. Der große schwarze. Dort lag eine Zeitschrift. Gewöhnlich lese ich ja keine Zeitschriften, weil ich dazu keine Zeit habe, aber ich fühlte, dass Gott wollte, dass ich diese Zeitschrift las. Also las ich, und da war dieser Artikel von Donna Partow. Und ich überlegte, ob ich sie vielleicht einmal anrufen sollte. Ich tat es und konnte kaum glauben, dass sie selbst am Telefon war.« Können Sie sich das vorstellen? Die kurze Einführung dauerte über 15 Minuten. Und die ganze Zeit über saß ich da und dachte: »Er nimmt mir das von meiner Redezeit weg.«

Das Seminar war inzwischen in vollem Gang. Als wir zur ersten Frage-und-Antwort-Runde kamen, kam ein Zuhörer auf die Idee, mir irgendwelche juristischen Fragen zu stellen, die ich natürlich nicht beantworten konnte. Also erfand ich etwas. (Ich habe das natürlich nicht im Ernst gesagt.) Leider musste ich feststellen, dass die nächste Person, die ich aufrief, ein »perfekter« Typ war. Er schickte sich an zu erklären, dass meine Antwort falsch war, und gab dann eine ausführliche Beschreibung, wie er sich um die notwendige Lizenz beworben hatte, und nannte dann den genauen Namen der Verwaltungsbehörde und wo sie ihren Sitz hat. Das Nächste, woran ich mich erinnern kann, ist, dass er seinen Tagesplaner zückte, um die Telefonnummer, unter der man die richtige Information bekommen könnte, bekannt zu geben. (Es war ihm klar, dass ich diese Information nicht hatte.) Im Verlauf des Tages hob er die Hand, sobald er glaubte, ich würde nicht die richtige Antwort geben.

Als Cameron schließlich von seiner Barmherzigkeits-Mission zurückkam, war bereits Mittagspause. Ich erzählte ihm, dass das Seminar ganz fürchterlich verlief. Ich hatte das Gefühl, dass die Zuhörer mich hassten, weil sie alle dasaßen und mich anstarrten. Wenn ich sie aufforderte, sich zu meinem Vortrag zu äußern, ignorierten sie mich entweder oder gaben die falsche Antwort. Später am Nachmittag, als wir die prozentualen Anteile der Seminarteilnehmer an den einzelnen Temperamenten ermittelten, gehörten 80 Prozent zum »friedfertigen« Typ. Ich dachte: »Eine mysteriöse Lösung!« Diese Menschen hatten den Grundsatz, sich durch nichts aus der Ruhe bringen zu lassen. Am Ende des Seminars bat der Pastor alle, die Fragebögen auszufüllen, und sie gaben mir glänzende Noten. Mein »friedfertiger« Ehemann erklärte: »Sie haben das Seminar in ihrem Inneren genossen.«

Wir verließen das Seminar und die »friedfertigen« Seminarteilnehmer, um Camerons Schwester und ihrer Familie einen Besuch abzustatten. Der Höhepunkt unseres Aufenthalts war ein Tennismatch mit seinem 15 Jahre alten Neffen Ali als Hauptperson. Bei diesem Anlass konnten wir unter anderem eine Vielzahl von Vatertypen beobachten. Wir kamen zum Tennisclub und entdeckten dort den perfekt gekleideten Mann, der sich ruhig Aufzeichnungen machte, während sein Sohn auf dem nahen Platz spielte. Er hatte eine gelbe Schreibunterlage und einen schwarzen Fineliner und notierte jeden Doppelfehler, jeden gewonnenen oder verlorenen Volley. Könnte es sich dabei um einen »perfekten« Vater handeln?

Wir beobachteten ihn ein paar Minuten, als plötzlich ein Mann in einem auffallend bunten Hemd ankam und meine Schwägerin anschnauzte: »Das ist mein Platz.« Sie sprang sofort von der Bank auf, und er setzte sich sofort hin, als ob er der Eigentümer wäre. Als wir uns von dem Schreck erholt hatten, bemerkten wir, dass festgelegt worden war, dass Ali gegen den Sohn dieses »tatkräftigen« Vaters spielen sollte. (Übrigens können Sie einen »tatkräftigen« Typ am sichersten an der Atmosphäre erkennen, die er um sich herum verbreitet.) Bei so einem Typ als Vater hatte ich Mitleid mit dem Jungen und hoffte fast, dass er gewinnen würde. Und es sah tatsächlich so aus, als ob er siegen würde, bis Alis Vater mitten im entscheidenden Satz des Matches ankam. Anscheinend hatte er völlig vergessen, dass er über eine Stunde zu spät kam. Auf jeden Fall begann er sofort zu klatschen und seinen Sohn anzufeuern. (Wenn Sie hier auf einen »populären« Vater tippen, dann liegen Sie völlig richtig.)

Die »tatkräftigen« und »perfekten« Väter warfen ihm missbilligende Blicke zu. Immerhin waren auch ihre Söhne auf dem Court und versuchten sich auf ihre jeweiligen Spiele zu konzentrieren. So ein Verhalten war ungehörig. Alis Vater trieb uns alle zusammen und brachte uns in den Genuss einer Expedition, die einen Rundgang um den Court, das Ersteigen eines ziemlich steilen Hügels und einen Marsch durch kniehohes Unkraut beinhaltete, bis wir schließlich mitten im Dreck hinter dem Tennis-Court saßen, um von dort aus Ali aufmunternde Worte zuzurufen. Von dem Moment an, in dem sein Vater auftauchte, ließ Ali seinen Gegner keinen einzigen Punkt mehr machen.

Sie können sich vorstellen, was mit dem Sohn des »tatkräftigen« Vaters geschah, als er am Ende des Matches keine Trophäe mit nach Hause nehmen konnte. Während wir Ali beglückwünschten und ihm auf den Rücken klopften, begann dieser Vater seinen Sohn anzubrüllen, dass er alles falsch gemacht hätte. Ich konnte nicht widerstehen, mich umzudrehen und dem Jungen ein Kompliment über seine hervorragende Rückhand zu machen.

Ja, das war also ein Samstagnachmittag mit den verschiedenen Vater-Typen. Und die wollen wir uns jetzt einmal genauer anschauen.

7. Der »populäre« Mann

Als ich heute Morgen meinen Computer anwarf und die leere Seite mit der Überschrift »Der 'populäre' Mann« vor mir sah, wusste ich genau, was ich zu tun hatte. Ich rief David an. Er nahm den Hörer ab und rief begeistert: »Hallo Donna. Was kann ich für dich tun?« Ich habe keinen Zweifel daran, dass er genau der Beschreibung von Leuten entspricht, die Telefonmarketinggesellschaften suchen. Egal wer ihn anruft, er ist immer gut aufgelegt und nett. Der »populäre« Mann liebt es, den Tag von anderen ein bisschen freundlicher zu gestalten.

David ist einfach überall. Er ist draußen auf der Straße und spielt mit den Kindern, spricht mit jedem – und damit meine ich wirklich jeden, vom Baby bis zur Großmutter –, der vorbeikommt, lacht, macht Scherze und erzählt Storys am laufenden Band. Es gibt einige Menschen, deren Temperament schwer zu erkennen ist. Aber den »populären« Mann erkennt man schon aus einer Entfernung von mehreren hundert Metern. Erstens: Er ist ziemlich auffallend. Er hat eine laute Stimme und trägt auffallende Kleidung. Auch wenn er zur Arbeit einen blauen Anzug trägt, wird er darunter doch Mickey-Mouse-Hosenträger haben. Zweitens: Er ist offen. Sein Mund ist offen; seine Arme sind offen, um andere zu umarmen oder ihnen freundschaftlich auf die Schulter zu klopfen; und sein Leben ist ein offenes Buch. Er erzählt Ihnen mehr, als Sie eigentlich wissen wollen über seine Frau, seine Kinder, seinen Beruf, seine Kindheit und natürlich auch über seine Lieblingsmannschaften im Sport.

Stärken des »populären« Mannes

Spornt andere an

Das Erste, was einem an einem »populären« Mann auffällt, ist, dass er vor Begeisterung fast platzt. Dabei spielt es keine Rolle, ob er gerade den Mülleimer leert. Es schafft es, sämtliche Männer davon zu überzeugen, dass dieser Tag das Ereignis der Saison ist. Wenn Sie etwas wirklich Interessantes hören wollen, dann hören Sie zu. David berichtet davon, wie er die gesamten Männer in der Nachbarschaft dazu gebracht hat, an einer Männerkonferenz teilzunehmen:

> Das Leben war in Ordnung im Jahr 1994. Keine besonderen Probleme. Ich führte eine gute Ehe und hatte eine tolle Familie. Aber ich hatte trotzdem das Gefühl, als ob mir noch etwas fehlte. Ich hörte von den Promise Keepers und bekundete mein Interesse. Ich erinnere mich, dass ich Freitagnacht in ein Stadion ging und dort 60 000 andere Männer traf. Das sagt wohl alles. Wir waren alle aus dem gleichen Grund hier. Wir wollten besser werden. Es war ein unglaublicher Anblick, all die Männer, die auf den Aufruf zu Veränderung hin nach vorne gingen. Ich war zutiefst beeindruckt. Und ich erkannte: Ich war nicht der einzige Mann, der ein besserer Vater und besserer Ehemann werden wollte.
>
> Ich kam aufgewühlt nach Hause und sagte zu meinem Pfarrer: »Ich muss unbedingt darüber berichten.« Also ließ er mich am Sonntagmorgen zu der ganzen Gemeinde sprechen. Ich sagte: »Wir sollten uns zusammentun und hier in der Gemeinde eine Männergruppe gründen.« Nach der Kirche sprachen mich viele an.
>
> Wir vereinbarten, uns am nächsten Freitagmorgen zu treffen. Fünf Männer kamen an diesem Morgen vorbei. In der nächsten Woche waren es bereits zehn. Und noch eine Woche darauf fünfzehn. Ich sagte jedem: »Du solltest unbedingt kommen.« Schon bald waren wir so viele, dass wir uns in zwei Gruppen aufteilen mussten.

Dann tat ich mich mit meinem Nachbarn Bob zusammen. Wir beide wussten, welche eine unglaubliche Veränderung in unserem Leben vor sich gegangen war, und wollten mehr Männer dafür begeistern. Bob besitzt eine Firma, die Wohnmobile verkauft, und er hatte die Idee, mit einer Gruppe von Männern in diesen Wohnmobils zur nächsten Männerkonferenz nach Los Angeles zu fahren. Wir erzählten jedem, den wir trafen, davon. Ich machte eine Liste von Männern, von denen ich glaubte, dass sie gerne mitkommen würden. Einige rief ich an. Bei anderen wartete ich auf eine günstige Gelegenheit, sie zu fragen.

Im Jahr 1995 machten sich dreißig Männer aus Davids Nachbarschaft in vier Wohnmobilen auf den Weg zur Männerkonferenz. Das war natürlich Stadtgespräch. Eine Frau, die normalerweise nicht in die Gemeinde kam, sagte: »Ich weiß nicht, was Ihre Kirche lehrt, aber mein Mann putzt jeden Abend den Boden. Ich glaube, ich mag Ihre Kirche.« Im Jahr 1996 gingen 38 Männer zur Konferenz, und sie hoffen, dass es im nächsten Jahr noch mehr werden.

Dem Himmel sei Dank: Der »populäre« Mann bringt es fertig, andere anzuspornen.

Guter Verkäufer

Es erstaunt nicht, dass David zu einem der Topverkäufer seiner Firma wurde. Mit witzigen Einfällen gelingt es ihm, die Kunden immer wieder neu zu überraschen. Davids Gespür für die Kundschaft erklärt auch, warum alle in der Nachbarschaft die Schuhmarke seiner Firma tragen. Es liegt noch gar nicht so lange zurück, da brauchte der gesamte Partow-Clan mal wieder neue Turnschuhe. Ich rief David an und fragte, ob ich in seinem »Garagenlager« zum »Einkaufen« kommen könnte. »Klar, komm um 9.30 Uhr. Trudy und ihre Kinder kommen auch.«

Es machte Spaß in seinem Wohnzimmer die Turnschuhe anzuprobieren, und David riss dabei Witze und jagte die Kinder durch die Gegend. Ich fragte ihn, wie ein bestimmtes Paar Turnschuhe an mir aussehen würde, und er erklärte: »Du siehst zehn Pfund leichter und zehn Zentimeter größer aus.« Ich kaufte die Schuhe. Dieser Mann schafft es, Kühlschränke an Eskimos zu verkaufen …

Motiviert die Familie

Ein anderer meiner liebsten »populären« Männer ist mein iranischer Schwager Roohy. Ich erwähnte bereits, dass allein sein Erscheinen auf dem Tennisplatz ausreichte, um das Match zugunsten seines Sohnes zu wenden. Er hat die außergewöhnliche Gabe, seine Kinder zu motivieren und zu ermutigen. Er ist ganz einfach der wundervollste Vater, den ich jemals in Aktion gesehen habe. Er ist liebevoll, herzlich und aufmunternd. Für seine Kinder besteht kein Zweifel daran, dass ihr Vater davon überzeugt ist, dass sie die talentiertesten, wunderbarsten Menschen auf der ganzen Welt sind. Und ich glaube, das ist der Grund dafür, warum seine Kinder heute da sind, wo sie sind.

Als sie 1985 aus dem Iran in die Vereinigten Staaten kamen, waren die Kinder vier, sechs und sieben Jahre alt. Sie sprachen kein Wort Englisch, und sie lebten in totaler Armut. Jahr um Jahr litten sie unter finanziellen Engpässen. Aber glauben Sie, deswegen seien sie mit langen Gesichtern herumgesessen und hätten sich selbst bemitleidet? Glauben Sie, sie hätten andere dafür verantwortlich gemacht oder um finanzielle Hilfe gebeten? Nein! Sie waren die reichste Familie, die ich jemals kennen gelernt habe – wenn man Reichtum an Liebe und Freude misst. Gerade diese harte Zeit schweißte sie noch enger zusammen.

Jeden Abend nach der Schule ermunterte Roohy die Kinder, ihre Hausaufgaben wirklich gut zu machen. Er konnte keinen Ganztagesjob bekommen, sodass er ständig nach irgendwelchen Ideen suchte, um Geld zu verdienen. (Der »populäre« Mann ist ein hervorragender Verkäufer und liebt verschiedene Aufgaben.) Obwohl er sich das Leben auch gern bequem gemacht hätte, entschloss er sich, als Diskjockey zu arbeiten. Und er war so begeistert, endlich ein eigenes Geschäft zu haben und Diskjockey zu sein, dass er seine Kinder damit ansteckte und sie ebenfalls Diskjockeys wurden.

Heute sind die Kinder 19, 18 und 16 Jahre alt. Sie arbeiten zusammen mit ihrem Vater am Wochenende als Diskjockeys. Die beiden Ältesten organisieren inzwischen auch schon selbstständig Schulveranstaltungen. Alle drei gehören zu den Besten in ihrer Klasse in einer der besten Highschools von Kalifornien. Der Älteste, Dean, erhielt ein College-Stipendium, um Medizin zu studieren. Sie haben kürzlich ein Haus gekauft und ihre Zukunft sieht viel versprechend aus. Ich muss auch meine unglaublich hart arbeitende Schwägerin Jaleh lobend erwähnen. Sie arbeitete Tag und Nacht, um die Familie finanziell über die Runden zu bringen. Aber es war Roohy, der das Denken der Kinder beeinflusste und sie motivierte zu glauben: »In Amerika kannst du erreichen, was immer du willst.«

Der »populäre« Mann motiviert und inspiriert die Familie.

Schwächen des »populären« Mannes

Planlos

Wenn es um Tätigkeiten im Heimwerkerbereich geht – etwas, das die Beachtung von Details erfordert oder das Lesen einer Gebrauchsanleitung –, dann ist dieser Mann eine einzige Katastrophe. Das ist ein ernstes Problem an Weihnachten, wenn Sie mit all den Spielsachen konfrontiert werden, auf denen steht: »Nach Anweisung zusammenbauen.« Ich erwähnte gegenüber David diese kleine Schwäche, und er erzählte mir folgende Geschichte:

> Wir hatten so braune steckdosenartige Dinger. Ich glaube, man nennt sie Anschlussdosen oder so ähnlich. Ich wollte sie alle gegen weiße austauschen. Nicht gerade ein großartiges Vorhaben. Wegschrauben, neu anschrauben. Ich war davon überzeugt, dass ich das bewerkstelligen könnte. Natürlich musste ich zuerst sämtliche Sicherungen herausdrehen. Eine von denen drehte ich wohl nicht mehr richtig hinein. Als ich den Strom wieder anstellen wollte, kam es im ganzen Haus zu einem Kurzschluss.

Dann fügte er ganz locker hinzu: »... und es war Erntedankfest.«

Ich fiel fast von meinem Stuhl. Ganz klar, einem »populären« Mann konnte so etwas nur am Erntedankfest passieren. Wann sonst. Doch die Geschichte geht noch weiter:

> Wir brauchten einen Fachmann. Ich weiß nicht, ob du das weißt, aber nicht viele Elektriker arbeiten am Erntedankfest. Unsere Situation war also die: keine Heizung, kein Festessen, dafür Warten auf den Elektriker. Das Schlimmste war, dass nicht einmal das Licht im Vorgarten funktionierte. Ich hatte wirklich ganze Arbeit geleistet. Wir fürchteten nun, dass die Elektrofirma unser Haus nicht finden würde, weil sie die Hausnummer nicht erkennen konnte. Langsam wurde es kalt im Haus. Ich lief die Straße rauf und runter und fragte jeden Nachbarn, ob er sich mit elektrischen Dingen auskenne. Und schließlich fand ich heraus, dass der Onkel eines Cousins oder so ähnlich, der seinen Flug verpasst hatte, sich damit auskannte. Er sollte eigentlich gar nicht mehr hier sein. Gott sei Dank, war er es.

Sie können sich vorstellen, dass inzwischen im Haus seine Frau fast den Kältetod starb. Ich fragte David, was um alles in der Welt er sich dabei gedacht hatte, sein Heimwerkerprojekt ausgerechnet am Erntedankfest durchzuführen. Dazu meinte er: »Oh, ich hatte gerade Zeit dafür. Ich hatte einen Tag Urlaub. Und deshalb wollte ich das machen.«

Glauben Sie mir, ich habe kein Wort davon erfunden.

Kann nicht mit Geld umgehen

Obwohl der »populäre« Mann im Normalfall fröhlich ist, wird Ihnen das Lachen vergehen, wenn Sie versuchen, die geplatzten Schecks auf der Bank zu decken. Ich fragte Dan, einen anderen meiner liebsten »populären« Männer, ob er mal wieder Ärger wegen geliehenem Geld gehabt hätte, und er sagte: »Oh, ja. Fast jeden Tag. Aber meistens habe ich eine gute Ausrede.«

Wenn Ihr Mann zu diesem Temperament gehört und Sie es nicht schon bereits getan haben: Nehmen Sie diesem Mann die Kreditkarten weg. Und tun Sie das Gleiche am besten auch mit dem Scheckbuch. Und bezahlen Sie die Rechnungen selbst, von denen Sie wollen, dass sie pünktlich bezahlt werden. Obwohl es natürlich auch hier Ausnahmen gibt, können die meisten »populären« Männer nicht mit Geld umgehen.

Zum Teil liegt das Problem darin, dass sie sich um Details einfach nicht kümmern. Dinge wie Mathematik interessieren sie nicht. Außerdem macht das Regeln von Geldangelegenheiten nicht besonders viel Spaß. Und ein weiteres Problem besteht darin, dass er sich gern modisch anzieht, ein flottes Auto fährt und immer die richtige Sportkleidung trägt – egal, wie viel das kostet, und egal, ob er das Geld hat oder nicht. Unglücklicherweise lässt er nicht zu, dass so eine nebensächliche Sache wie Geldmangel seinem Glück im Wege steht.

So sagte ein »populärer« Mann einmal: »Meine Frau hält mich für verrückt, weil ich für NHL-Shirts für die Kinder 60 Dollar ausgegeben habe, wo es doch im Supermarkt Shirts für zehn Dollar gibt. Aber ich habe ihr erklärt: ›Die Kinder sollen doch gut aussehen.‹«

Er neigt dazu, impulsiv einzukaufen, und kauft dabei oftmals doppelt so viel, wie er eigentlich braucht. Wenn seine Frau ihn losschickt, ein Spielzeugauto zu kaufen, kommt er mit einem Sechserpack und einem Lastwagen zurück. Und zwar nicht mit einem billigen Lastwagen, sondern mit einer ganz bestimmten Marke. Ein Mann gab zu: »Am anderen Tag hatte meine Frau ausgerechnet, dass ich für den Tanklastzug von Thomas über 600 Dollar ausgegeben habe. Ich erklärte ihr, dass ich das Komplettset gekauft habe, weil das bestimmt eines Tages ein Sammlerstück wird, aber ich hatte nicht daran gedacht, dass das für den Moment sehr viel Geld ist.«

Er neigt genauso zu unüberlegten Einkäufen, wenn es um Spielsachen für Erwachsene geht, wie zum Beispiel Autos, Lastwagen und Boote. Meine Freundin Diane fuhr neulich für fünf Tage zu ihrer Schwester auf Besuch. Als sie zurückkam, stand ein brandneuer Lastwagen in der Einfahrt. Ihr Mann, der seit fast einem Jahr arbeitslos ist, war nur mal kurz beim Autohändler vorbeigefahren, und das Nächste, woran er sich erinnern konnte, war, dass er stolzer Besitzer des allerneuesten Modells war. Der Lastwagen wurde schließlich wieder abgeholt, weil sie die monatlichen Raten nicht bezahlen konnten.

(Anmerkung: Ich weiß, dass manche christlichen Eheberater darauf bestehen, dass der Mann für die finanziellen Dinge in der Familie zuständig sei, unabhängig von seinem Temperament. Ich bin da völlig anderer Meinung. Der Partner, der am besten dazu geeignet ist, sollte diese Aufgabe übernehmen. Die Tatsache, dass eine Frau Schecks ausschreibt und die Kontoauszüge überprüft, bedeutet nicht, dass sie die Autorität ihres Mannes untergräbt. Es bedeutet nur, dass sie ihm und der ganzen Familie hilft, indem sie die ihr von Gott gegebenen Fähigkeiten benutzt.)

Schlechter Menschenkenner

Weil der »populäre« Mann ein ewiger Optimist ist, der immer von anderen Menschen nur das Beste erwartet, neigt er dazu, ein schlechter Menschenkenner zu sein. Da ihm ein solches Verhalten unbekannt ist, merkt er nicht, wenn andere ein falsches Spiel treiben. Deshalb kann es passieren, dass er sich mit Betrügern, falschen Lehrern oder anderen skrupellosen Leuten einlässt.

Jake war seiner Gemeinde und besonders deren dynamischem Pfarrer sehr ergeben. Er versah Dienst als Diakon und verbrachte viel Zeit damit, den Pfarrer zu unterstützen. Er vertraute ihm. Er glaubte an ihn. Dann verschwand der Pastor eines Tages mit der Organistin. Jake war am Boden zerstört. Er war in einem jüdischen Elternhaus aufgewachsen, und ich werde nie vergessen, was er sagte: »Ich habe mich vierzig Jahre lang in der Synagoge engagiert, und der Rabbi ist niemals mit irgendjemandem abgehauen. Ich glaube noch immer, dass Jesus der Messias ist, aber mit der Kirche möchte ich nichts mehr zu tun haben.«

Wie bei den meisten »populären« Typen hielt die Entmutigung bei Jake nicht sehr lange an. Als Optimist von Natur aus hat er eine neue Gemeinde gefunden, und nachdem seine Wunden verheilt waren, entwickelte er für den neuen Pfarrer die gleiche Begeisterung, wie er sie für den untreuen alten gehabt hatte. Allerdings kann es vorkommen, dass diese Männer, wenn sie oft enttäuscht wurden, zynisch werden. Nichts könnte schlimmer sein. Wenn solch ein Mann zynisch wird, dann verliert er sein Bestes – seine gewinnende und vertrauensvolle Natur –, das, was Menschen zu ihm hinzieht und ihn so einzigartig macht.

Unstetig

Wir wundern uns oft, warum wir so viele Geschichten darüber hören, dass ein Pfarrer mit der Organistin durchbrennt. Das ist schon fast ein Klischee. Aber wenn man die Temperamente versteht, sieht man, dass das gar nicht so erstaunlich ist.

Es beginnt damit, dass ein dynamischer, unterhaltsamer junger Mann (offensichtlich ein »populärer« Typ) feststellt, dass sein erzählerisches Talent es ihm ermöglicht, die Bibel zum Leben zu erwecken. Die Leute drängen in seine Sonntagsschulgruppe, und es bilden sich kleinere Grüppchen, die von ihm unterhalten werden. Er beschließt, Pfarrer zu werden und zieht mit seinen lebendigen, inspirierenden Predigten viele Leute an. Das macht Freude und alles ist gut. Er heiratet die »perfekte« Frau, und es wird noch besser.

Dann beginnt die Last, eine »Gemeinde am Laufen zu halten« auf seinen Schultern zu drücken. Er muss sich um viele Details kümmern. Er muss endlos den Problemen anderer Menschen zuhören. Er muss Streitigkeiten schlichten und in langen Besprechungen sitzen. Keines dieser Dinge gehört zu seinen wirklichen Stärken. Der Druck wächst immer weiter an. Das hatte er sich unter Pfarrersein nicht vorgestellt. Er fühlt sich als Versager. Inzwischen ist die »perfekte« Ehefrau mit diesem Exemplar von Mann, das sie heiratete, absolut unzufrieden. Das Leben macht keinen Spaß mehr. Niemand schätzt ihn. Niemand akzeptiert ihn so, wie er ist – natürlich mit Ausnahme der Organistin.

Mehr als jedes andere Temperament ist der »populäre« Ehemann unbeständig. Der folgende Abschnitt erklärt, warum.

Was Ihr »populärer« Mann am meisten von Ihnen braucht

Wenn Sie das nicht bereits schon wissen – der Wahlspruch Ihres Mannes ist: »Gehen wir den einfachsten Weg.« Was Sie vielleicht aber noch nicht bemerkt haben, ist sein großes emotionales Bedürfnis nach Aufmerksamkeit, Zuneigung, Zustimmung und Annahme.*

Wenn diese Bedürfnisse nicht befriedigt werden, dann wird aus einem ganz normalen Mann, der gerne Spaß hat, ein ernsthaft depressiver Mensch. Hier deshalb einige Tipps, wie Sie gegenüber seinen Bedürfnissen sensibler werden können.

Aufmerksamkeit

Ihr Mann hat das brennende Bedürfnis, im Zentrum der Aufmerksamkeit zu stehen. Er will, dass Sie seinen Geschichten zuhören und darüber lachen, auch wenn Sie sie schon tausendmal gehört haben. Wenn er von der Arbeit nach Hause kommt, dann möchte er Ihnen all die unglaublichen Dinge erzählen, die den Tag über geschehen sind. Die unvorstellbarsten Dinge passieren dem »populären« Mann. Er ist ein wahrer Magnet für Außergewöhnliches. Wenn Sie wollen, dass er sich wohl fühlt, dann nehmen Sie sich Zeit, setzen sich und hören ihm zu.

Neben dem Wunsch, die Aufmerksamkeit seiner Frau zu erringen, versucht er aktiv, auch die Aufmerksamkeit Außenstehender auf sich zu ziehen. Wenn Sie ihn ständig dafür kritisieren, dass er Geschichten erzählt und dabei hoffnungslos übertreibt, dann könn-

* Florence Littauer und Marita Littauer, Personality Puzzle (Grand Rapids: Revell 1992), S. 201.

ten Sie möglicherweise seinen angeborenen Optimismus in die Knie zwingen und ihm den Wind aus den Segeln nehmen. Vielleicht denken Sie: »Das wär ja prima. Vielleicht wird er dann seriöser und ein bisschen ruhiger.« Und vielleicht haben Sie das Gefühl, dass Sie ihn dann im Griff hätten. Aber das kann für Sie zu einer unliebsamen Überraschung werden. Anstatt die Stärken der anderen Temperamente zu entwickeln (wozu Ihre Kritik ihn antreibt), entwickelt er die Schwächen der anderen Temperamente.

Wenn er den Weg, den Sie ihm vorgeben, gehen muss, wird er unglücklich und depressiv wie der »perfekte« Mann, unmotiviert wie der »friedfertige« Mann und total arbeitssüchtig wie der »tatkräftige« Mann.

Anstatt zu versuchen, aus Ihrem Mann etwas zu machen, das er nicht ist, sollten Sie ihn so akzeptieren, wie er ist. Ja, er ist chaotisch, laut und gutgläubig. Ja, er ist zu vertrauensvoll, und ja, es wäre einfach wunderbar, wenn er besser organisiert wäre und den Details mehr Beachtung schenken würde. Aber wenn Sie immer weiter auf ihn einschlagen, kann ich Ihnen schon jetzt versprechen, dass Ihnen das Ergebnis nicht gefallen wird.

Jahrelang arbeitete Joanna intensiv daran, ihren Mann dazu zu bringen, sich hinzusetzen und den Mund zu halten. Sie erinnerte ihn ständig an Verse aus der Bibel, die etwas über das Inzaumhalten der Zunge aussagten. Als sie von einer Einladung zurückkamen, bei der Dan im Mittelpunkt stand, bestrafte Joanna ihn mit Missachtung und Schweigen. Schließlich lernte er es, zu schweigen, wenn er eigentlich etwas Nettes hätte sagen wollen. In diesen Fällen entdeckte Dan, dass er seine Zunge wirklich im Zaum halten konnte. Aber wenn er etwas Negatives oder Gedankenloses sagen wollte, schaffte er das nicht.

Denken Sie darüber einmal einen Moment lang nach. Vorher sprach Dan die ganze Zeit. Er erzählte eine Menge verrückter Geschichten und Witze und war stets der Mittelpunkt. Sicherlich trat er auch manchmal ins Fettnäpfchen und sagte Dinge, die die Leute nicht hören wollten. Aber die Leute vergaben ihm seine kleinen »Ausrutscher«, weil all die netten, liebenswürdigen Dinge, die er sagte, das ausglichen.

Was geschah, als Dan aufhörte, Witze und Geschichten zu erzählen und nur dann sprach, wenn er seinen Mund absolut nicht mehr halten konnte? Das Einzige, was die Leute jetzt noch von ihm hörten, waren seine »Ausrutscher«. Als Ergebnis davon wurde er extrem unbeliebt. Für den »populären« Typen ist das das Schlimmste überhaupt. Die Veränderung fand langsam über einen Zeitraum von mehreren Jahren statt. Aber am Ende war er ein zurückgezogener, verbitterter Mensch. Der früher heitere und selbstsichere Mann war gesellschaftlich unsicher geworden. Der ehemalige Partygänger blieb nun Tag für Tag in seinem Büro und arbeitete rund um die Uhr. Eine Familie, die früher mindestens zweimal pro Woche Gäste zu Besuch hatte, öffnete nun ihre Türen für niemand mehr.

Die Wahrheit dämmerte diesem Ehepaar schließlich, als sie den Persönlichkeitstest machten und er fast alle Schwächen des »perfekten« Mannes aufwies: schüchtern, unversöhnlich, ärgerlich, unsicher, unbeliebt, pessimistisch, befremdlich, zurückgezogen, depressiv, einzelgängerisch usw. Sie konnten es nicht glauben! Er hatte keine der Stärken, und sie wussten beide, dass er kein »perfekter« Typ war. Kurzum, seine Persönlichkeit war ernsthaft geschädigt worden.

Dieses Ehepaar arbeitet nun daran, Dans Selbstvertrauen wiederherzustellen und die Bruchstücke der von Gott gegebenen Persönlichkeit wieder zusammenzusetzen. Ein Großteil dieser Schädigung seiner Persönlichkeit war von einer Frau verursacht worden, die ständig auf ihren Mann eindrang, um ihn zu ändern, und ihn ermahnte, den Mund zu halten. Bitte machen Sie das nicht mit Ihrem Ehemann! Konzentrieren Sie sich stattdessen auf seine Stärken, beten Sie jeden Tag, dass Gott ihm hilft, seine Schwächen zu überwinden, und bemühen Sie sich, sein Bedürfnis nach Aufmerksamkeit zu befriedigen.

Will ich damit nun sagen, dass all diese Probleme nur die Schuld der Frau sind und der Mann ein armes, hilfloses Opfer dieser furchtbaren Frau ist? Bestimmt nicht. Er ist erwachsen, fähig, seine eigenen Entscheidungen zu treffen. Man darf auch nicht außer Acht lassen, dass sein Verhalten ihr gegenüber manchmal schon recht beleidigend war. Wenn ich ein Buch für Männer schreiben würde,

würde ich ausführlich auf die Neigung des »populären« Typs einzugehen, seine Frau in Verlegenheit zu bringen, und ihn über ihr Bedürfnis nach Stabilität und Würde aufklären. Aber, meine Damen, ich schreibe für Sie! Sie werden es nicht fertig bringen, Ihren Mann so zu verändern, wie Sie ihn gerne hätten (Gott weiß, dass wir das alle schon versucht haben), aber mit der Hilfe Gottes können sie vertrauensvoll daran arbeiten, Veränderungen in ihrem eigenen Herzen und Denken zu erreichen.

Zuneigung

Dieses Bedürfnis muss eigentlich nicht näher erläutert werden! Ihr Mann braucht eine Menge Umarmungen und Küsse. Das kann zu einem Problem werden, denn oftmals heiratet er eine »perfekte« Frau, die von Natur aus nicht so emotional ist. Beginnen Sie mit Wangenküssen. Auch wenn das bedeutet, dass Ihr Make-up verwischt oder Ihre fehlerlos gebügelte Kleidung zerknittert, umarmen Sie diesen Mann!

Zustimmung

Wenn Ihr Mann im Verkaufsbereich arbeitet, ist er wahrscheinlich sehr erfolgreich. Aber wenn er einen Job hat, der eine Beachtung von Details oder andere technische Fähigkeiten erfordert, die ihm fehlen, dann fühlt er sich als ein Versager. Auch wenn er nicht der Firmenchef ist, will er doch wissen, dass Sie seine Karriere und seine Unternehmungen positiv bewerten. Loben Sie ihn, wenn er ein Geschäft abgeschlossen hat oder auch wenn er jeden Monat das Gehalt nach Hause bringt.

Wenn Sie ihm Ihre Zustimmung vorenthalten, wird Ihr Mann Menschen finden, die ihn bestätigen, auch wenn er dadurch eventuell unter oftmals negativen Einfluss von Leuten an seinem Arbeitsplatz gerät, wofür er extrem anfällig ist. Dann wird er einer von ihnen werden, wird mit ihnen trinken und mit Frauen im Büro flirten. Er wird der Mann sein, der in der Kirche den Herrn laut preist (weil ihm das Zustimmung einbringt), und dann im Büro sich von einer ganz anderen Seite zeigt (weil ihm das Zustimmung einbringt). Indem Sie ihn bestätigen, helfen Sie ihm, seine Schwächen zu überwinden.

Annahme

Das ist das bei weitestem größte Bedürfnis Ihres Mannes. Er braucht die absolute Gewissheit, dass Sie ihn annehmen mit all seinen Fehlern. Anstatt ihn zu kritisieren und ihn für seine Schwächen zu verurteilen, helfen Sie ihm. Helfen Sie ihm die Garage und die Schränke einzuräumen. Gehen Sie am Wochenende in sein Büro (vielleicht einmal im Vierteljahr) und helfen Sie ihm, seine Arbeit zu organisieren. Nehmen Sie eine Kopie seines Terminkalenders mit nach Hause, und rufen Sie ihn an, um ihn an wichtige Termine zu erinnern.

Wenn Sie dies mit einem dienenden Herzen anstatt mit nörgelnder Stimme tun, wird er Sie dafür umso mehr lieben. Er wird bemerken, wie sehr er Sie braucht und wie viel Glück er hat, sie zu haben. Wie mein Mann es immer ausdrückt, ist der Schlüssel dazu: »Auf eine hilfreiche Weise helfen.« Wenn er sich von Ihnen herumkommandiert fühlt, können Sie sicher sein, dass er das nicht zu schätzen weiß. Aber wenn er sieht, dass Sie ihn akzeptieren, wie er ist, und ihm sogar noch helfen, werden diese Bemühungen ihn für Sie einnehmen.

Wenn er von Ihnen keine Annahme erfährt, dann dürfen Sie sich nicht wundern, wenn er sich diese woanders holt. Dann verbringt er seine ganze Zeit bei der Arbeit, beim Basketball, mit seinen Freunden oder in einer Gaststätte. Wenn Sie und Ihr Mann beide Christen sind und er in der Gaststätte herumhängt, dann sollte bei Ihnen die Warnleuchte angehen. Aber denken Sie daran, auch nach anderen, subtileren Anzeichen dafür zu suchen, dass den Bedürfnissen Ihres Mannes wohl mehr außer Haus entsprochen wird. Wenn er zum Beispiel unverhältnismäßig viel seiner freien Zeit damit verbringt, ehrenamtlich in der Gemeinde mitzuarbeiten, dann bekommt er von Ihnen vielleicht nicht genug Anerkennung, Zustimmung oder Akzeptanz. Wenn Ihr Mann ständig darauf bedacht ist, anderswo, anstatt bei Ihnen zu Hause zu sein, dann sollten Sie sich die Zeit nehmen, über Ihre Beziehung nachzudenken. Kann es sein, dass er sich von Ihnen nicht so angenommen fühlt, wie er ist?

Ich möchte Sie nicht unnötig aufregen, und ich möchte damit keineswegs zum Ausdruck bringen, dass jeder »populäre« Ehemann sich Hals über Kopf in eine Affäre stürzen wird. Allerdings denke ich, dass es unverantwortlich von mir wäre, Sie nicht auf die wichtigen emotionalen Bedürfnisse, die Ihr Mann hat, aufmerksam zu machen. Ich habe mit genug Frauen gesprochen, um zu wissen, dass es für einen emotional verletzten »populären« Mann nicht ungewöhnlich ist, sich einer anderen Frau zuzuwenden, die ihm Aufmerksamkeit, Zuneigung, Zustimmung und Annahme schenkt, wonach er sich so sehr sehnt.

Natürlich sollten Sie ihn dazu ermutigen zu wachsen – geistig und geistlich. Sie lieben ihn zu sehr, um ihn auf dem Stand zu lassen, auf dem er jetzt ist. Streben Sie an, dass er das Bestmögliche in seinem eigenen Interesse aus sich macht, aber akzeptieren Sie ihn so, wie er ist, und versichern Sie ihm immer wieder, dass Sie ihn trotz seiner Schwächen lieben. Wenn Sie einen solch lustigen Menschen geheiratet haben, dann genießen Sie das Zusammenleben mit ihm.

8. Der perfekte Mann

Haben Sie einen Mann, der Begabung ausstrahlt? Einen sehr einfühlsamen Mann, der sich selbst aufopfert? Einen treuen Freund, der nie sich ins Rampenlicht stellt, sondern auch andere gelten lässt? Ein Perfektionist, der die schönen Künste zu schätzen weiß? Wenn Sie einen »perfekten« Mann geheiratet haben, sind Sie eine Partnerschaft mit einem außergewöhnlichen Mann eingegangen. Tatsache ist, dass so gut wie alle großen Künstler, Komponisten, Philosophen, Erfinder und Theoretiker auf der Welt dieses Temperament besitzen. Die Bibel ist voll von perfekten Männern, zum Beispiel Jakob, Mose, Salomon, Elia, Elisa, Jeremia, Jesaja, Daniel, Hesekiel, Obadja, Jona, Johannes der Täufer und die Apostel Johannes und Thomas. Eine richtige Ruhmeshalle, meinen sie nicht?

Der perfekte Mann ist derjenige, den man als Zweiten in einer Menschenmenge bemerkt, aber nicht, weil er laut ist. Im Gegenteil: Er ist sehr ruhig. Er spricht sehr sanft, weil er keine Aufmerksamkeit auf sich lenken will. Manchmal spricht er sogar so leise, dass man ihn bitten muss, das Gesagte noch einmal zu wiederholen. Seine Kleidung ist dezent: Er entscheidet sich für einen unauffälligen, traditionellen Stil und Farben wie marineblau und grau. Das sind die Männer, die 20 graue Anzüge im Kleiderschrank haben, und wenn Sie sie fragen, was sie sich zu Weihnachten wünschen, antworten sie: »Einen grauen Anzug.« Während der populäre Mann offen ist, ist der perfekte Mann verschlossen. Für gewöhnlich redet er nicht viel, und wenn, dann nur über wichtige Dinge. Er will Ihnen keine Storys erzählen, sondern Fakten vermitteln. Auch seine Körpersprache drückt diese Verschlossenheit aus: Er hält die Hände dicht an seiner Seite und gestikuliert kaum. Und außerdem macht er sein Leben nicht öffentlich zugänglich. Er wird sich nicht nur weigern, private

Details seines Lebens mit Fremden zu teilen, er wird auch seine Frau nicht an seinem innersten Wesen teilhaben lassen.

Stärken des »perfekten« Mannes

Durchorganisiert

Ein todsicherer Weg, schnell festzustellen, ob Ihr Partner diesem Temperament entspricht oder nicht, ist, seinen persönlichen Platz anzuschauen: sein Auto, sein Büro, seinen Schrank und so weiter. Wenn alles sauber und ordentlich ist, haben Sie einen perfekten Mann geheiratet. Am schnellsten geht es, wenn Sie sich seine Garage anschauen. Wenn sie besser aussieht als Ihr Wohnzimmer, wissen Sie, dass sie es herausgefunden haben. Nur zum Spaß ging ich in der Nachbarschaft umher und guckte in die Garagen, wenn sich eine Gelegenheit dazu bot. Die Garage des »perfekten« Mannes ist oft offen, weil »Herr Perfekt« hier herumputzt. (Lesen Sie im nächsten Abschnitt weshalb!) Ich sah eine Garage, die von Wand zu Wand mit Teppichboden ausgelegt war, wunderschöne gerahmte Bilder hingen an den Wänden und Vorhänge an den Fenstern. Die Schraubenzieher und andere Werkzeuge waren in säuberlicher Reihenfolge in einem Regal verstaut. Auf dem Fußboden der einen Garagenseite standen weiße Schränke, die bis an die Decke reichten, während an den anderen zwei Seiten hohe Regale für Dosen und Ähnliches angebracht waren. Selbstverständlich waren auch diese Dosen ordentlich aufgereiht, mit Etiketten beschriftet und nummeriert, sodass er in der Lage war, unter den 57 Dosen sofort die richtige zu finden. Es gab dort sogar ein Waschbecken, damit er seine Hände waschen kann, bevor er zurück ins Haus geht.

Wir halten unsere Garagentür übrigens immer geschlossen, weil wir sonst so leicht in Verlegenheit kommen. Das Komische ist, dass wir nicht annähernd so viele Dinge wie die meisten unserer Nachbarn zum Aufbewahren haben, aber wir haben niemals eine Regelung getroffen, was wir eigentlich aufbewahren wollen und müssen. Alles wird einfach in Haufen irgendwo auf den Garagenboden geworfen. Natürlich beschämt das meinen Mann und mich wirklich sehr, aber nicht genug, um damit aufzuhören und etwas zu ändern. Das bringt mich zu einem wichtigen Gesichtspunkt: Mein Mann ist bei der Arbeit der »perfekte« Typ, aber zu Hause zu einhundert Prozent der »friedfertige«. Sein Büro ist ordentlich und durchorganisiert, aber sein Schreibtisch zu Hause ist eine Katastrophe. Der »perfekt-friedfertige« Ehemann kommt völlig fertig von der Arbeit nach Hause. Er ist ein typischer Stubenhocker. Er kann Männer nicht verstehen, die jeden Tag bei der Arbeit große Projekte abwickeln müssen und dann nach Hause kommen und Tennis spielen. (Das bringen nur »tatkräftige« Männer fertig!) Wenn Sie einen »perfekt-friedfertigen« Ehemann erwischt haben, dann haben Sie solche Tendenzen wahrscheinlich auch schon bemerkt.

Praktisch

Der »perfekte« Mann ist ein echter Heimwerker. Einer meiner Nachbarn ist Anwalt, aber ich sehe ihn oft in seiner perfekt aufgeräumten Garage mit seinen Maschinen Bücherbretter, Regale und solche Dinge zusammenbauen. Es ist ideal, so jemanden an der Hand zu haben, wenn Heiligabend ist oder man sich einen neuen Computer kaufen will. Wann immer diese lästigen Gebrauchsanweisungen irgendwo auftauchen, sollten Sie sich besser schnell nach einem »perfekten« Mann umschauen. Er ist bestimmt der Einzige, der sie wirklich liest. Ja, er liebt es sogar, Gebrauchsanweisungen zu studieren. Meine Freundin Joan erzählte mir, dass, als sie ein neues Auto gekauft hatten, sich ihr Mann hinsetzte und das gesamte Heft mit den Anweisungen las, bevor er jemandem erlaubte, mit diesem Auto zu fahren.

Diese Männer lieben Tabellen. Als unsere Nachbarn Bob und Debbie ihr erstes Kind von der Klinik nach Hause brachten, legte Bob eine Tabelle an, um darin alles über das Baby festzuhalten: von den Stunden, die es geschlafen hat, bis hin zur täglichen Anzahl der verbrauchten Windeln. Debbie berichtet, dass sie eine riesengroße weiße Tafel im Schlafzimmer haben, auf der er Tabellen über ihre

Ausgaben, Schulden und den Fortschritt bei der Tilgung der Schulden führt. Wann immer sie eine familiäre Entscheidung treffen müssen, holt er seine Tafel und erstellt eine Tabelle mit den Vor- und Nachteilen.

Der »perfekte« Mann hat stets seinen Tagesplaner bei sich, in den er sorgfältig geschäftliche Ausgaben, Kilometergeld und sogar die Lebensmittel einträgt, die besorgt werden müssen, eben alles, was man in Tabellenform auflisten kann.

Aufopfernd

Viele »perfekte« Männer werden süchtig. Sie arbeiten rund um die Uhr, damit es ihrer Familie an nichts fehlt – weder an den schönsten Kleidern, den besten Schulen und anderem. Sie überschütten ihre Frauen mit edlen Schmuckstücken, die sie anlässlich eines Feinschmeckeressens überreicht bekommen. Aber sie opfern sich nicht nur für ihre Familie, sondern ebenso auch für ihre Freunde auf. Ich erwähnte schon weiter vorne, dass einer unserer Nachbarn, ein »perfekter« Mann, eine äußerst gut gehende Firma besitzt, die Wohnmobile verkauft. Eines Tages rief aus heiterem Himmel seine Frau bei uns an, um uns zu sagen, dass ihr Mann der Meinung sei, wir hätten einen kostenlosen Urlaub in einem seiner Wohnmobile nötig. Als wir das 150 000 Dollar teure Gefährt abholten, wollte er keinen einzigen Penny annehmen. Im Gegenteil: Er füllte uns noch kostenlos den Tank. Das hat er schon mit vielen Ehepaaren in der Nachbarschaft so gemacht.

Wenn in der Kirche einmal kein Raum für die Sonntagsschule zur Verfügung steht, dann fährt dieser umsichtige Mann am Sonntagmorgen eines seiner Wohnmobile auf den Parkplatz bei der Kirche und erlaubt, dass dieser als Klassenzimmer benutzt wird. Als eine Freundin in einer familiären Krise steckte, bezahlte er einen christlichen Berater, damit dieser ihr da hindurchhelfen würde. Wann immer in der Kirche oder in der Nachbarschaft eine Notsituation entsteht, ist er der Erste, der eine großzügige Spende macht und seine Hilfe anbietet. Er ist wohl die aufopferndste Person, die ich kenne.

In seinem Buch *Transformed Temperaments* [Dein Temperament in Gottes Hand] beschreibt Dr. Tim LaHaye diese Neigung: »Es scheint für einen ›perfekten‹ Menschen leichter zu sein, die Heuchelei und die vergänglichen Dinge, die die Welt bietet, zu erkennen, und den Schwerpunkt auf die ewigen Dinge zu legen. Ich konnte feststellen, dass viele Missionare, die ins Ausland gingen, zu einem überdurchschnittlich hohen Prozentsatz dem [perfekten] Temperament entsprachen. Dies erklärt die Tatsache, dass viele begabte Missionare bereit sind, auf Annehmlichkeiten und Besitz in diesem Leben zu verzichten, um Jesus Christus zu dienen.« *

Fest im Glauben

Wenn ein »perfekter« Mann sein Leben Christus übergibt, wird er für gewöhnlich zu einem Pfeiler seiner Kirche. So wie er andere Gebrauchsanweisungen studiert, widmet er sich dem Studium der ultimativen Gebrauchsanweisung: der Bibel. Unser Freund Jack wurde während seines Ruhestandes Christ. Wir brachten ihm eine Bibel, und als wir ihn zwei Wochen später wieder trafen, hatte er bereits von 1. Mose bis 2. Samuel gelesen. Der »perfekte« Mann kennt seine Bibel in- und auswendig. Seine Theologie ist unanfechtbar. Nicht lange, und er wird Sonntagsschulklassen unterrichten. Es kann sogar sein, dass er sich entschließt, ein Seminar zu besuchen, um sein Verständnis des Wortes Gottes zu vertiefen oder um Pastor zu werden.

* Tim LaHaye, Transformed Temperaments (Wheaton, IL: Tyndale) 1993, S. 163.

Schwächen des »perfekten« Mannes

Einschüchternd

Ich möchte Sie gerne etwas mehr in die Arbeit an diesem Buch mit hineinnehmen. Das Schreiben ging mir leicht von der Hand, ich hatte gute Geschichten auf Lager (ich hoffe zumindest, dass Sie Ihnen gefallen) und tippte hundert Wörter pro Minute in den Computer. Ich hatte viel Spaß dabei und – ehrlich gesagt –, es erschien mir fast zu leicht. Dann kam ich an das Kapitel über den »perfekten« Mann, und von da an ging nichts mehr. Ich habe wochenlang nicht mehr an dem Manuskript gearbeitet. Warum? Weil keine einzige Frau, die ich kannte und die mit einem »perfekten« Mann verheiratet war, bereit war, mit mir über ihren Ehemann zu sprechen.

Man kann ja noch verstehen, dass eine Frau nicht gerne über die Schwächen ihres Ehemannes spricht, aber ich konnte diese Frauen nicht einmal dazu bewegen, über seine Stärken zu reden. Ich war verwirrt. Schließlich erklärte es mir eine Frau folgendermaßen: »Wenn ich über die Stärken meines Mannes spreche und sage, dass er in diesem Bereich hervorragend ist, dann bedeutet das, dass er auch die Schwächen des ›perfekten‹ Mannes hat.«

»Und?«, fragte ich.

»Und«, erläuterte sie, »er will in keinster Weise mit irgendwelchen Schwächen in Verbindung gebracht werden. Er glaubt, dass er absolut perfekt sein muss, und fürchtet, dass alles, was weniger ist, nicht gut genug ist.«

»Oh«, konnte ich da nur sagen, obwohl ich es noch nicht ganz begriffen hatte. Nach meiner Auffassung haben wir alle Schwächen, und das ist doch nichts Tragisches. Aber dann begann ich zu verstehen: Für den »perfekten« Mann sind Schwächen – also alles, was weniger als perfekt ist – ein riesiges Problem. Für ihn ist das Grund genug, um völlig niedergeschlagen zu sein. Aber auch genug, um einen solchen Mann wütend und rachsüchtig zu machen und zu bewirken, dass er sich zurückzieht.

Die Furcht davor, dass ihre Männer eines Tages über dieses Buch *für Frauen* stolpern, es zur Hand nehmen und so weit lesen könnten, dass sie entdecken, dass es neben den positiven Eigenschaften auch negative an ihnen gibt, brachte die ansonsten eher gesprächigen Frauen zum Verstummen. Ich dachte mir: »Bin ich froh, dass die ›perfekte‹ Seite meines Mannes durch seine sanfte ›friedfertige‹ Seite mehr als ausgeglichen wird.«

Aufgrund ihrer Neigung zur Perfektion kann es sehr schwer sein, mit diesen Männern zusammenzuleben. »Perfekte« Männer sind der Meinung, dass Perfektionismus vor allem anderen zu kommen hat. Die, die mit solchen Männern zusammenleben, wissen, dass Perfektionismus, wenn er zum Extrem neigt, was er häufig tut, zu den Schwächen des »perfekten« Mannes zählt.

Pessimistisch

»Nein« scheint das Lieblingswort des »perfekten« Mannes zu sein. Er ist ein großer Fan von Ausdrücken wie »Niemals. Das ist unmöglich. Das wird nie funktionieren. Wie kommst du auf diese Idee? Wie um alles in der Welt kannst du das glauben? Eine absolut verrückte Idee.«

Jetzt sind Sie im Bild. Bei jedem tollen Vorschlag, den Sie machen, bringt er ein Dutzend Gründe vor, warum Ihre Idee völlig idiotisch ist. Er ist der ewige Pessimist, der die Welt nur Grau in Grau sieht.

Sie haben ihn geheiratet, weil er der starke, stille Typ war. Aber nun erkennen Sie: »Dieser Mann spricht überhaupt nicht mit mir.« Die ständige Stille ist nicht so romantisch, wie sie in den alten John-Wayne-Filmen dargestellt wird. Im realen Leben ist er auch gar nicht so stark. Er ist mehr der mürrisch-stille Typ. Seine ständig schlechte Laune enthüllt eine tiefe innere Schwäche, die sich als Stärke verkleidet hat.

Er träumt davon, die perfekte Familie und den perfekten Job zu haben. Wenn dann das Leben nicht so perfekt ausfällt oder seine Ansprüche nicht zu verwirklichen sind, zieht er sich in sich selbst zurück, wird ärgerlich und pessimistisch. Wenn Sie ihn fragen, was los ist, bekommen Sie immer die gleiche Antwort: »Nichts.« Sie wundern sich dann: »Wenn nichts los ist, warum hat er dann ständig eine so miese Laune?« Da er oft eine »populäre« Frau heiratet, ist ihr Leben weder perfekt, noch macht es Spaß.

Abwertend

Hätten Sie gerne einen Mann, der immer alles kritisiert, was sie tun? Einen Mann, der Ihnen deutlich macht, dass alles, was Sie jemals getan haben, niemals gut genug war, um seinen Ansprüchen zu genügen? Ist das nicht demoralisierend?

Wenn der »perfekte« Mann nicht aufpasst, dann kann er das Wesen seines Kindes mit seiner ständigen Kritisiererei und seinem Hang zur Perfektion zerstören. Interessanterweise ist der »perfekte« Mann, wenn es ums Austeilen geht, nicht zimperlich, aber selbst einstecken mag er nichts. Er will jeden kritisieren, aber wenn er selbst kritisiert wird, dann verschwindet er einfach von der Bildfläche. Kurz gesagt, er kann auf emotionalem Gebiet ein echter Tyrann werden.

Mit einem »perfekten« Mann zu leben, ist wie das Leben mit einem Filmkritiker, der glaubt, dass das ganze Leben ein Film ist. Unglücklicherweise wird in seiner Familie aber niemals jemand positiv beurteilt. Alles, was er tut, ist kritisieren, kritisieren und noch mal kritisieren. »Er kritisiert ständig meinen Haushalt, aber er selbst rührt keinen Finger. Er setzt sich gemütlich hin, begutachtet meine Arbeit und tischt mir alles auf, was ich falsch gemacht habe.«

Mit seiner Frau verfährt er sehr streng. Ihr Hausputz ist nicht gut genug. Die Methoden ihrer Kindererziehung sind nicht gut genug. Ihr Kochen ist nicht gut genug. Sie teilt sich das Geld nicht gut genug ein. Die Liste geht endlos weiter. Tag für Tag, egal bei welchem Anlass, macht er seiner Frau deutlich, dass sie seinen Anforderungen nicht genügt. Auf die gleiche Art und Weise wie zu Hause begutachtet er auch alles bei der Arbeit. So achtet er auf jedes Manko, das irgendwo auftritt.

Hypochondrisch

Wie Sie sich vielleicht vorstellen können, häuft sich so eine ganze Menge an Groll, Bitterkeit und Ärger in dem »perfekten« Mann an, und beginnt seine Gesundheit anzugreifen. Wenn er darauf seine ganze Aufmerksamkeit richtet, dann kann es passieren, dass Sie einen Mann haben, der sich nur noch mit den Funktionen seines Körpers beschäftigt. Er beobachtet sich ständig selbst, um zu sehen, ob etwas nicht in Ordnung ist. Unter diesen Umständen können Sie sicher sein, dass er vieles entdeckt, was nicht normal ist. »Liebes, kannst du dir das einmal anschauen?« »Schatz, ich glaube, ich werde bald sterben.« Mit der Zeit kann das eine Frau ganz schön fertig machen – wenn ich es mir recht überlege, sogar in sehr kurzer Zeit.

Was Ihr »perfekter« Mann am meisten von Ihnen braucht

Jetzt wissen wir also, dass der Wahlspruch Ihres Mannes ist: »Mach es richtig.« Obwohl sein größtes Bedürfnis darin besteht, dass alles perfekt gemacht ist, hat er auch einige emotionale Bedürfnisse, die Sie beachten sollten. Er braucht ein »Gefühl der Stabilität, einen Platz, der nur ihm gehört, und Einfühlungsvermögen«*. Wir wollen uns das nun der Reihe nach anschauen.

Stabilität

Das Bedürfnis Ihres Mannes nach Stabilität zeigt sich oft schon in seiner Leidenschaft für Organisation und Planen. Er will, dass Dinge auf eine bestimmte Art und Weise gemacht werden, jeden Tag zur gleichen Zeit. Für ihn schafft das die Stabilität in seinem Leben. Sie haben vielleicht auch bemerkt, dass es für ihn aufregend ist, etwas zu analysieren und dann herauszufinden, wie man es noch besser

* Personality Puzzle, S. 202.

machen kann. Aus diesem Grund fühlt er sich ständig dazu berufen, Sie zu organisieren. Deshalb organisiert er die Küche neu und schreibt Schildchen, auf denen steht, in welchem Regal sich was befindet (oder er versucht Sie davon zu überzeugen, dass alles auf der Welt in Ordnung wäre, wenn nur Sie einmal etwas Derartiges machen würden). Obwohl es hart ist, selbst wie ein Projekt, das durchgeführt werden soll, behandelt zu werden, sollten Sie versuchen, es nicht allzu schwer zu nehmen. Es ist nicht so, dass er Sie nicht liebt. Er sucht nur nach Stabilität. Und eine Frau, die einen etwas konfusen Lebensstil und einen ebensolchen Haushalt hat, macht ihn verrückt.

Möglicherweise sehnen Sie sich nach genau dem Gegenteil. Sie sehnen sich nach Veränderungen. Und ich wette, Sie haben schon manchmal heimlich versucht, an diesem lieben, trägen Mann, der Dinge immer auf dieselbe Art und Weise tut, etwas zu verändern. Widerstehen Sie der Versuchung. Er möchte die Dinge in erprobter Manier machen. Wenn Sie ihn glücklich machen wollen, dann versuchen Sie, ihm ein stabiles häusliches Umfeld zu schaffen.

Persönlicher Platz

Ihr Mann braucht seinen Freiraum. Einen Platz, der nur ihm gehört. Einen Platz, der für Sie und die Kinder streng verboten ist. Vielleicht haben Sie ein kleines Haus, und einen solchen Platz abzuzweigen ist ein großes Opfer.

Gut.

Im Ernst?

Ja, Sie haben richtig verstanden. Ich sagte: »Gut.« Auf diese Art und Weise müssen Sie doppelt so hart denken, planen, beten und arbeiten wie eine Frau mit einem großen Haus. Wenn Ihr Mann sieht, wie Sie sich darum bemühen, ihm seinen persönlichen Freiraum zu schaffen, dann bedeutet ihm das umso mehr.

Es kann zum Beispiel bedeuten, dass Sie Ihren einzigen Vorratsraum opfern. Oder Sie können im Wohn- oder Schlafzimmer eine Ecke für ihn mit einer spanischen Wand abtrennen. Eine andere

Möglichkeit, die Sie in Erwägung ziehen können, ist, eine alte Trennwand bei einer Firmenauflösung zu kaufen. Schauen Sie in der Zeitung unter »Gebrauchte Möbel«, und Sie werden feststellen, dass es eine riesige Auswahl an gebrauchten Büromöbeln gibt. Neben Trennwänden in sämtlichen Formen und Farben gibt es dort Schreibtische, Bürostühle, Bücherregale und Aktenschränke. Vieles davon ist noch in hervorragendem Zustand, manches nicht so sehr, aber alles ist wirklich preisgünstig.

Ich habe gerade neulich eine solche Trennwand für das Schlafzimmer meiner Tochter Leah gekauft. Außerdem kaufte ich noch einige Strohhüte, dekorierte sie mit Bändern und befestigte Sie überall an der Trennwand. Als mein Nachbar seine alten Wohnzimmervorhänge wegwerfen wollte, nahm ich sie und drapierte, sie so gut es ging, um die Strohhüte herum. Das Ganze sieht jetzt wirklich gut aus! Ihr Mann würde die Strohhüte wahrscheinlich nicht so richtig zu schätzen wissen, aber ich bin mir sicher, dass Sie ein Design finden werden, das seinem Geschmack entspricht.

Und wenn er erst mal seinen eigenen Raum hat, was wird er dann dort tun? Natürlich die Stille und Ruhe genießen.

Ruhe

Die meisten Frauen reden ständig. Und dieses ständige Gerede macht die Männer verrückt. Ich weiß, Sie lieben es zu reden, reden, reden. Mir geht das genauso. Aber könnten Sie Ihrem Liebsten nicht einen ruhigen Abend in der Woche gönnen? Einen Abend, an dem Sie den Telefonhörer aushängen. (Das klingt blasphemisch, nicht wahr? Was ist, wenn jemand in einer Krise steckt? Was, wenn Sie sich plötzlich daran erinnern, dass Sie selbst eine Krise haben und dass es da noch eine Frau gibt, der Sie noch nicht alle Einzelheiten berichtet haben? Denken Sie daran: Wenn schwierige Zeiten kommen, können wir sie entweder zum Telefon oder vor den Thron bringen. Ich empfehle Ihnen, Ihre Probleme Gott zu erzählen. Er ist der Einzige, der die Macht hat, wirklich etwas dagegen zu unternehmen.)

Ruhe bedeutet, dass nicht irgendwo im Haus ein Fernseher läuft. Aber warum das? Warum das denn? Wenn Sie mehr als einen Fernseher haben, sollten Sie ihn beschämt verkaufen und mit dem Erlös den ruhigen persönlichen Platz Ihres Mannes finanzieren. Sehen Sie, wie geschäftstüchtig ich sein kann?

Ruhe bedeutet: keine schreienden Kinder. Bringen Sie sie zeitig ins Bett oder sagen Sie ihnen, dass sie ruhig in ihrem Zimmer spielen sollen. Wenn sich Ihre Kinder nicht einen Abend in der Woche selbstständig leise beschäftigen können, dann haben Sie ein echtes Problem.

Was ich jetzt sage, ist für eine Frau, die in einem beratenden Ausschuss einer christlichen Radiostation tätig ist, ein wirkliches Sakrileg. Ruhe bedeutet auch: keine Musik – nicht einmal christliche Musik. Es sei denn, Ihr Mann mag ruhige Hintergrundmusik. Fragen Sie ihn.

Nun denken Sie vielleicht: »Wie öde! Ein Abend ohne Fernseher, ohne Telefongespräche, ohne laute Kinder und ohne meine faszinierenden Storys.« Fragen Sie sich stattdessen: Ist das wirklich zu viel verlangt? Ein Abend von sieben, um ihrem Mann den Frieden und die Ruhe zu geben, die er so nötig braucht. Ich denke nicht. Nebenbei könnten Sie in der Stille aber auch noch einige völlig unerwartete Segnungen entdecken.

Da ich mich nun schon so frech in Ihr Familienleben eingemischt habe, schlage ich gleich auch noch vor, dass Sie den Sonntag zu Ihrem stillen Abend machen. Vielleicht können Sie Ihre Familie davon überzeugen, das Beste aus dieser Situation zu machen und über die zurückliegende Woche nachzudenken und für die kommende Woche zu planen. Ich bin davon überzeugt, dass das für Ihren Mann, aber auch für Ihre ganze Familie zum Segen wird.

Einfühlungsvermögen

Wenn es etwas gibt, das Ihren Mann völlig verrückt macht, dann sind es gefühllose, desorganisierte, vergessliche, oberflächliche und unberechenbare Menschen, die nicht pünktlich erscheinen können.

Vielleicht Leute wie Sie? Der Grund, warum diese Eigenschaften ihm so missfallen, liegt in seinem tiefen Bedürfnis nach Stabilität. Machen Sie sich deshalb klar, dass er nicht auf Ihnen herumhackt (o.k., das tut er auch, aber ...). Er hat kein Verständnis dafür, wenn Sie stundenlang mit einer Nachbarin im Lebensmittelgeschäft über den Schwager ihrer Schwester, dessen Cousin in Harvard studiert, sprechen. Sie schaffen es einfach nicht, ein Gespräch von solcher Wichtigkeit abzubrechen, um rechtzeitig für das jährliche Weihnachtsessen in der Firma nach Hause zu kommen. Die Wahrheit ist (und er weiß das ganz genau), dass Sie das Weihnachtsessen völlig vergessen haben. Zudem liegt das einzig passende Kleid, das Sie für einen solchen Anlass besitzen, entweder ungebügelt auf dem Boden im Schrank oder es ist noch bei der Wäsche, wo es sich übrigens schon seit der letzten Weihnachtsfeier befindet. Dann versuchen Sie, das Ganze ins Witzige zu ziehen und geben vor: »Das ist doch alles kein Problem.«

Die Wahrheit ist, dass Sie gegenüber Ihrem Mann und den Dingen, die wichtig für ihn sind, nicht gerade einfühlsam waren. Wenn Sie hoffen, jemals wieder etwas von dieser perfekten ehelichen Seligkeit zu erlangen, von der Sie geträumt haben, dann bemühen Sie sich, Ihrem Mann die Stabilität, einen persönlichen Platz, Ruhe und Einfühlsamkeit zu geben, wonach er sich so sehr sehnt. Nicht dass Sie jetzt glauben, dass ich zu hart mit Ihnen umgehe. Ich weiß sehr wohl, wie kalt und verletzend Ihr Ehemann sein kann. Aber wie wir bereits für die Frauen gesagt haben, deren Männer anderen Temperamenten zuzuordnen sind: Sie können Ihren Mann nicht ändern, egal wie sehr Sie es versuchen. Sie können für ihn beten, ihn ermutigen, sich weigern, etwas für ihn zu tun, aber Sie können ihn nicht ändern. Was Sie mit der Hilfe Gottes tun können, ist, ihn zu akzeptieren und lernen, mit ihm trotz all seiner Fehler zu leben.

9. Der »tatkräftige« Mann

Der »tatkräftige« Mann ist ein wahres Energiebündel und voll von Enthusiasmus, der durchs Leben geht und mit großartigen Ideen versucht, die Welt und jeden, der darin lebt, zu verändern. Am schnellsten erkennen Sie dieses Temperament an der Intensität der Atmosphäre, wenn er einen Raum betritt. (Sie wissen, dass er kommt, weil das ganze Haus wackelt, wenn er läuft.) In dem Moment, in dem er hereinkommt, wissen Sie, dass er da ist. Wenn Ihre Beziehung gut ist, wirkt das aufregend und elektrisierend. Wenn Ihre Beziehung aber nicht in Ordnung ist, dann haben Sie und die Kinder vielleicht einen wunderschönen Tag gehabt, aber sobald er durch die Tür kommt, breitet sich Stress im ganzen Haus aus. Wenn die reine Anwesenheit Ihres Mannes ausreicht, um die Atmosphäre in Ihrem Haus zu verändern, dann sind Sie aller Wahrscheinlichkeit nach mit einem solchen Temperament verheiratet.

Stärken des »tatkräftigen« Mannes

Führerpersönlichkeit

Wenn Sie einen »tatkräftigen« Mann geheiratet haben, dann wissen Sie, dass er der geborene Anführer ist. Er langweilt sich nie, weil er ständig neue Ideen, Pläne und Ziele entwickelt. Das bedeutet aber keinesfalls, dass er ein unrealistischer Träumer ist. Er steht mit beiden Beinen fest auf dem Boden der Tatsachen. Sein scharfer Verstand setzt seine intellektuellen Fähigkeiten mehr in praktischer als in theoretischer Hinsicht ein.

Es gibt keine Firma, Organisation oder Gemeinde auf dieser Welt, die er nicht mit seinem Selbstvertrauen und seiner Geschicklichkeit zum Laufen bringen könnte. Es spielt dabei auch keine Rolle, dass er absolut keine Vorstellung von dem hat, was die Organisation eigentlich tut. Er beherrscht die Sache besser, als all die Chefs, die zurzeit dafür zuständig sind. Alle großen Kämpfer gegen soziale Ungerechtigkeit und die meisten der mächtigsten und wichtigsten Politiker auf der Welt sind, was Sie nicht erstaunen wird, diesem Temperament zuzurechnen. Wenn Sie das Leben von großen Generälen oder Herrschern im Verlauf der Geschichte studieren, dann werden sie entdecken, dass das schon seit Beginn der menschlichen Zivilisation so war. Es sind die »tatkräftigen« Männer, die Dinge aufrütteln und Veränderungen in der Welt in Gang setzen.

Möglicherweise fährt Ihr Ehemann in einer großen, ausgefallenen Luxuslimousine oder aber in einem auffallenden Sportwagen herum und hat, egal wohin er geht, immer sein Handy dabei. Er hat von Natur aus unternehmerische Ambitionen und kann sehr gut ein eigenes Geschäft führen. Allerdings kann es sein, dass er ein Geschäft nicht sehr lange behält, weil es ihm plötzlich zu langweilig wird und er sich einem anderen Projekt zuwendet. Forscher haben eine Anzahl von Self-made-Millionären interviewt, um herauszufinden, was sie gemeinsam haben. Sie untersuchten deren Erziehung, Ausbildung und Erfahrungen im Beruf, aber sie fanden nichts. Schließlich kamen Sie doch noch auf einen gemeinsamen Nenner: Sie hatten durchschnittlich 18 verschiedene Berufe ausgeübt. Während ein anderer angesichts dieser Versagerquote entmutigt wäre, ist das Motto des »tatkräftigen« Mannes: »Du hast nicht wirklich versagt, es sei denn, du gibst auf.« Das ist die klassische »tatkräftige« Haltung.

Stan war eine wirkliche Stütze für die Kirche, in der auch wir waren. Eines Tages kam er früher von der Arbeit nach Hause und gab bekannt, dass man ihn gefeuert hatte. Seine Frau war nicht allzu überrascht. »Tatkräftige« Menschen werden immer wieder entlassen, weil sie sich nicht scheuen, dem Chef das zu sagen, was sie wirklich denken. (Und das ist selten etwas Schmeichelhaftes, da können Sie sicher sein. Es gibt auch eine andere Deutung: Wenn Ihr Mann aus jedem Arbeitsverhältnis, das er jemals gehabt hatte, entlassen wurde, weil er mit seinem Chef Streit bekommen hatte, dann ist er eindeutig ein »tatkräftiger« Mann.) In Stans Fall hat er seinem Chef ohne Umschweife gesagt, dass er einen besseren Weg wisse, um das Geschäft vorwärts zu bringen. Bevor der Chef ihn feuerte, sagte er etwas wie: »Oh ja, versuchen Sie es.« Dumm, so etwas zu sagen. Er fragte seine Frau, ob Sie ihn bei seinem Entschluss, den er auf der Heimfahrt gefasst hatte, unterstützen würde: Er wollte sich die Lebensversicherung ausbezahlen lassen und das Geld in ein Geschäft stecken, das in Konkurrenz zu seinem früheren Arbeitgeber stehen würde.

Sie stimmte zu.

Nette Frau.

Innerhalb weniger Monate warf das Geschäft Gewinn ab. Nach ein paar Jahren war er ein Self-made-Millionär. Mit den Gewinnen aus seinem Geschäft finanzierte er fast ohne fremde Hilfe den aufwendigen Bau einer neuen kirchlichen Einrichtung. Er war der Meinung, das alte Gebäude sei zu langweilig und dem Ruhm Gottes unwürdig. Das neue Gebäude ist, wenn man so will, eines Königs würdig. Seine Art, Verantwortung zu übernehmen, ist vielleicht nicht jedermanns Sache, aber er hat seine Aufgabe erfüllt.

Entscheidungsfreudig

Wie Sie der obigen Schilderung entnehmen können, ist der »tatkräftige« Mann ausgesprochen entscheidungsfreudig. Er gehört nicht zu denen, die Tabellen aufstellen und endlos Daten analysieren. Er mag keine Ausschusssitzungen oder Ähnliches, weil er das für reine Zeitvergeudung hält. Seine Entscheidungen trifft er instinktiv, und er hört genau auf das, was ihm sein Bauch sagt. Mögen andere sich darüber streiten, wie die Ziele zu erreichen sind, oder versuchen, »ihn mit Fakten zu verwirren«, es läuft auf dasselbe hinaus: Er hat fast immer Recht. Er hat in der Tat außergewöhnliche Instinkte und einen angeborenen Sinn für das, was in der jeweiligen Situation zu tun ist.

Ich hatte einmal einen solchen Chef, als ich für eine Firma arbeitete, die Computer herstellt. Er war ein Unternehmer und ein

Self-made-Millionär. Die Ingenieure und die Controller quälten ihn mit Daten und präsentierten ihm ihre Empfehlungen, die auf stundenlanger sorgfältiger Analyse basierten. Er hörte für ein paar Minuten zu und fällte dann ganz plötzlich seine Entscheidung. Die Angestellten verließen den Raum und murmelten dabei etwas wie, das würde ja nie funktionieren. Letztendlich haben sich seine Entscheidungen jedoch fast immer als richtig erwiesen.

Zielstrebig

Ein Grund dafür, warum der »tatkräftige« Mann so großen Erfolg in seinem Leben hat, ist, dass er konsequent im Sinn seiner Aufgabe lebt. Er hat stets das Ziel vor Augen und weiß genau, was er an jedem Tag bewerkstelligen will. Er ist nicht so leicht abzulenken wie der »populäre« Mann. Er macht nicht Listen um der Listen willen, wie es der »perfekte« Mann tut. Er macht Listen mit Dingen, die er beabsichtigt fertig zu machen. Und dann macht er sich schnell an die Arbeit, damit er das auch schafft. Er verschwendet keine Zeit damit, sich mit kleinen Details abzugeben. Sobald etwas soweit ist, dass es seinen Zweck erfüllt, macht er sich an die nächste Sache. Und im Gegensatz zum »friedfertigen« Mann hat er einen unbegrenzten Vorrat an Energie.

Tatkräftig

Ihr Mann liebt es etwas zu »machen« – besonders um sich mit anderen zu messen. Das einzig mögliche Problem besteht darin, dass er seinen Sohn ständig antreibt zu gewinnen, zu gewinnen, zu gewinnen. (Aber wir befassen uns im Moment nicht mit seinen Schwächen, deshalb wollen wir zunächst die positiven Seiten seiner Neigung, sich mit anderen zu messen, betrachten.) Ihr Mann liebt es zu gewinnen, der Beste zu sein, und er will für seine Familie natürlich auch das Beste. Egal ob er Softball mit Freunden oder Yahtzee mit den Kindern spielt, er möchte gewinnen.

Der »tatkräftige« Mann will mehr, als seinen Sohn in der Regionalliga spielen sehen – er will Coach des Teams werden. Er will mehr, als nur auf der Kirchenbank sitzen, er will an der Weiterentwicklung mitarbeiten und Verantwortung übernehmen. (»Tatkräftige« Männer sind geradezu versessen darauf, sich an solchen Programmen zu beteiligen, weil sie dann auch die greifbaren Ergebnisse ihres Einsatzes sehen.) Sogar im Urlaub will er irgendwelche Dinge tun, was eigentlich eine durchaus positive Sache ist, wenn sie nicht ins Extrem umschlägt. Sie werden diesen Mann nicht am Strand liegen sehen oder auf irgendeinem langweiligen Kreuzfahrtschiff. Unsere Freunde David und Cindy machten schon die unglaublichsten Urlaube, dank Davids Bedürfnis ständig etwas »Sinnvolles« mit seiner Zeit tun zu müssen. Sie haben eine dreiwöchige Wandertour quer durch Neuseeland gemacht, reisten durch Indonesien und Irian Jaya und benutzten dabei alle nur denkbaren Fortbewegungsmittel von Jeeps bis hin zu Auslegerkanus. Das Letzte, was wir hörten, war, dass sie eine Safari in Afrika planen. (Wie Sie vielleicht schon erraten haben, ist David ein anderer dieser Self-made-Millionäre. Wie sollte er sich sonst diese kostspieligen Reisen leisten können! Das Beste von allem ist, dass er sich nicht mit seinem Chef über Urlaubstage streiten muss. Er ist der Boss.)

Was aber wirklich außergewöhnlich ist, ist, dass sie ihre Kinder auf Reisen wie Lama-Trecking in Oregon oder Wildwasserrafting in Colorado mitnehmen. Diese Kinder würden sich in einem Park wie Disneyland zu Tode langweilen, und ich denke, dass das ein gutes Zeichen ist.

Prinzipientreu

Bob, ein Topverkäufer einer örtlichen Computerfirma, erzählte mir kürzlich: »Wenn du nicht das Richtige tust und deine Grundsätze hast, könntest du in diesem Job leicht bestechlich werden. Ich sage immer die Wahrheit, ohne sie zu beschönigen. Egal, ob es gut oder schlecht ist, ich nenne die Dinge beim Namen, auch wenn mich das vielleicht einen guten Abschluss kostet. Auf lange Sicht, denke ich, dass es gut so für mich ist.«

Ein paar Monate zuvor war Bob eine überaus attraktive Beförderung angeboten worden, etwas, dem ein ambitionierter »tatkräftiger« Mann normalerweise nicht widerstehen kann. Er hätte doppelt so viel Geld verdient, und sein Status hätte sich deutlich verbessert. Wenn er die Stelle angenommen hätte, dann hätte die Familie nach Los Angeles umziehen müssen, was bedeutet hätte, dass sie ihre Gemeinde und Freunde hätten aufgeben müssen. »Vergesst es«, entschied er. Seine Kollegen waren wie vom Blitz getroffen und konnten das nicht verstehen.

Schwächen des »tatkräftigen« Mannes

Peinliche Szenen

Linda liebt ihren »tatkräftigen« Mann, aber sie sagt, dass sie immer wieder peinliche Szenen erlebt, die durch ihn verursacht werden.

> Wir werden bei Partys in der Nachbarschaft nicht gerne gesehen, weil mein Mann einfach immer Kontroversen entfacht. Er denkt, dass das Spaß macht, und bildet sich ein, dass er so ein Gespräch in Gang bringt. Aber niemand ist davon begeistert. Wir waren zum Beispiel eine Gruppe von zwölf Personen, und Bob war derjenige, der stundenlang geredet hat. Aber er erzählte nicht nur einfach, er brachte seine gegensätzliche Meinung mit einem streitsüchtigen Unterton in seiner Stimme vor. Ich bat ihn, das zu lassen, aber er hat sich in dieser Hinsicht wohl selbst nicht unter Kontrolle.
> Als wir nach Hause kamen, sagte ich etwa Folgendes zu ihm: »Du solltest den anderen Leuten wirklich hin und wieder die Chance geben, auch einmal etwas zu sagen.« Und er erwiderte, dass wohl niemand etwas zu sagen gehabt habe. Er erkennt nicht die Wirkung, die sein Verhalten auf andere Menschen hat. Ich konnte es ihren Gesichtern ansehen, dass sie total frustriert waren und genug hatten, aber sie wollten es nicht sagen,

um die Flammen nicht noch zu schüren. Ich werde ständig durch solche Auftritte von ihm in Verlegenheit gebracht.

Fordert, dass seine Rechte respektiert werden

Der »tatkräftige« Mann achtet genau auf seine Rechte, und wenn er das Gefühl hat, dass sie nicht anerkannt werden, dann scheut er sich nicht, das auch zu sagen. In diesem Punkt gehen schnell die Nerven mit ihm durch. Ich denke, dass Lindas Ehemann in dieser Hinsicht ein wirklich extremer Fall ist, aber ich habe schon genug Männer wie ihn getroffen, um zu wissen, dass es nicht so ungewöhnlich ist, wie wir uns vielleicht einreden wollen. Sie erzählt weiter:

> Das andere, was er tut, ist, sich mit Verkäufern, Kellnerinnen und Lehrern anzulegen. Sobald wir das Haus verlassen, habe ich Angst, dass es in einem Streit endet. Ständig sieht er irgendwelche »Ungerechtigkeiten«, und dann muss er darum kämpfen, diese wieder in Ordnung zu bringen. Wenn die Kellnerin zu lange braucht, streitet er mit ihr und gibt ihr kein Trinkgeld. Oder wenn das Essen nicht heiß genug ist, fordert er einen Nachlass beim Bezahlen. Oder wenn unser Flug eine halbe Stunde Verspätung hat, dann fängt er ein riesiges Gezeter mit der Stewardess an und fordert eine Gutschrift auf zukünftige Flüge. Manchmal bekommt er dann sein Geld zurück oder eine Entschädigung, aber das ist das Theater und die Blamage nicht wert.
>
> Niemand ist Bob gut genug. Weil er die Kindergärtnerin unserer Tochter für inkompetent hielt, verlangte er, dass unsere Tochter in eine andere Gruppe mit einem »Top«-Erzieher käme. Innerhalb weniger Wochen hatte er eine lange Liste von Beschwerden über den neuen Lehrer. Dann begann er darauf anzuspielen, dass ich unsere Tochter zu Hause unterrichten solle, aber ich habe keinen Zweifel, dass ich seinen Ansprüchen auch nicht genüge.

Arbeitssüchtig

Susan musste ihre Frustration über ihren Mann Jim loswerden: »Er verbringt den ganzen Tag zu Hause in seinem Büro und arbeitet rund um die Uhr. Wenn er mal eine Pause macht, hat er Schuldgefühle, egal wie viele Stunden er bereits gearbeitet hat. Es ist mir völlig klar, dass ihm seine Arbeit mehr bedeutet als ich.«

Leider will der »tatkräftige« Mann, der sich vor der Ehe sehr um die Belange seiner Ehefrau in spe bemüht, nach der Heirat nicht mehr viel von ihr wissen. Er hat sie erobert und ist nun bereit, sich neuen Dingen zuzuwenden. Es ist für ihn nicht ungewöhnlich, seine Arbeit als Herausforderung anzusehen, sodass er möglicherweise sechzig und mehr Stunden pro Woche damit verbringt. Er verwandelt sich dann in einen ständig abwesenden Ehemann und Vater, der zwar jede Menge Geld nach Hause bringt, aber nur sehr wenig von sich selbst.

Projekt- statt menschenorientiert

Der »tatkräftige« Mann kümmert sich um Projekte, darum, was getan werden muss. Und seiner Meinung nach muss alles jetzt sofort gemacht werden. Susan erzählt dafür ein Beispiel:

> Mein Mann und ich hatten die Aufgabe übernommen, unseren zwanglosen Nachbarschaftsausflug zu organisieren. Es war keine weltbewegende, aufregende Arbeit, aber es war eine gute und schöne Aufgabe. Einige Tage, nachdem wir die Aufgabe übernommen hatten, hatte Jim diese brillante Idee – sie stammt von einem Seminar, an dem er teilgenommen hatte –, jedem das Gefühl des Beteiligtseins zu vermitteln. Ich nehme an, dass ihm das in der Einsamkeit seines Büros als eine grandiose Idee erschien. Ohne mich oder sonst jemanden in der Gruppe davon zu unterrichten, entwickelte er erst seine Vision und dann einen Plan, um diese Aktion durchzuführen. Nach ungefähr einer Woche rief er verschiedene Personen an und be-

stimmte, dass sie die von ihm persönlich erdachten Positionen zu übernehmen hätten. Dann verschickte er ein Rundschreiben, um die Reorganisation und seine persönliche Auswahl der Personen für die neu geschaffenen Positionen bekannt zu geben. Wie du dir vorstellen kannst, gingen die Leute in die Luft! Insbesondere die, die zuvor die Gruppe geleitet hatten und auf die er bei seinem grandiosen neuen System einfach verzichtet hatte. Seit diesem Tag hegen viele Nachbarn nicht gerade freundschaftliche Gefühle gegenüber Jim. Aus seiner Sichtweise handelte es sich dabei um ein Projekt. Er schaffte es nicht, auch an die beteiligten Personen zu denken und wie sie sich bei diesen Veränderungen fühlen. Er sah ein Problem, fand eine Lösung und setzte diese in die Tat um, ohne das mit jemandem zu besprechen.

Der »tatkräftige« Mann muss lernen, anderen Menschen zu gestatten, sich zu Entscheidungen, die sie betreffen, zu äußern, und er muss realisieren, dass es, außer in gerechtfertigten Notfällen, kaum Dinge gibt, die sofort getan werden müssen.

Sachlich

Der »tatkräftige« Mann hat kein Interesse an Smalltalk. Er will nur über wirklich wichtige Dinge sprechen. Und selbstverständlich ist allein er es, der festlegt, welche Themen wichtig genug sind, um seine Aufmerksamkeit zu gewinnen. Egal ob er mit einem Angestellten, seiner Frau oder seinen Kindern spricht, er will in einem Satz wissen, was das Problem ist, das gelöst werden soll. Er wird nie dasitzen und zuhören um des Zuhörens willen. Wenn er zuhört, dann kann er zu ihnen sagen, dass sie das, was sie sagen wollen, endlich auf den Punkt bringen sollen. Egal wie komplex das Problem ist, egal wie tief die emotionale Verletzung, sein Rat ist immer der gleiche: Bring es auf den Punkt und tu was.

Vielleicht haben Sie schon bemerkt, dass er in sehr kurzen Sätzen spricht und dabei nur Wörter verwendet, die eine Handlung ausdrücken. Und er mag Leute nicht, die vom Thema abschweifen. Er will zur Sache kommen. Häufig unterbricht er andere und beendet die Sätze an deren Stelle. Anstatt aktiv zuzuhören, ist er schnell dabei, einen Handlungsplan anzubieten.

Susan berichtet, dass Jim ihr niemals die Möglichkeit gibt, etwas über ihre Gefühle zu sagen. »Er ist emotional nicht verfügbar. Er will mir nicht zu nahe kommen, und er will nicht, dass ich ihm zu nahe komme. Als ich Anfang dieses Jahres eine Fehlgeburt hatte, nachdem wir sechs Jahre auf ein Baby gewartet hatten, hätte ich so dringend mit ihm über das reden wollen, was ich gerade durchmachte. Seine Einstellung war: ›Lass es uns einfach vergessen. Es gibt nichts, was wir tun könnten, um die Situation zu verändern, welchen Sinn macht also ein solches Gespräch? Reden ändert nichts.‹ Er konnte nicht verstehen, dass das Reden für mich ein Teil des Heilungsprozesses war. Das war sehr deprimierend für mich.«

Wenn es um die Kinder geht, dann spielt dieser Vater nur selten mit ihnen um des Spielens willen oder um einfach mit ihnen zusammen zu sein. Immer müssen sie irgendetwas leisten. Susan erzählt: »Jim arbeitete mit den Jungs daran, ein Baumhaus zu bauen, und das war toll. Aber als dann das Baumhaus fertig war, wollten die Jungs, dass er dort mit ihnen zusammensitzen solle. Aber Jim wollte lieber das nächste Projekt in Angriff nehmen. Ich glaube, die Jungs waren verletzt. Sie hatten gehofft, dass das Zusammensein, das ihnen während des Baus des Baumhauses so viel Spaß gemacht hatte, weitergehen würde. Dem war nicht so.«

Defensiv

Wie ich bereits bei der Vorstellung der »tatkräftigen« Frau erwähnt habe, gibt es ein bekanntes Buch, das diese Eigenheit unter der Kategorie »Stärken« auflistet. Aber ich bin der Auffassung, dass dies ganz eindeutig eine Schwäche ist. Der »tatkräftige« Mann geht schnell in die Defensive. Wenn Sie ihn etwas fragen, dann sieht er das als Angriff auf seine Autorität an. Das ist besonders dann der Fall, wenn Sie mit einem »tatkräftigen« Mann verheiratet sind und

Sie möglicherweise ein Temperament haben, das jede Menge Fragen stellen will (»friedfertig« oder »perfekt«).

Auf dem Gebiet der Kindererziehung müssen Sie besonders wachsam sein! Erinnern Sie Ihren Mann immer wieder daran, dass, wenn die Kinder ihn etwas fragen, sie ihn damit nicht herausfordern oder seine Autorität antasten wollen. Kinder brauchen wirkliche Erklärungen; sie müssen Fragen stellen dürfen. Wenn er ihnen diese Tür verschließt, wird er seine Kinder gegen sich aufbringen – etwas, wovor die Bibel die Väter ausdrücklich warnt, es nicht zu tun.

Was Ihr »tatkräftiger« Mann am meisten von Ihnen braucht

Ihr Ehemann rennt durchs Leben und verkündet: »Lass es mich auf meine Art machen.« Er liebt es, Dinge anzupacken und zum Laufen zu bringen. Das ist prima. Es sei denn, es handelt sich um Ihr Haus, das er aufmischt. Wenn Sie in Ihrer Ehe mit diesem Big Boss zufrieden sein wollen, dann tun Sie gut daran, sich seine tiefsten Herzensbedürfnisse klar zu machen. Ich höre schon, wie Sie erwidern: »Mein Mann hat kein Herz.« Doch, er hat eins. Und der beste Weg für Sie, sein Herz zu erreichen, ist ihn mit folgendem »emotionalen Futter« zu versorgen: ein Gefühl des Gehorsams und eine Würdigung seiner Fähigkeiten.* Hier einige Vorschläge, die Ihnen helfen können, das zu tun.

Gefühl des Gehorsams

Schon allein dieses Wort in den Computer zu tippen, macht mich ganz kribbelig. Aber erinnern Sie sich einmal an das traditionelle Eheversprechen. Dieser Mann erwartet tatsächlich von Ihnen, dass Sie sich gemäß dem Eheversprechen ihm unterordnen. Ich weiß,

* Personality Puzzle, S. 203.

wie dominant und tyrannisch dieser Mann sein kann, aber wenn Sie ihm zeigen, dass Sie sich wirklich bemühen, ihm zu gehorchen (hier ist diese furchtbare Wort schon wieder), dann wird er sich in Ihrer Liebe geborgen fühlen. In Sprüche 31,11 steht: »Ihres Mannes Herz darf sich auf sie verlassen ...«

Die Littauers beschreiben dies in ihrem Buch *Personality Puzzle* folgendermaßen: Der »tatkräftige« Typ liebt Menschen, die »ihn unterstützen, sich ihm unterordnen, die Dinge genauso sehen wie er, schnell kooperieren und ihm Achtung entgegenbringen«. Und er mag Menschen nicht, die »faul und an einer konstanten Arbeit nicht interessiert sind, die seine Autorität in Frage stellen, unabhängig sein wollen und nicht loyal sind«*. Bedeutet das nun, dass Sie ihm folgen sollen, ganz gleich, wohin er Sie führt? Sollen Sie ihn durchs Leben marschieren lassen wie den sprichwörtlichen Elefanten im Porzellanladen, wobei er Sie, die Kinder und jeden anderen nur als Hindernisse auf dem Weg zu seinen Zielen behandelt? Absolut nicht. Sie haben das Recht, Ihre Bedenken und Ihren Standpunkt zum Ausdruck zu bringen. Sie haben das Recht, Ihren Mann wissen zu lassen, wo Sie stehen und auch wann er Ihnen auf den Zehen steht. Aber wenn Sie ihm das deutlich gesagt haben, dann versuchen Sie ihn zu unterstützen und beten Sie. Im Gebet ist Kraft – nehmen Sie diese für sich in Anspruch. Beten Sie täglich darum, dass Gott Ihren Mann verändert. Er ist Gott genug, um das zu tun! Noch eines zur Sicherheit: Ständiges Nörgeln wird die Sache nicht besser, sondern im Gegenteil Ihren Mann verschlossener machen.

Auf der anderen Seite ist es so, dass dieser Mann fast immer Recht hat. Das, worüber Sie sich beklagen, ist sogar eine seiner störendsten Eigenschaften. Trotzdem, je früher Sie erkennen, dass Ihr Mann einen außerordentlichen Instinkt und ein natürliches Talent zur Führungspersönlichkeit hat, umso leichter wird es Ihnen fallen, ihm zu folgen.

* Personality Puzzle, S. 203.

Würdigung seiner Fähigkeiten

Er kommt nach Hause und erzählt, wie hart er arbeitet, und klagt ungefähr eine Stunde lang über den Stress, das Opfer, das er damit bringt, und so weiter. Und Sie sind versucht, etwas zu sagen wie: »Ach, Schatz, arbeite doch nicht so viel.« Das ist der falsche Satz, meine Damen. Was er von Ihnen hören will ist: »Oh! Niemand auf der ganzen Welt kann so hart arbeiten wie du. Du bist anbetungswürdig. Ich finde, du bist ein richtiges Arbeitstier. Was du leistest, ist unglaublich. Ich bewundere dich dafür.«

Ich weiß, dass Sie einfach nur versuchen wollten, ihm zu helfen, indem Sie ihm sagen, dass er nicht mehr so hart arbeiten soll. Aber die Wirklichkeit ist, dass er nur dafür lebt. Ihm zu sagen, er solle damit aufhören, ist für ihn genauso aufbauend, wie wenn Sie einem weltbekannten Komponisten sagen, er solle aufhören zu komponieren. Nebenbei bemerkt, will er gar keinen Rat von Ihnen. (Wenn er einen von Ihnen will, dann wird er Sie das wissen lassen.) Was er will, ist Anerkennung.

Erlauben Sie mir, für eine Minute von den »tatkräftigen« Ehemännern auf die »tatkräftigen« Ehefrauen überzugehen. Ich glaube, wir kommen so zu einem wichtigen Punkt. Ich habe über folgende Begebenheit in letzter Zeit viel nachgedacht. Mein Mann sagt oft zu mir: »Oh, Donna, ich wünschte, du würdest nicht so hart arbeiten. Ich leide mit dir.« Und ich klage: »Oh, es ist furchtbar, dass mir wirklich nichts anderes übrig bleibt, als Tag und Nacht zu arbeiten.«

Heute haben wir endlich genügend finanzielle Stabilität (nach einem Beinahe-Bankrott), dass entweder mein Mann oder ich die Arbeit aufgeben könnten. Wir haben das vor Gott gebracht und gesagt: »Wenn du Donnas Arbeit während der nächsten zwei Jahre segnest, wird Cameron seinen Job aufgeben. Wenn nicht, wird Donna ihre Arbeit aufgeben und Vollzeit-Mutter werden.« Leute sagen zu mir: »Wäre es nicht schön, nicht die ganze Zeit arbeiten zu müssen?« (Sie sagen das, weil ich mich immer so sehr über die Arbeit beklage.) Die richtige Antwort wäre natürlich: »Oh ja, ich kann es kaum erwarten, mich ganz meinen Mutterpflichten zu widmen.« Ich weiß, dass das die in unserer Kultur erwartete korrekte Antwort wäre, aber in meinem Herz kenne ich die Wahrheit: Ich liebe es zu arbeiten. Ich blühe richtig auf, wenn ich Dinge fertig bekomme. Trotz all meinem Gestöhne und Gejammere erfüllt die Arbeit – und insbesondere die Tatsache, etwas geleistet zu haben – ein tiefes inneres Bedürfnis von mir.

Und hier kommen wir nun an den springenden Punkt, von dem ich sprach: Wenn Sie mit einem »tatkräftigen« Mann verheiratet sind, dann verspürt er das gleiche brennende Bedürfnis. Noch einmal: Das bedeutet nicht, dass Sie in aller Ruhe zuschauen, während Ihr Mann zugunsten irgendeines Projekts seine Familie vernachlässigt. Nein. Bitten Sie ihn, sich mit Ihnen auf halbem Wege zu treffen. Setzen Sie sich hin und arbeiten Sie einen Kompromiss aus, mit dem jeder leben kann. Wenn er sich nicht einbringen will, dann beten Sie wie verrückt und weigern Sie sich, ihm ein solches Vorgehen zu ermöglichen, wenn sein Verhalten ungesund oder unzumutbar ist.

Sie haben einen wunderbaren »tatkräftigen« Mann geheiratet. Seien Sie dankbar für all seine guten Eigenschaften. Wegen seiner »problematischen« Eigenschaften sollten Sie zu Gott beten, der sowohl Ihren Mann als auch Ihr Herz verändern kann. Ich möchte Sie wirklich dazu ermutigen, das Buch *The Power of a Praying Wife* von Stormie Omartian (Harvest House) zu lesen. Für mich ist es ein Buch, das Leben verändert. Ich empfehle dieses Buch allen Frauen, aber für alle, die mit einem »tatkräftigen« Mann verheiratet sind, ist es ein Muss!

10. Der friedfertige Mann

Wir haben uns die anderen drei Temperamente in Aktion angesehen, und wenn keines davon auf Ihren Mann passt, dann ist er wahrscheinlich der »friedfertige« Typ. Ob Sie es glauben oder nicht, ein Negativausschluss ist oft der einzige Weg, dieses Temperament zu identifizieren! Während der »populäre« Mann extrem laut, der »perfekte« Mann gut organisiert und der »tatkräftige« Mann sehr aktiv ist, hat der friedvolle Mann von allem etwas. Er hat die chamäleonartige Fähigkeit, sich gegenüber allen Leuten so zu verhalten, wie es gerade nötig ist. Er hat einen trockenen Humor und kann wie der »populäre« Typ sehr lustig sein. Er liebt die Routine, was ihn so organisiert scheinen lässt wie den »perfekten« Typ, und weil er im Beruf nie in Konflikte gerät, wird er 20 Jahre bei derselben Firma bleiben und als Chef einer Abteilung enden. Dabei kann er die Rolle des Chefs besser ausfüllen als der herrische »tatkräftige« Mann.

Es gibt einige optische Anhaltspunkte, die seinem häufigsten Erscheinungsbild entsprechen und an denen man sich orientieren kann. Dieser Typ wird fast immer das legerste Outfit tragen, das der Situation gerade noch angemessen ist. Er würde lieber einen zweiteiligen Anzug tragen als einen dreiteiligen; er würde lieber lange Hosen und sportliche Jackets anziehen als einen Anzug; und er würde lieber khakifarbene Shorts und ein T-Shirt tragen als alles andere in seinem Kleiderschrank. Seine Kleider sind für gewöhnlich zerknittert. Egal wie viel Stärke seine Frau benutzt, seine Kleider werden am Ende des Tages völlig verkrumpelt sein. Denn er lebt nach dem Motto: »Warum stehen, wenn man sitzen kann? Warum sitzen, wenn man liegen kann?« (Und wenn man sitzt, dann lehnt man sich so weit zurück, wie es geht!)

Wenn Ihr Ehemann nach Hause kommt, werden Sie das unter Umständen etwa eine Stunde lang überhaupt nicht bemerken!

Wenn Sie im Obergeschoss arbeiten, wird er leise hereinkommen und sich auf die Couch setzen. Er wird vielleicht eine Zeitung nehmen, aber es ist wahrscheinlicher, dass er sich durch die verschiedenen Fernsehkanäle zappt. Aber er wird nicht rufen: »Liebling, ich bin daheim«, sondern geduldig warten, bis sie herunterkommen. In jedem Fall wird sein Erscheinen einen beruhigenden Effekt auf die Atmosphäre des Hauses haben.

Stärken des »friedfertigen Mannes«

Netter Typ

Der »friedfertige« Mann ist ohne Zweifel der netteste Mann in der Stadt. Meines Erachtens beschreibt Dr. Tim LaHaye diesen Mann in seinem Buch *Transformed Temperaments* [Dein Temperament in Gottes Hand] absolut treffend: »Phlegmatiker (friedfertige Typen) sind die Leute, mit denen man im Leben am besten zurechtkommt. Ihre ruhige, gelassene Art macht sie bei anderen sehr beliebt, und ihr scharfer Witz und trockener Humor machen es zum Vergnügen, mit ihnen zusammen zu sein. Sie gehören in fast jeder Situation in die Sparte ›netter Typ‹. Tatsache ist, dass Phlegmatiker gewöhnlich so gute Menschen sind, dass sie vor ihrer Bekehrung christlicher agieren als Menschen anderer Temperamente danach.«*

Es ist angenehm, mit ihm zusammen zu sein, weil er immer derselbe ist, egal was passiert. Er ist gestern, heute und für immer derselbe, auch wenn es so scheint, als ob die ganze Welt auseinander fiele. Wenn sie sich auf keinen anderen verlassen können, dann aber immer noch auf den »friedfertigen« Mann. Das ist ein großer Unterschied zum »populären« Mann, dessen Stimmung gerade noch himmelhoch jauchzend und in der nächsten Sekunde zu Tode betrübt ist, oder zum »perfekten« Mann, der in tiefe Depressionen geraten

* Transformed Temperaments, S. 191.

kann, oder zum »tatkräftigen« Mann, der schon bei der kleinsten Provokation explodiert. Kinder – und auch Erwachsene – finden Trost und Ruhe bei diesem beständigen, liebenswerten Mann.

Guter Zuhörer

»Friedfertige« Väter sind hervorragende Zuhörer sowohl zu Hause als auch an der Arbeitsstelle. Als mein Mann Cameron ankündigte, dass er seine Arbeit aufgeben würde, um mir einen Vollzeitdienst zu ermöglichen, brach eine seiner Mitarbeiterinnen zusammen und weinte. Ihr Mann hatte sie erst vor kurzem mit drei kleinen Kindern allein gelassen, und offensichtlich hatte sie sich nun auf Cameron verlassen. Er konnte nicht glauben, wie heftig sie reagierte: »Was habe ich jemals für Sie getan?«, fragte er. »Sie sind der netteste Mensch, den ich in meinem ganzen Leben gekannt habe«, antwortete sie. Und das Einzige, was er getan hatte, war, ihr zuzuhören.

Alle drei anderen Temperamente meinen, sofort ihren Kommentar abgeben zu müssen, wenn jemand etwas erzählt. Der »populäre« Mann unterbricht ständig, weil er glaubt, etwas Lustiges oder Interessantes dazu zu sagen zu haben. Oder er versucht Ihre Geschichte mit einer eigenen zu übertreffen. Der »perfekte« Mann wird Ihnen detaillierte Ratschläge geben, wie man es besser machen könnte. Der »tatkräftige« Mann hingegen wird einige Anweisungen erteilen, was zu tun ist, um die Situation zu verändern. Nicht so der »friedfertige« Mann. Er begnügt sich damit, dazusitzen und zuzuhören.

Als mein Mann bei einer großen Firma arbeitete, kamen Menschen aus dem ganzen Bürogebäude zu ihm, um in seinem Zimmer zu sitzen und ihm von ihren Sorgen zu erzählen. Dabei handelte es sich um Menschen, die er kaum kannte. Irgendwie hatten sie herausgefunden, dass es da einen Mann gab, der zuhören konnte. So kamen immer mehr Menschen, nicht um einen genialen Ratschlag oder um eine Strategie für ihr weiteres Vorgehen von ihm zu bekommen. Sie wollten auch keine Witze hören oder aufgemuntert werden. Sie wollten nur, dass ihnen jemand zuhört.

Daheim regt sich die Frau des »friedfertigen« Mannes oftmals darüber auf, dass er seine Zeit damit »vergeudet«, mit den Kindern herumzusitzen, und nichts tut. Solche Frauen würden gut daran tun, sich klar zu machen, dass ihr Ehemann inmitten dieser »vergeudeten« Zeit sich darum bemüht herauszufinden, was seine Kinder wirklich denken und fühlen.

Diplomatisch

Der »friedfertige« Mensch ist der Ansicht, dass alles ganz ordentlich und mit Würde getan werden sollte. Er würde niemals in der Öffentlichkeit gegenüber anderen laut werden. Er ist sich stets darüber bewusst, was er tut, und würde lieber sterben, als die Aufmerksamkeit auf sich zu lenken. Für ihn hat Höflichkeit und das sorgfältige Abwägen eines jeden Wortes, das er ausspricht, höchste Priorität, damit er nicht versehentlich jemanden verletzt. Wie Sie sich vielleicht vorstellen können, ist man mit einem solch liebenswürdigen und angenehmen Menschen gern zusammen. Aufgrund seines inneren Bedürfnisses, Frieden und Harmonie in der Beziehung zu bewahren, hat er eine außergewöhnliche Fähigkeit bei Problemen zu vermitteln – egal ob bei einem Geschwisterstreit oder zwischen Krieg führenden Nationen. Er kann auch großem Druck standhalten, weil er immer die Ruhe bewahrt, selbst dann, wenn alle anderen um ihn herum die Nerven verlieren. Deshalb haben viele Diplomaten und hohe Regierungsbeamte dieses Temperament.

Ich denke, dass die Diplomatie sogar dann eine Rolle bei ihm spielt, wenn er nur zur nächsten Eisdiele geht. Während Sie und Ihre Kinder zwanzig Minuten damit zubringen, sich zu entscheiden, welche der 259 Eissorten sie nun nehmen sollen, bestellt der »friedfertige« Mann immer dasselbe: Vanilleeis. Die Farbe Weiß scheint etwas an sich zu haben, das ihn anzieht. Ich schätze, es liegt daran, dass Weiß eine gelassene, unstrittige Farbe ist. Niemand ist beleidigt und niemandes Gefühle werden verletzt, wenn man ein Vanilleeis bestellt.

Beständig

Wenn es um seine berufliche Laufbahn geht, dann kann man den »friedfertigen« Mann am besten als kompetent und beständig beschreiben. Er wird wahrscheinlich nicht auf die Idee kommen, sich selbstständig zu machen, aber er ist ein idealer Geschäftspartner. Er gibt einen hervorragenden Verwaltungsangestellten ab, weil er damit zufrieden ist, jeden Tag die gleichen Aufgaben auszuführen. Die meisten Verwaltungsangestellten bei Schulen (und viele Grundschullehrer) haben dieses Temperament.*

Er wird wohl auch nicht anstreben, der nächste Präsident bei General Motors zu werden. Stattdessen gehört er zu den nie erwähnten »Helden«, die das eigentliche Rückgrat jeder Firma sind. Er ist nicht laut wie der »populäre« oder detailorientiert wie der »perfekte« Mann. Er bringt auch keine großartigen Projekte ins Rollen wie der »tatkräftige« Mann. Aber keine Firma in der Welt könnte überleben ohne diese ruhigen Menschen, die hinter den Kulissen ihre Arbeit tun. Er fragt nicht nach Ansehen und Ruhm. Er ist ein Teamarbeiter, der bei seinen Kollegen beliebt ist und von ihnen geschätzt wird.

Bringt Dinge zu Ende

Obwohl der »friedfertige« Mann nicht der ist, um große Projekte zu beginnen, so ist er aber mit absoluter Sicherheit der Mann, den man an der Hand haben sollte, wenn es darum geht, ein solches Vorhaben zu Ende zu bringen. Seine Spezialität heißt Ausdauer. Ich erinnere mich, wie wir in unser neues Haus einziehen wollten und ich der Wohnung ein etwas progessiveres Äußeres verleihen wollte, zum Beispiel durch einen gewagten Farbanstrich an den Wänden. Eines Tages, als Cameron bei der Arbeit war, strich ich das Speisezimmer dunkelgrün, genauer gesagt in einem dunklen Armee-Grün. Sie können sich bestimmt die Überraschung meines Mannes vorstellen, als er nach Hause kam und mich singen hörte: »We're in the

* Understanding the Male Temperament, S. 87.

army now. We're in the army now!« [Wir sind jetzt in der Armee. Wir sind jetzt in der Armee.] Überflüssig zu sagen, dass er nicht gerade begeistert war.

Er wollte weiße Wände, so wie sie waren, als wir einzogen. Und für ihn war es wichtig, dass sie auch so blieben. Für ihn gab es keinen Anlass, etwas zu unternehmen, um den gegenwärtigen Zustand zu verändern. Da aber der »friedfertige« Mann von Natur aus ein Friedensstifter ist, entschloss er sich, keine große Auseinandersetzung wegen der grünen Wand im Esszimmer zu beginnen, vorausgesetzt (und die Betonung liegt auf vorausgesetzt), ich wäre damit einverstanden, dass die restlichen Wände im Haus weiß blieben. Zuerst stimmte ich dem zu, aber eines Tages dachte ich: »Weiße Wände? Wie langweilig. Was für eine Aussagekraft haben weiße Wände?« Dann hatte ich eine brillante Idee. Ich wusste, dass, wenn ich erst einmal Farbe gekauft und mit dem Streichen angefangen hätte, er es nicht ertragen könnte, dass es nicht zu Ende gebracht wird.

Also, was tat ich? Ich ging los und kaufte lila Farbe (nein, kein dunkles Lila, sondern ein richtig schön leuchtendes) und trug davon ein bisschen etwas auf jede der vier Wände auf. Gerade genug, um die Sache ins Rollen zu bringen. Dann würde er die mangelnde Harmonie an den Wänden nicht ertragen können und langsam aber sicher die Arbeit beenden. Gut, das war gemein von mir. Schande über mich, dass ich so etwas getan habe! Ich will Ihnen damit aber auch deutlich machen, dass das Verstehen der Temperamente manchmal etwas Gefährliches mit sich bringen kann. Ich möchte Sie davor warnen, das zu tun, was ich getan habe: Widerstehen Sie der Versuchung, Ihr neues Wissen dazu zu benutzen, um Ihren ahnungslosen Ehemann zu manipulieren.

Unbedingt integer

Als Cameron im letzten Jahr befördert werden sollte, ging sein Chef zu dem Vizepräsidenten, um ihn darauf anzusprechen. Der Vizepräsident war ein junger, erfolgreicher leitender Angestellter, mit dem mein Mann sehr wenig Kontakt hatte. Aber raten Sie mal, was er über Cameron sagte: dass in seiner ganzen beruflichen Laufbahn nur drei Menschen ihn wirklich beeindruckt hätten: Cameron war einer von ihnen. Warum? Weil er absolut integer ist.

Dies ist der »friedfertige« Mann vor allen anderen Dingen.

Mein Mann hat es nicht bis in die höheren Chefetagen der Firma geschafft, obwohl ich ihn all die Jahre anspornte und ihn damit quälte. Er hat nie ein sechsstelliges Gehalt erreicht und nie eine Auszeichnung erhalten. Aber eines weiß ich: Er könnte zu jeder Firma, für die er jemals gearbeitet hat, zurückkehren und würde mit Freuden wieder eingestellt. All das soll nun aber nicht heißen, dass der »friedfertige« Mann nicht auch eine erfolgreiche Karriere machen könnte. Die früheren Präsidenten Gerald Ford und George Bush waren beide »friedfertige« Männer, die einen enormen Erfolg hatten. Sie erreichten Machtpositionen, nicht allein durch ihre Willenskraft oder aufgrund ihrer charismatischen Persönlichkeit, sondern wegen ihres Charakters. Außerdem hat der »friedfertige« Typ kaum Feinde. Jeder liebt ihn. Während auffälligeren Männern die Puste ausgeht und brillantere Männer ausbrennen, arbeitet der »friedfertige« Mann beständig an seinem Weg zur Spitze. Er verhält sich gegenüber seiner Firma loyal und wird kaum die Arbeitsstelle wechseln, egal wie unangenehm die Situation auch wird. Wenn Ihr Mann über viele Jahre hinweg immer bei der gleichen Firma war, können Sie davon ausgehen, dass er stark zum »friedfertigen« Typ hin tendiert.

Einer meiner liebsten Filme ist *Chariots of Fire.* Er erzählt die wahre Geschichte des britischen Goldmedaillengewinners Eric Liddle. Der Film schildert die beständige Weiterentwicklung Erics bis hin zu den Olympischen Spielen. Er ist unauffällig. Er ist nicht davon besessen, die Konkurrenz zu besiegen. Er weiß einfach, dass Gott ihm ein außergewöhnliches Talent gegeben hat, und er möchte es zur Ehre Gottes nutzen. Das steht in scharfem Kontrast zu der anderen Hauptfigur des Films, einem »tatkräftigen« Typ, der sich mit einem riesigen Aufwand auf die Spiele vorbereitet, der die Regeln verdreht, um auf Kosten anderer nach vorne zu kommen. Wenn Sie einmal eine anschauliche Darstellung des Gegensatzes zwischen Gottvertrauen und Selbstvertrauen sehen wollen, den

Unterschied zwischen einem, der berufen, und einem, der getrieben, wird, dann sollten Sie sich diesen Film anschauen. Er ist eine faszinierende Charakterstudie.

Eric bereitete sich systematisch auf die Teilnahme am 100-Meter-Lauf vor. Als er feststellte, dass das Rennen an einem Sabbat stattfinden würde, weigerte er sich anzutreten. Als das britische olympische Komitee davon Wind bekam, waren sie mehr als nur wütend auf ihn. Alles, was sie sahen, war die große Hoffnung auf Ruhm, der durch dieses Rennen zu erringen war. Sie beriefen ein hochrangiges Treffen mit seiner Hoheit, dem Prinzen von Wales, ein und versuchten Eric einzuschüchtern, damit er seine Prinzipien aufgab. Er war höflich, aber nicht umzustimmen. Auf eine ruhige, beständige Art bewahrte er seine Integrität.

Eric nahm am 400-Meter-Lauf teil (der an einem anderen Tag stattfand), ein Rennen, auf das er überhaupt nicht vorbereitet war und das er eigentlich auch gar nicht gewinnen konnte. Zur Überraschung aller gewann er es. Er war ein Mann von fester Integrität, ein Beispiel für das unglaubliche Potenzial des »friedfertigen« Temperaments.

Kümmert sich um die Kranken

Meine Freundin Carol (sie ist eine »tatkräftige« Mutter) hatte uns zu einem Abendessen eingeladen. Wir hatten am Nachmittag noch einmal miteinander telefoniert, und alles war soweit abgemacht. Ich war angezogen und abmarschbereit, als das Telefon klingelte. Carol musste das Abendessen absagen. »Amy ist heute Nachmittag so fest eingeschlafen, dass ich dachte: ›Das ist prima. Da kann ich einiges erledigen.‹ Es kam mir überhaupt nicht in den Sinn, dass etwas mit ihr nicht in Ordnung sein könnte. In diesem Moment kam Chris herein und legte seine Hand auf ihre Stirn. Sie hatte Fieber. Sofort legte er ihr ein feuchtes Tuch auf die Stirn und gab ihr ein Medikament.«

Wenn es nach Carol gegangen wäre, wäre der Abend wie geplant verlaufen. Aber ihr Mann ist ein »friedfertiger« Typ, und für ihn kam es nicht in Frage, seine kranke Tochter zu vernachlässigen.

Ich versuchte ihr auszureden, das Abendessen vorbeizubringen. Aber die »tatkräftige« Frau war schon unterwegs. Sie kam angerauscht mit heißer Lasagne, Knoblauchbrötchen und Salat. Wir standen da und unterhielten uns zwei volle Stunden lang (natürlich darüber, wie wir unsere Kinder unter Kontrolle bekommen). Inzwischen verbrachte ihr Chris mit Florence-Nightingale-Ambitionen den Abend damit, seine kranke Tochter zu versorgen.

Feiner Humor

Leute sagen mir oft, ich hätte Komiker werden sollen, weil ich immer Witze mache und laut lache. Aber in Wirklichkeit ist mein Mann viel komischer als ich. Seine Witze haben Tiefgang. Der »friedfertige« Mann hat einen wunderbaren Sinn für trockenen Humor.

Ich werde nie den Zeitpunkt vergessen, an dem eine gute Freundin herausfand, dass ihr Mann eine Affäre hatte. Genau genommen, dass er während der 16 Ehejahre ständig Affären mit irgendwelchen Frauen hatte. Ihr Mann war ausgezogen, und sie versuchte die Bruchstücke ihre Lebens wieder zusammenzusetzen. Obwohl sie Christin war, beteiligte sie sich seit mehr als drei Jahren nicht mehr aktiv am Gemeindeleben. Sie saß an unserem Küchentisch, und ich versuchte sie dazu zu überreden, sich mit unserem Pastor zu treffen. (Der »tatkräftige« Typ versucht, die Probleme auf den Punkt zu bringen, aber das wissen Sie ja bereits.)

Ich erzählte also, wie wunderbar unser Pastor sei. Und schließlich beendete ich meinen Vortrag mit den Worten: »Er ist der liebenswerteste Mann, den du jemals getroffen hast. Er ist so umsichtig und wunderbar fürsorglich. Ich weiß, dass du ihn lieben wirst.« Um zu bestätigen, dass die detaillierten Ausführungen, die ich ihr dargelegt hatte, korrekt waren, wandte ich mich an Cameron und sagte: »Bist du nicht auch dieser Meinung, Schatz?«

Er war während meiner langatmigen Rede ganz still gewesen, und nun fügte er ruhig hinzu: »Ja, ich halte Pastor Paul auch für einen netten Kerl. Aber ich bin mir ziemlich sicher, dass er schon verheiratet ist.«

Wir brachen in lautes Gelächter aus, das die nächsten zehn Minuten anhielt. Das war genau die befreiende Komik, die wir gebraucht hatten. Meine Freundin meinte dazu: »Das ist das erste Mal seit Wochen, dass ich wieder gelacht habe.« So ist der »friedfertige« Mann. Er sagt nicht viel, aber wenn er etwas sagt, dann ist das oft unglaublich lustig.

Freunde fürs Leben

Bei seiner Loyalität, seinem Sinn für Diplomatie, seinem feinen Witz und seiner Abneigung gegenüber Konflikten ist es nicht schwer zu verstehen, warum der »friedfertige« Mann seine Freunde ein Leben lang behält. Er ist nicht so gut, wenn es um Partys geht, und sein persönlicher Freundeskreis umfasst auch nicht Tausende von Menschen. Stattdessen widmet er sich lieber einem kleinen Freundeskreis, seinen Golfkameraden, seinen Freunden beim Angeln oder im Fall meines Vaters seinen Bier-Freunden. Mein Vater hat seit seinen Teenagerjahren den gleichen Freundeskreis. Was bemerkenswert ist, denn er ist inzwischen schon 72 Jahre alt. Ich kann mich daran erinnern, dass dieselbe Gruppe von Männern fast jedes Wochenende zusammenkam, um sich bei Bier und Brezeln am Küchentisch Geschichten zu erzählen, oder sie werkelten in der Garage an alten Autos herum.

Schwächen des »friedfertigen« Mannes

Sehr langsam

Die Frau eines »friedfertigen« Mannes bekommt sehr häufig Bemerkungen zu hören wie, dass sie sich glücklich schätzen könne, mit einem solch großartigen Mann verheiratet zu sein. Er ist so süß, so liebenswert, so geduldig. Wer um alles in der Welt würde nicht dem Himmel für solch ein wundervolles Exemplar von Mann danken? Seine Frau! Ob Sie es glauben oder nicht, dieser gelassene Mann hat einige ziemlich ärgerliche Schwächen. Die größte unter ihnen ist, dass er anscheinend nur drei Geschwindigkeiten kennt: langsam, unglaublich langsam und komatös. Es ist mir fast peinlich zuzugeben, wie oft ich meinem Mann, wenn er im Haus herumwerkelte, zurief: »Jetzt beeil dich doch endlich mal.« Seine Mitarbeiter sehen diese Seite des »friedfertigen« Mannes nicht, weil er im Normalfall im Job sehr hart arbeitet und versucht, zu jedem freundlich zu sein. Dies verbraucht aber all seine Energie. Wenn er dann nach Hause kommt, hat er absolut keine mehr übrig, die er in seine Frau oder seine Kinder investieren könnte. Er schaltet in den Spargang.

Apropos Spargang, am besten erkennen Sie einen »friedfertigen« Mann auf der Straße. Er fährt dort ebenfalls langsam.

Unmotiviert

Manche »friedfertigen« Väter sind nicht nur langsam, sie sind absolut faul. Ich weiß, dass das nicht gerade nett klingt, aber es ist wahr! Sie können einfach nicht genug Motivation aufbringen, um irgendetwas zu tun. Sie bitten Ihren Mann darum, den Müll rauszubringen, und er sagt: »Aber natürlich, Schatz.« Er ist wirklich gewillt, das zu tun, aber ihm fehlt der Antrieb, sich von der Couch zu erheben und den Müll zur Mülltonne zu tragen. Er hat großartige Pläne, die Garage aufzuräumen, aber er kann die Energie dafür nicht aufbringen. Er plant schon seit Jahren, das Haus neu zu streichen, aber auch hierzu fehlt ihm die Energie. Er wollte eigentlich den Garten neu anpflanzen, aber er hat nie den nötigen Schwung, um mal umzugraben. Wenn Sie etwas beginnen, wird er vielleicht die Motivation aufbringen, es zu vollenden. Aber nicht immer!

Obwohl die meisten dieser Männer in ihrem Job sehr zuverlässig arbeiten, könnte es, falls sie entlassen werden, zu ernsthaften Problemen kommen. Warum? Weil ihnen die Motivation fehlt, die bei der erfolgreichen Suche nach einer neuen Arbeit notwendig ist. Oder aber Sie haben einen Job, aber die Bezahlung reicht nicht aus, um die Familie zu ernähren, oder die Arbeit an sich ist nicht zufriedenstellend. Trotzdem wird er lange daran kleben bleiben, weil er nicht gewillt ist, die für eine Veränderung notwendigen Anstrengungen zu unternehmen. (Bitte erlauben Sie mir hier meine Aussage von vorhin zurückzunehmen: Nicht alle »friedfertigen« Väter sind faul. Sowohl mein Mann als auch mein Vater haben dieses Temperament, und bis jetzt sind beide sehr hart arbeitende Männer. Sie würden mir nie vergeben, wenn ich das nicht erwähnen würde! Wenn Sie über die Stärken und Schwächen, die hier in diesem Buch aufgelistet werden, lesen, dann halten Sie sich bitte immer vor Augen, dass niemand zu hundert Prozent einem dieser Temperamente zugeordnet werden kann. Wir sind alle einzigartig!)

Unentschlossen

Manchmal wirkt der »friedfertige« Mann unmotiviert, obwohl er in Wirklichkeit unentschlossen ist. Ihm macht seine Arbeit keinen Spaß, aber er kann sich nicht dazu durchringen, etwas zu verändern. Außerdem, was wäre, wenn sich herausstellt, dass der neue Job genauso schlecht ist? Furcht – besonders die Angst, eine falsche Entscheidung zu treffen – ist häufig der tiefere Grund für seine Passivität. So beschließt er, lieber nichts zu beschließen.

Fernsehsüchtig

Er ist der Inbegriff eines Stubenhockers. Wie eine Frau es ausdrückte: »Als mein Mann und ich verheiratet waren, wurden er und die Couch eins.« Wenn der »friedfertige« Mann am Abend von der Arbeit nach Hause kommt, begibt er sich direkt zur Couch. Idealerweise hat er ständig ein Tablett bei »seinem« Sessel stehen, sodass er zu Abend essen kann, während er Fernsehen schaut. Wenn die Kinder versuchen, mit ihm zu reden, brummelt er nur »mhm« oder weist sie ab. Seine Vorstellung von einem gemeinsamen romantischen Abend besteht darin, seine Frau zu bitten, sich neben ihn zu setzen und mit ihm gemeinsam Fernsehen zu schauen. Innerhalb weniger Minuten ist er dann eingeschlafen. Es ist für einen Mann mit diesem Temperament nicht ungewöhnlich, den größten Teil seiner arbeitsfreien Zeit in einem geistig mehr oder weniger abwesenden und dösenden Zustand zu verbringen, was ihn im Wesentlichen zu einem Vater macht, der ständig nicht ansprechbar ist.

Das schönste Geschenk, das Sie Ihrem Mann machen können, ist ein bequemer Sessel. Er wird ihn lieben! Aber wenn Sie ihn wirklich lieben, sollten Sie ihm einen solchen nicht kaufen, weil es Ihnen nie gelingen wird, ihn da wieder herauszubekommen. Und Sie wollen ja wohl keinen Mann, der für den Rest seines Lebens in einem Sessel festklebt.

Dies klingt vielleicht schockierend, und ich gebe zu, dass das ein radikaler Schritt ist, aber ich habe inzwischen den Fernseher vor meinem Mann in Sicherheit gebracht. Ja, ich gebe es zu! Jeden Abend nach dem Essen wäre er auf der Couch gesessen, hätte in die Röhre geguckt und wäre auch prompt dabei eingeschlafen. Die Kinder brauchten Zeit mit ihrem Vater, und ich brauchte auch Zeit mit ihm. Ich spürte, dass der Fernseher ihn daran hinderte, die Art von Mann zu werden, die er eigentlich werden wollte. (Die »tatkräftige« Frau denkt immer, dass sie hilft, wenn andere der Meinung sind, dass sie beherrschend ist.) Zuerst war er natürlich geschockt, aber inzwischen gibt er freimütig zu, dass sein Leben ohne den Fernseher, der seine Zeit so sehr in Anspruch genommen hat, deutlich besser geworden ist. Schließlich pflanzte er sogar den Garten an, und er plant und spricht darüber, seinen Papierkram endlich mal zu organisieren. Würden Sie einem Alkoholiker nicht auch den Alkohol wegnehmen? Ich jedenfalls beseitigte das Objekt der Begierde meines Mannes. Natürlich hatte er zunächst Entzugserscheinungen … aber jetzt ist es schon viel besser!

Drückeberger

Der »friedfertige« Mann ist nicht gerade ein Meister darin, neue und aufregende Dinge zu finden, die seine Familie tun könnte, was an sich kein großes Problem wäre, wenn dazu nicht eine besondere Charaktereigenschaft käme. Nicht nur, dass der »friedfertige« Mann selten irgendwelche neuen Aktivitäten unternimmt, für ihn kommt es einem drohenden Weltuntergang gleich, wenn Sie zu ihm sagen: »Schatz, lass uns doch heute Abend essen gehen, nur wir zwei.« »Ich bin zu müde«, kommt die Antwort. Oder: »Ich habe eine großartige Idee. Lass uns am kommenden Wochenende ein Familienpicknick veranstalten.« Ein Grunzen als Antwort. »Schatz, was hältst du davon?« Wieder ein Grunzen. Er wird nicht mit der Wahrheit herausrücken und sagen: »Vergiss es, Baby. Daraus wird nichts.« Dazu ist er zu höflich. Aber in neun von zehn Fällen, wird es, wenn die Zeit für das Picknick gekommen ist, nicht möglich sein, ihn aus dem Bett zu bekommen. Er wird sich die Bettdecke über den Kopf ziehen und sich weigern mitzukommen. »Mir geht es nicht gut«, ist die Erklärung, die Sie bekommen.

Eine Frau sagte, nachdem sie jahrelang nach gemeinsamen Interessen mit ihrem Mann gesucht hatte: »Wie kann man gemeinsame Interessen pflegen mit jemandem, der sich für überhaupt nichts interessiert?« Das ist in der Tat sehr schwierig. Und ohne gemeinsame Interessen hat Ihre Ehe ungefähr die Qualität eines verregneten Tages.

Was Ihr »friedfertiger« Mann am meisten von Ihnen braucht

Wenn Sie einen »friedfertigen« Mann geheiratet haben, dann sind Sie mit jemandem gesegnet, der fast immer darum bemüht ist, Ihre Bedürfnisse zu befriedigen. Aber Sie sollten die Tatsache nicht aus den Augen verlieren, dass auch er Bedürfnisse hat. Berücksichtigen Sie besonders die folgenden.

Frieden

Sein Hauptanliegen in seinem Leben ist es, Konflikte zu vermeiden, um in Harmonie mit sich selbst und den Menschen um sich herum zu leben. Wenn er am Ende des Tages nach Hause kommt, ist es für ihn die schlimmste Vorstellung, ein Chaos anzutreffen – schreiende Kinder, die Küche in einem bedauernswerten Zustand, eine Frau, die bereit ist, jeden zu ermorden, der ihr über den Weg läuft. Wenn Ihr Mann so etwas zu Hause antrifft, dann sollten Sie sich nicht wundern, wenn er sich sofort auf die Couch zurückzieht und sich seinem geliebten Fernsehapparat zuwendet. Und seien Sie auch nicht erstaunt, wenn er prompt einschläft. Das ist seine Art, dem Wahnsinn zu entkommen. Ich weiß, wie schwierig es ist, wenn die gesamte Welt verrückt spielt und das Leben mit einer halsbrecherischen Geschwindigkeit vorbeirast. Aber versuchen Sie Ihr Bestes, Ihr Haus zu einer Zuflucht vor diesem Sturm zu machen.

Hier einige Vorschläge, die mir geholfen haben, ein friedliches Umfeld zu schaffen: Als Erstes: Kochen Sie einen Eintopf. Ich weiß, das klingt verrückt. Aber das Schöne daran ist, dass Sie das Ganze bereits morgens vorbereiten können und dann den ganzen Tag Zeit haben, die Küche wieder in Ordnung zu bringen. So rennen Sie, wenn Ihr Mann nach Hause kommt, nicht mit einer Bratpfanne in der Hand herum und haben noch das Mehl im Gesicht. Ich habe daneben noch in eine Auswahl von entspannenden CDs investiert, zum Beispiel solche mit Klängen aus der Natur: ein Wasserfall, ein sanftes Meeresrauschen, die Stimme eines zwitschernden Vogels. Ich nenne hier die, die ich bevorzuge. Ich habe aber auch eine Kollektion mit klassischer Musik, Instrumentalmusik und religiöser Musik. (Die religiöse Musik interessiert ihn weniger. Sie ist ihm nicht friedlich genug!) Wenn ich es schaffe, das Baby ins Bett zu bekommen, bevor der Vater nach Hause kommt, dann ist das optimal, weil es uns so möglich ist, unser Abendessen in Ruhe einzunehmen. Manchmal habe ich sogar Kerzenlicht auf dem Küchentisch (wenn ich die Streichhölzer finde).

Eines der wichtigsten Dinge, die Sie tun können, um den Frieden zu wahren, ist, Ihren Mann mit einer Art Frühwarnsystem zu versorgen. Das deshalb, weil er für ein bevorstehendes Ereignis eine lange Vorwarnzeit benötigt. Wenn es etwas gibt, das er nicht ausstehen kann, dann das, dass ein Plan plötzlich geändert wird. Er hatte sich darauf eingestellt, sich vor den Fernseher zu setzen, und plötzlich kommen Sie ihm mit einer Dinnerparty bei den Jones. Da er generell nur sehr langsam für eine Idee zu erwärmen ist, braucht er eine angemessene Zeit, um sich mit dem Gedanken vertraut zu machen. Wenn Sie das Blut dieses normalerweise gutmütigen Mannes zum Kochen bringen wollen, dann versuchen Sie, ihm etwas heimlich unterzujubeln. Nehmen Sie sich in Acht.

Ich werde nie den Mittwochabend vergessen, als meine Schwester anrief, um uns zur Geburtstagsparty meiner Nichte einzuladen. Ich legte den Hörer auf, drehte mich zu meinem Mann um und erzählte ihm von der Einladung. Er drehte förmlich durch. Ich konnte nicht verstehen, warum er sich so aufführte, aber das hielt mich nicht davon ab, den Kampf weiterzuführen. Wir stritten uns beinahe eine dreiviertel Stunde lang, als ich schließlich in meiner Wut schrie: »Was genau musst du an diesem Samstag so Wichtiges tun, dass du nicht zur Geburtstagsparty meiner Nichte gehen kannst?« Plötzlich war er ruhig. »Du meinst, die Party ist am Samstag?« »Ja«, antwortete ich. »Oh, ich dachte, sie wäre heute Abend. Dann ist das kein Problem. Natürlich können wir gehen.« Und damit brachen wir beide in ein hysterisches Gelächter aus, bis wir uns schließlich vor Lachen kugelten. Er hatte seine Vorwarnung. Der Frieden war wieder hergestellt im Partow-Haushalt!

Entspannung

Sie mögen Ihren Mann als »faul« bezeichnen, aber sein emotionales Bedürfnis nach Entspannung ist so legitim wie jedes andere Bedürfnis, und es steckt tief in Ihrem Mann. Wenn Sie ihn von seinem geliebten Fernseher trennen (auch wenn das bedeutet, dass Sie ihm die Fernbedienung aus der Hand nehmen), dann ist es an Ihnen, ihm dafür einen Ersatz anzubieten. Wie wäre es mit einem entspannenden Abend mit Ihnen? Warum nicht bei leiser Musik? Vielleicht ein geruhsamer Spaziergang um den Block? Seien Sie kreativ und bitten Sie Gott darum, Ihnen zu helfen, einige gute Alternativen zu entwickeln.

Lob

Dies war der Schlüssel, der die Beziehung zu meinem Mann wirklich veränderte. Als ich begann, ihm für seine vielen guten Eigenschaften ein ernsthaftes Lob und meine Anerkennung auszusprechen, erkannte ich plötzlich, dass mein Mann volles Vertrauen in mich hatte (Sprüche 31,11). Er begann sich in unserer Beziehung sicherer zu fühlen und darin Ruhe zu finden. Vielleicht denken Sie: »Wenn ich jetzt anfange, nett zu ihm zu sein, dann hält er das für einen Trick. Wenn ich anfange, ihn zu loben, dann wird er misstrauisch und verdächtigt mich, es nicht ernst zu meinen.« Wenn er vom Temperament her nur halb »perfekt« ist, dann könnten Sie damit Recht haben. Dann wird er möglicherweise so reagieren. Dann müssen Sie doppelt so hart daran arbeiten, ihm zu versichern, dass Sie ihn wirklich loben und ihm nicht nur schmeicheln wollen. Da gibt es nämlich einen Unterschied. Schmeichelei ist oberflächlich. Lob nimmt sich die Zeit, um wirklich nach dem Guten zu suchen und es in Ehren zu halten. Dazu sagt die Bibel (bitte wundern Sie sich nicht über meine leichte Abwandlung): »Weiter, liebe Frauen ›friedfertiger‹ Männer: Was wahrhaftig ist, was ehrbar, was gerecht, was rein, was liebenswert, was einen guten Ruf hat, sei es eine Tugend, sei es ein Lob – darauf seid bedacht!« (Philipper 4,8)

Selbstwert

Ihr Mann braucht Sie, damit Sie ihm versichern, dass er ein wertvolles menschliches Wesen ist, auch wenn er, nach menschlichen Maßstäben gemessen, nichts besonders Wertvolles vollbringt. Es ist ziemlich wahrscheinlich, dass Ihr gelassener Ehemann niemals die Art von Erfolg haben wird, für den die Welt Applaus spendet. Aber gerade deshalb braucht er es so dringend, dass Sie ihm applaudieren. Deshalb braucht er Sie, damit Sie sein Selbstwertgefühl aufbauen, indem Sie ihn liebevoll beruhigen, anstatt ihn zu kritisieren oder niederzumachen. Das erste Mal, als ich das Lied »The Measure of a Man« [Die Größe eines Mannes] von 4Him hörte, fuhr ich gerade die Autobahnausfahrt herunter. Das brachte genau das zum Ausdruck, wovon ich wusste, dass ich es meinem Mann sagen sollte (deshalb kaufte ich ihm die CD). Das Lied erinnerte mich daran, dass die körperliche Erscheinung meines Mannes, die Summe an Geld, die er verdient, oder die Anzahl von tollen Ideen, die er hat, nicht wirklich zeigen, was für eine Art von Mann er ist. Eine Zeile in diesem Lied hat meinem Mann besonders viel bedeutet, als ich ihm versicherte, dass ich fest daran glaube: »Was in seinem Herzen ist, das macht die Größe eines Mannes aus.«

Ich erinnere meinen Mann oft an seine vielen wunderbaren Eigenschaften: dass die Menschen ihn lieben, dass er ehrlich ist, hart arbeitend und loyal ist. Ich betone, wie wundervoll er mit dem Baby umgeht, und dass, wann immer unsere Kinder Probleme haben, sie sich an ihn wenden. Wer braucht ein Strohfeuer, wenn er etwas mit Substanz haben kann?

Ich muss Ihnen noch erzählen, was geschah, nachdem ich vor ungefähr einem Jahr dieses Kapitel geschrieben habe. Während ich an diesem Buch arbeitete, hat sich Gott mit mir wirklich hinsichtlich meiner Haltung gegenüber meinem Mann befasst. Ich habe erkannt, dass ich tief in mir drinnen darüber enttäuscht war, dass mein Mann nicht einen Haufen Geld verdiente »wie all die anderen Männer in der Nachbarschaft«. Ich hatte das Gefühl, als Mutter versagt zu haben, und das war alles seine Schuld, weil er nicht genug Geld verdiente und ich deshalb arbeiten musste. Ich fühlte mich erschöpft und verärgert. Gott hat mir zwei Dinge gezeigt: erstens, dass ich für meine Einstellungen und Handlungen selbst verantwortlich bin; mit dem Finger auf meinen Mann zu zeigen, ist ein Ablenkungsmanöver. Und zweitens, dass es meine Aufgabe ist, meinen Mann zu lieben, egal ob er es schafft, den finanziellen Status zu erreichen, den ich mir erhoffe, oder nicht.

Als ich daran arbeitete, das Vertrauen meines Mannes wieder herzustellen, war es, als wenn in ihm ein Licht anginge: »Ja, ich habe einige echt gute Eigenschaften! Ich arbeite hart, bin ehrlich und loyal. Die Tatsache, dass die Leute mich mögen, ist eine wichtige Fähigkeit für meinen Beruf. Meine Fähigkeit, Konflikte zu lösen und Frieden zu stiften, kann in meiner Firma zu einer Veränderung führen.« Als er dieses neu gewonnene Selbstvertrauen an seinem Arbeitsplatz auslebte, bemerkte das sein Vorgesetzter. Kürzlich wurde er befördert, was mit einer deutlichen Gehaltserhöhung verbunden war, und er erhielt zusätzlich noch andere Vergünstigungen, einschließlich einer Reise auf die Bermudas für uns beide.

Ich möchte die von Ihnen, die mit einem »friedfertigen« Mann verheiratet sind, ermutigen, Gott um Hilfe zu bitten, dass Sie wirklich an Ihren Mann glauben können. Oberflächliche Worte des Lobes sind nicht genug. Aber wenn Sie anfangen, wirklich an ihn zu glauben, dann wird er auch an sich selbst glauben. Ich sage oft zu Leuten, die ein eigenes Geschäft gründen wollen: »Glauben Sie an sich und die anderen werden es auch tun.« Helfen Sie Ihrem Mann, an sich selbst zu glauben, und andere werden auch an ihn glauben.

Liebevolle Motivation

Es ist überflüssig zu erwähnen, dass Sie nicht an Ihrem Mann herumnörgeln sollen. Ich hoffe wenigstens, dass es das ist. Salomo sagte, dass nichts schlimmer ist, als mit einer nörgelnden Frau zusammen zu leben, und er hatte Recht. Glauben Sie mir, wenn es mit Nörgeln und Sticheln zu schaffen gewesen wäre, dann hätte mein Mann den Mount Everest bestiegen und wäre Präsident einer international tätigen Firma geworden. Was Ihr Mann wirklich braucht, ist liebevolle Motivation. Ich gebe zu, dass das eine diffizile Sache ist, und ich habe das bis heute noch nicht so richtig im Griff. Ich kann Ihnen ein Beispiel aus meinem eigenen Leben geben, das die Unterschiede etwas verdeutlicht.

Mein Mann spielt außerordentlich gut Gitarre. Allerdings hat er das über Jahre hinweg nicht mehr getan. Als wir uns unserer jetzigen Gemeinde anschlossen, ließ das musikalische Programm, um es gelinde auszudrücken, etwas zu wünschen übrig. Wie der Pastor selbst zugab, war das ein schwaches Bild für eine ansonsten wachsende und dynamische Gemeinde. Ich wusste sofort, dass, falls mein Mann seine Gitarre wieder hervorholen würde, dies eine bedeutende Verbesserung hinsichtlich der musikalischen Begleitung unseres Gesangs bedeuten würde. Ich schlug es ihm vor. Ich schlug es ihm wieder vor. Ich erwähnte es eine Zeit lang immer wieder. Jahre vergingen mit meinem wöchentlichen Genörgel. Ungefähr drei Jahre, nachdem wir zu der Gemeinde gestoßen waren, nahm ich meinen Mann bei der Hand und ging mit ihm zu dem für die Musik Verantwortlichen und erklärte: »Dieser Mann ist der beste Gitarrist, den Sie je gehört haben. Wenn Sie ihn nicht verpflichten, sind Sie verrückt.« Dann drehte ich mich um und ging hinaus. Der musikalische Leiter nahm nun die Sache in die Hand, und seitdem erfreut mein Mann die gesamte Gemeinde mit seinem Talent.

Liebevolle Motivation bewirkt etwas. Versuchen Sie es bei Ihrem Mann und Sie werden es sehen.

Teil 3

Verstehen Sie Ihre Ehe

11. Wie die »populäre« Frau den Herrn des Hauses bei Laune hält (und verärgert)

»Populäre« Frau und »populärer« Mann

Wenn zwei Menschen, die es lieben, im Mittelpunkt zu stehen, zusammentreffen, dann kann das zu Rivalitäten führen. Da beide immer im Zentrum der Aufmerksamkeit sein wollen, kann sich leicht eine engstirnige Eifersucht entwickeln, weil einer den anderen ausstechen will. Auf der anderen Seite neigt keiner von beiden dazu, lange böse zu sein, doch wenn dieses Problem immer wieder aufs Tablett kommt, kann das zu einem andauernden Streit beitragen. Eine mögliche Lösung wäre natürlich, die Beachtung aufzuteilen. So könnte zum Beispiel der eine mehr im häuslichen Bereich und in der Beziehung im Mittelpunkt stehen, während der andere dies bei der Arbeit tut. Vorausgesetzt, beide sind mit dieser Regelung einverstanden, was bedeutet, dass jeder genug Aufmerksamkeit, Zustimmung und Zuwendung bekommt, dann sollte dies zu keinen übermäßigen Problemen in der Ehe führen.

Bei diesem Ehepaar handelt es sich mit größter Wahrscheinlichkeit um eines, das gern Spaß hat und das gemeinsame Leben genießt. Sie haben ohne Zweifel viele Freunde und lieben es, Partys zu geben. Ihre Kinder freuen sich darauf, nach Hause zu kommen (auch wenn es nicht gerade das luxuriöseste ist), und alle ihre Freunde wünschen sich, ihre Eltern wären genau wie deren Eltern. Beide kommen gut miteinander aus, vorausgesetzt, das Leben verläuft gut. Aber wenn schwierige Zeiten kommen, dann kann ihnen die innere Stärke fehlen, um diese durchzustehen. Ihnen ist anzuraten, in finanziellen Dingen besonders wachsam zu sein. Keiner von Ihnen kann gut mit Geld umgehen, sodass Kreditkarten in Ihrer Ehe zu einer tödlichen Waffe werden können. Wenn Sie Spaß haben, dann geben Sie auch Geld aus. Wenn Sie Ärger haben, dann tun Sie das ebenfalls. Wenn Sie nach einem anstrengenden Tag von der Arbeit nach Hause kommen, dann gehen Sie zum Essen in ein Restaurant und geben wieder Geld aus. Hoffentlich hat einer der Partner einen gut bezahlten Job und verdient genug Geld, um diesen kostspieligen Lebensstil zu finanzieren. Wenn nicht, dann können Sie sich darauf gefasst machen, dass Sie während Ihres gesamten Lebens ernsthafte finanzielle Probleme haben werden, besonders aber wenn Sie in den Ruhestand gehen.

»Populäre« Frau und »perfekter« Mann

Das ist eine sehr häufige Kombination und eine, die mit viel Ärger verbunden sein kann, wenn man nicht richtig mit ihr umgeht. Unglücklicherweise gibt es eine Menge bedeutender Dinge, die die »populäre« Frau an sich hat und über die sich der »perfekte« Ehemann ärgert. So ist die »populäre« Frau zum Beispiel desorganisiert und ungenau, die schlimmsten Verbrechen, die sich ein »perfekter« Mann vorstellen kann. Er ist der Ansicht, dass seine Frau eine Angeberin ist, und schon bald wird er zunehmend intoleranter gegenüber ihrer Neigung, wilde Storys zu erzählen und dabei hoffnungslos zu übertreiben. Doch für sie ist es genauso hart, denn sie wird versucht sein zu denken: »Wie habe ich es nur geschafft, die einzige Person auf der Welt zu heiraten, die mich nicht mag?«

Der »perfekte« Mann mag Leute, die ernst, intellektuell und tiefsinnig sind, was bei seiner Frau oftmals zu der verwunderten Frage führt, warum um alles in der Welt er eine »populäre« Frau wie sie geheiratet hat. Wenn sie ihn glücklich machen will, sollte sie versuchen, ein vernünftiges Gespräch mit ihm zu führen ... wenigstens eines pro Woche.

Dieses Ehepaar kriegt sich häufig wegen finanzieller Angelegenheiten in die Haare. Eine Frau berichtet von radikalen Schritten, die sie unternommen hat, um den Streit ums Geld zu beenden:

Das Erste, was ich tat, war, alle meine Kreditkarten abzuschaffen. Das heißt, ich musste natürlich zuerst einsehen, dass ich mit Geld nicht verantwortungsvoll umgehen konnte. Diese so genannte Annehmlichkeit war es nicht wert, meinen Mann zur Weißglut zu treiben. Wir hatten ein gemeinsames Scheckbuch, aber das machte ihn wahnsinnig. Ich schrieb Schecks aus oder hob Geld ab, ohne ihm davon etwas zu sagen. Dann musste er das Konto wieder ausgleichen und erfuhr so von all den Abbuchungen, die ich ihm, weil es mir peinlich war, verschwiegen hatte. Wir stritten uns ständig.

Dann eröffnete er für mich ein eigenes Girokonto und überwies mir darauf einen bestimmten Geldbetrag jeden Monat, den ich zur Verfügung hatte. Ich gab das ganze Geld gleich am Monatsanfang aus, aber da ich mich nicht traute, ihn um weiteres Geld zu bitten, ließ ich immer wieder Schecks platzen. Schließlich sagte ich zu ihm: »Ich kann mit einem Girokonto nicht umgehen. Ich will Bargeld.« Nun hatte ich keinen Zugang zu Kreditkarten und auch keinen zu den Konten mehr. Er gab mir Bargeld für den Lebensmittelhändler, fürs Gas und sonstigen Haushaltsbedarf. Es klingt verrückt, aber das bedeutete in unserer Ehe eine große Veränderung. Nun hat er nicht mehr so viel Kummer mit mir. Meine Ausgaben sind kontrolliert, weil ich nur einen bestimmten Betrag zum Ausgeben zur Verfügung habe. Ich gebe mir alle Mühe, ihn nicht um mehr zu bitten. Wenn sich mein Mann das ausgedacht hätte, wäre ich wahrscheinlich böse mit ihm gewesen. Aber ich war diejenige, die diesen Weg gewählt hatte. Ich verursachte einfach zu viel Stress. Ich musste einsehen, dass ich mich selbst nicht unter Kontrolle hatte. Ich habe viele Wege ausprobiert und keiner hat funktioniert. Für mich ist es so leichter.

Ich sagte Ihnen ja bereits, dass sie sehr radikale Schritte unternahm. Ihre Situation ist vielleicht nicht ganz so ernst. Doch wenn Sie und Ihr Mann sich wegen Geld in einem ständigen Kriegszustand befinden, dann sollten Sie für sich selbst eventuell auch eine solch radikale Maßnahme in Erwägung ziehen.

Ein anderes Schlachtfeld zwischen der »populären« Frau und dem »perfekten« Mann ist das Haus. Besonders sein Wunsch nach einem perfekten Heim und ihre Unfähigkeit, dies zu bewerkstelligen, führt auf beiden Seiten zu großer Frustration. Glauben Sie mir, ich sympathisiere bei diesem Kampf mit Ihnen. Trotzdem möchte ich Sie dazu ermutigen, etwas dagegen zu unternehmen. Wenn Sie es sich leisten können, sollten Sie ihn Erwägung ziehen, einmal pro Woche eine Putzhilfe zu engagieren oder wenigstens einmal pro Monat. Wenn es dann Friede gibt, hat sich die Ausgabe gelohnt. Ich habe oft eine Putzhilfe genommen, wenn ich mit einem wichtigen Projekt beschäftigt war. Sie müssen ja nicht gleich eine auf Lebenszeit engagieren. Selbst wenn Sie nur ein- oder zweimal kommt, kann das schon genug sein, um Ihnen etwas auf die Sprünge zu helfen.

Wenn Sie mehr Zeit als Geld haben, dann kaufen Sie doch ein paar Bücher über Organisation und informieren Sie sich darin. Mit der richtigen Einstellung kann das sogar Spaß machen. Ja, Sie haben richtig gelesen: Spaß! Kathy Peel ist eine meiner Lieblingsautorinnen, wenn es um das Thema hausfrauliche Tätigkeiten geht. Ihr Buch *The Family Manager* (Word, 1996) ist als Einstieg optimal geeignet. Machen Sie dann weiter mit *Do Plastic Surgeons Take Visa?* (Word, 1992). Donna Otto, Emilie Barnes und Sandra Felton haben Bücher, die Mut machen, für unerfahrene Hausfrauen wie Sie geschrieben. Wenn Sie jemals die Gelegenheit haben, eines ihrer lebendigen Seminare zu besuchen, dann sollten Sie das unbedingt tun. Sie können wochenlang davon zehren. Ich hoffe, dass Sie einige »perfekte« Frauen als Freundin haben, die dazu bereit sind, Ihnen bei der Organisation Ihres Haushaltes zu helfen. Bitten Sie sie darum. Auch wenn Sie es selbst nicht so empfinden, tun Sie es um des Seelenfriedens Ihres Mannes willen.

Wie Sie sich bestimmt erinnern, hat das »perfekte« Temperament das tiefe Bedürfnis nach einem persönlichen Platz. Als ich ein kleines Mädchen war, teilte ich ein Bett mit meiner Schwester Helen. Wir zogen eine unsichtbare Linie in der Mitte, und wenn ich wagte, diese zu überschreiten, bezog ich von ihr Prügel. Selbstverständlich ließ ich ihr die gleiche Behandlung angedeihen. Die

Frau des »perfekten« Mannes fühlt sich oft wie ein kleines Mädchen, das gerade die Fußspitze über die unsichtbare Linie geschoben hat.

Bevor John und Debra in ihr Traumhaus einzogen, arbeitete John zusammen mit dem Architekten hart daran, sein Haus optimal zu gestalten. Es sollte sein Zufluchtsort sein. Debra berichtet, wie genau er den Plan ausarbeitete:

> Er war total aufgeregt, als er seinen Schreibtisch ins Haus trug. Aber sobald er ihn hineingestellt hatte, nahm ich ihn in Besitz. Mit der Zeit lagen darauf überall meine Papiere herum. Das Spielzeug der Kinder wurde überall hingeworfen, und die Kinder waren außer Rand und Band. Und er war ziemlich reizbar. Er schlug vor, dass ich meinen eigenen Schreibtisch bekommen und ihn am anderen Ende des Büros aufstellen sollte. Aber er war noch immer nicht glücklich, weil sich auf meinem Schreibtisch alles meterhoch stapelte. Für mich war das kein Problem, aber ihn ärgerte es wirklich. Auch wenn ich ihn gerade geputzt hatte, sah mein Schreibtisch nie so gut aus wie seiner. Wenn es meiner Ansicht nach ordentliche Stapel waren, so waren es in seinen Augen doch immer noch Stapel. Als wir anfingen, offen darüber zu reden, entdeckte ich, dass es ihn auch verletzte, dass ich die Kinder in seinen ganz privaten Raum hereinließ.

Der erfreuliche Tag einer »populären« Frau kann ihrem »perfekten« Ehemann einen depressiven Abend bescheren. Barbara berichtet über solch ein Ereignis:

> Mein Haus war schon immer voll mit Kindern. An diesem bestimmten Tag hatte ich sämtliche Nachbarskinder da, die im Hof herumrannten. Es hatte seit Tagen geregnet, sodass sie ziemlich dreckig waren. Außerdem hatten wir gerade einen kleinen Hund gekauft, und der verteilte den ganzen Matsch nun gleichmäßig im Haus.
>
> Ich beschloss, die Kinder ins Haus zu schicken, bevor sie den ganzen Garten auseinander nahmen. Sie bettelten so lange, bis

> wir schließlich Plätzchen backten. Überflüssig zu betonen, dass sie die ganze Küche mit Teig zukleisterten. Aber uns machte das viel Spaß. Ich war der Meinung, dass ich genug Zeit hätte, das Haus wieder in Ordnung zu bringen, bis mein Mann nach Hause kam. Aber dann fuhr mein Mann plötzlich in die Einfahrt. Ich wusste, dass ihn, wenn er hereinkäme, der Schlag treffen würde. Deshalb fing ich ihn an der Tür ab und sagte: »Würdest du bitte noch einmal gehen? Du kannst jetzt nicht reinkommen.« Er sagte, dass er nur etwas aus seinem Büro holen müsse, aber bevor er sich dorthin auf den Weg machte, kam unser Jüngster angerannt mit Zuckerguss überall im Gesicht. Mein Mann warf einen Blick in den Garten und die Küche und bekam einen Schock. In meinen Augen war dieser Nachmittag wirklich lustig gewesen, nach seiner Auffassung war das völlig inakzeptabel. Er war an diesem Abend sehr niedergeschlagen.

Barb berichtet auch, dass ihr Mann manchmal von der Arbeit zu Hause anruft und fragt: »Wie geht's dem Haus?« Sie sagte: »Ich konnte es nicht glauben. Er fragte nicht, wie es mir geht, er wollte nur wissen, ob das Haus in Ordnung war. Ist alles erledigt. Ist alles aufgeräumt? Ich war sehr verletzt. Er war nicht an mir interessiert, er interessierte sich nur für das Haus.«

Die »populäre« Frau nimmt ihrem »perfekten« Ehemann seinen Pessimismus übel, während er ihren Optimismus für töricht und oberflächlich hält. Die Wahrheit ist, dass sie ein schlechter Menschenkenner ist, der leicht den falschen Leuten hinterherläuft oder die Absichten der männlichen Freunde falsch auslegt. Um freundlich zu sein, sendet sie möglicherweise eine falsche Botschaft aus. Wenn ihr scharfsinniger Ehemann sie zu warnen versucht, greift sie ihn verbal an, anstatt auf seinen Rat zu hören.

Die beiden können viel voneinander lernen, sodass aus zwei Hälften ein wundervolles Ganzes wird, wenn sie es schaffen, ihre Differenzen beizulegen. Da Sie es sind, die dieses Buch lesen, haben Sie die Werkzeuge dazu in der Hand. Ich möchte Sie deshalb ermutigen, den ersten Schritt zu tun.

»Populäre« Frau und »tatkräftiger« Mann

Diese beiden geben eigentlich ein recht harmonisches Paar ab, vorausgesetzt sie engagiert sich mehr im sozialen Bereich, während ihr Mann für die geschäftlichen Bereiche zuständig ist. Weil sie beide extrovertiert sind und jede Menge Energie haben, macht es ihnen Spaß, gemeinsam aktiv etwas zusammen zu unternehmen. Zu bedauern ist nur das arme »friedfertige« Kind, das von einem solchen Paar in die Welt gesetzt wird!

Zu Konflikten kann es kommen, wenn der »tatkräftige« Ehemann seine Frau als kapriziös ansieht und sie beschuldigt, nichts auf die Reihe zu bringen. Für seinen Geschmack ist sie möglicherweise nicht zielorientiert genug. Und vielleicht hat er auch das Gefühl, dass sie zu viel Zeit mit Reden zubringt, besonders wenn Sie den ganzen Tag telefonieren. Er will Ergebnisse sehen, nicht Beziehungen. Um den Konflikt zu entschärfen, sollte die »populäre« Frau die Ergebnisse hervorheben, die sie dadurch erzielt hat, dass Sie in der Kirche und Gemeinde wichtige Beziehungen herstellen konnte.

Falls die zweite Eigenschaft des »tatkräftigen« Mannes »perfekt« ist, dann haben Sie wahrscheinlich ein anderes Problem. Nachdem er den ganzen Tag in seiner extrovertierten »tatkräftigen« Art im Büro gearbeitet hat, möchte er sich am Abend in seine introvertierte »perfekte« Art zurückziehen. Wenn die »populäre« Mutter den ganzen Tag zu Hause war und sich mit keinem Erwachsenen unterhalten konnte, dann sehnt sie sich nach jemandem, mit dem sie reden kann. Selbst wenn er wirklich gut drauf ist, hält der »tatkräftige« Ehemann das Gespräch sehr knapp. Er hat einfach keine Geduld für lange, ausführliche Storys. Er will, dass die Leute zur Sache kommen. Seine natürliche Neigung, bei den Storys seiner Frau ungeduldig zu werden, wird dadurch verstärkt, dass seine zweiten Eigenschaften denen des »perfekten« Typs entsprechen, der sein Heim als einen Ort der Ruhe, Stille und Einsamkeit betrachtet.

Wenn das der Fall ist, dann sollte die »populäre« Frau aktiv Freundschaften mit Frauen pflegen, sodass sie ihr Bedürfnis nach Gesprächen mit Erwachsenen befriedigt hat, bevor ihr Mann am Abend von der Arbeit nach Hause kommt. Sie sollte sich auch vornehmen, einen Abend pro Woche auszugehen, nachdem sie die Kinder ins Bett gebracht hat. So bekommt ihr Mann zumindest einen ruhigen Abend inmitten einer hektischen Woche.

»Populäre« Frau und »friedfertiger« Mann

Die »populäre« Frau redet und redet und redet. Laut, lauter, am lautesten. Zu Anfang denkt ihr »friedfertiger« Ehemann, dass das ganz nett ist. Schließlich hat er sie ja auch geheiratet, damit da jemand ist, der Konversation machen kann. Aber das, was sie jetzt tut, ist lächerlich. Muss sie nicht irgendwann einmal Luft holen? Ihr ständiger Drang, Geräusche von sich zu geben, treibt ihren zurückhaltenden Partner in den Wahnsinn. Verstehen Sie es richtig: Er braucht eine Möglichkeit, um sich hinzusetzen und in Ruhe zu arbeiten, egal ob er ein Kreuzworträtsel löst oder den Schreibkram erledigt. Wenn die »populäre« Frau es versäumt, ihm einen persönlichen Freiraum an Zeit und einen ruhigen Platz einzuräumen, wird er am Ende völlig fertig sein.

Sie liebt endlose Aktivitäten, aber wenn sie darauf spekuliert, dass ihr »friedfertiger« Ehemann bei diesem Tempo mithält, wird sie eine große Überraschung erleben. Wenn sie fordert, dass er mit ihr mithalten soll, dann wird ihm im wörtlichen Sinne übel vor Erschöpfung. Bei Larry und Denise war das so. Dank Denise hatten sie jeden Abend in der Woche etwas vor. Lauter ehrenwerte Dinge natürlich. Montagabend: Missionsgesellschaft. Dienstagabend: Hausbibelkreis. Mittwochabend: Gebetskreis. Freitagabend: Jugendgruppe. (Sie hatte freiwillig angeboten, die Jugendgruppe zu leiten.) Samstag: Hausarbeiten und besondere Unternehmungen mit der Jugendgruppe. Sonntag: Gottesdienst am Morgen und am Abend Essen mit Gästen. Als Larry Denise bat, etwas langsamer zu machen, beschuldigte sie ihn, ungeistlich zu sein. Sie konnte einfach nicht verstehen, was mit diesem Mann los war. Wo war sein Eifer für Gott?

Als sie allerdings ihre geistliche Gesinnung mit den Augen Gottes betrachtete, und nicht an der Anzahl ihrer äußerlichen Aktivitäten, sondern im Hinblick auf die inwendigen Früchte des Geistes maß, musste Denise zugeben, dass ihr Mann ihr einiges voraus hatte. Sie war zwar von allem Möglichen die Vorsitzende, vom Wohltätigkeitskomitee bis hin zur Missionsgesellschaft, aber Larry war derjenige, der ein Herz voll Liebe, Freude, Friede, Geduld, Güte und Selbstbeherrschung entwickelt hatte.

Ein anderer Grund, warum der »friedfertige« Mann dem rasanten Tempo seiner Frau nicht folgen will, besteht ganz einfach darin, dass sie ihn in Verlegenheit bringt. Er will lieber ruhig sein und keinen Aufstand machen. Sie versucht aktiv, die Aufmerksamkeit auf sich zu lenken. Sie drückt ihren Mann ständig an die Wand. Irgendwann nimmt er ihr das dann übel. Möglicherweise schubst sie ihn auch und stachelt ihn an, weil sie glaubt, dass er sich zu langsam bewege, und das wiederum ruft seinen Ärger hervor. Sie sagt Dinge, ohne darüber nachzudenken, und er nimmt sich alles zu Herzen, was ein weiterer Grund für das Entstehen von Ärger ist.

Warnung an die »populäre« Frau: Ihr Mann neigt zu Bitterkeit und Ärger. Zu viele »populäre« Frauen werden von wirklich allen bewundert … außer von ihren eigenen Ehemännern. Ich möchte nicht, dass das bei Ihnen auch passiert! Sie können Ihrem Mann ungeachtet seines Temperaments so viele wunderbare Eigenschaften bieten. Beachten Sie doch die Ratschläge in diesem Kapitel und versuchen Sie, diese Ihrem persönlichen Stil so anzupassen, dass Sie mit Ihrem Partner in Harmonie leben können.

12. Wie die »perfekte« Frau ihren Mann zum Wahnsinn treibt

»Perfekte« Frau und »populärer« Mann

In den getrennten Kapiteln über die »perfekte« Frau und den »populären« Mann haben wir bereits gewarnt, dass die »perfekte« Frau dazu tendiert, Menschen zu vergraulen, während ihr »populärer« Ehemann mit seiner Flexibilität eher dazu neigt, sich auch einmal anderweitig umzuschauen. Auch hier will ich keineswegs behaupten, dass alle Ehepaare mit dieser Kombination der Temperamente am Ende in die Scheidungsstatistiken eingehen werden. Allerdings habe ich aufgrund meines langjährigen Umgangs mit Frauen, die in kriselnden oder bereits zerrütteten Ehen leben, erkennen müssen, dass diese Paare für eheliche Untreue sehr anfällig sind. Der ewige Optimist, der »populäre« Ehemann, wird durch die pessimistische Einstellung seiner Frau frustriert. Seine freigeistige Natur wird durch ihr ständiges Perfektionsstreben eingeengt.

Ich traf Barb, eine attraktive Frau Ende vierzig, auf einer Frauenfreizeit in Kentucky. Ihr Mann hatte sie nach zwanzig Jahren Ehe erst vor kurzem verlassen, und sie stand noch völlig unter Schock. Barb war die Kirchensekretärin, und sie erledigte ihren Job im Hintergrund absolut perfekt. Die wöchentlich erscheinende Kirchenzeitung war ein Schmuckstück, in dem niemals ein Fehler zu finden war. Außerdem sang sie im Chor mit – natürlich auch perfekt. Ihr Heim war perfekt dekoriert. Die ganze Nachbarschaft beneidete sie darum. Obwohl ihr Mann nicht besonders viel Geld verdiente, schaffte sie es durch Jagd nach günstigen Schnäppchen (und natürlich auch durch ihren exquisiten Geschmack), das Haus herzurichten, dass man es in einem Häusermagazin hätte abbilden können. Dabei war sie keine oberflächliche Frau. Ganz im Gegenteil. Sie wurde oft von Frauen aus ihrer Gemeinde aufgesucht, die ihr Schriftverständnis und ihre tiefen geistigen Einsichten bewunderten.

Alles war perfekt. Warum also hat ihr Mann sie verlassen? Er fand eine weniger perfekte Frau, die seine mangelnde Perfektion an ihm akzeptierte. War er im Recht, das zu tun? Sicherlich nicht. Es gibt absolut keine Entschuldigung für seine Untreue. So kommt er uns nicht davon. Er hat die falsche Entscheidung getroffen. Er beging eine schwere Sünde, und zwar eine von den zehn großen. Wenn es unser Ziel wäre, in diesem Buch Schuldige zu identifizieren, dann hätten wir hier einen. Wir würden ihn als gemeinen Kerl bezeichnen, und das wär's dann. Aber unser Ziel ist es, Ihnen aufzuzeigen, wie Sie das Beste aus Ihrer Ehe machen können. Und wenn Sie das wirklich wollen, dann vergessen Sie, was richtig und was falsch ist, und beten Sie zu Gott, dass er Ihr Herz zugänglich macht und Ihnen schenkt, dass Sie mehr Akzeptanz üben können.

Darin besteht die Hoffnung! Dieses Ehepaar könnte die wunderbarste, erfüllteste Ehe führen, wenn sie die Unterschiede positiv sehen könnten. Meine Freundin Cheryl, eine »perfekte« Frau, die seit dreizehn Jahren mit einem »populären« Mann verheiratet ist, erzählte mir Folgendes:

> Mein Mann liebt es Geschichten zu erzählen, eine Eigenschaft, die ich, als wir uns zum ersten Mal trafen, attraktiv fand. Ich bin schüchtern und spreche leise, und so bewunderte ich seine Fähigkeit, Reden zu schwingen und die Zuhörer zu fesseln. Nachdem wir verheiratet waren, begann ich aber langsam zu bemerken, wie viele von seinen Geschichten erfunden waren, und ich machte es mir zur Aufgabe, seine Ausschmückungen richtig zu stellen. Eines Tages nahm mich mein Vater zur Seite und ermahnte mich, dass es in Ordnung sei, insbesondere aber die eheliche Harmonie fördere, wenn Mike seine Geschichten erzählen könne, ohne dass ich jede Einzelheit korrigiere. Ich versprach zu versuchen, mich in dieser Hinsicht mehr zurückzuhalten, und hatte meine erste Bewährungsprobe an diesem Abend beim Nachtessen.

Wir waren mit zwei anderen Ehepaaren ausgegangen und unterhielten uns über das Essen. Eines unserer Lieblingsessen war frittierter Käse. Mike und ich hatten schon ein paar Mal darüber gesprochen, dies auch zu Hause zu machen, aber bis zu diesem Zeitpunkt hatten wir das noch nie getan. Aber weil das nicht gerade eine gute Story gewesen wäre, erzählte er den anderen, dass wir das Gericht ständig zubereiten.
»Oh, das schmeckt einfach wundervoll«, schwärmte er. »Wir frittieren den Käse.«
Noch mit den Worten meines Vaters im Ohr, nickte ich einfach und lächelte. Somit wurde ich zu seiner Mitverschworenen. Ich ließ meinen Mann seine Geschichte weiterspinnen. Er konnte es kaum glauben! Er wurde immer mutiger. »Genau genommen, haben wir dieses Essen gerade letzten Abend gemacht. Wir nahmen es mit zu einer Party und der frittierte Käse war der absolute Renner des ganzen Essens.«
Alle wollten nun zu Hause auch frittierten Käse machen. »Braucht man dazu nur eine Fritteuse?«, fragten sie. »Wo kauft ihr denn den Käse?«
Mike war in seinem Element, bis die Frage kam: »Wie macht ihr denn den Teig?«
»Ha«, dachte ich. Ich wusste, dass er nicht die geringste Ahnung vom Kochen hatte. »Jetzt zeig mal, wie du da wieder rauskommst, du Strahlemann.« Ich schaute Mike an und grinste. Aber er drehte sich einfach zu mir um und sagte: »Wie machst du denn den Teig, Cheryl?«

Cheryl berichtet, dass sie und ihr Mann in ihrer Ehe sehr glücklich sind – jedenfalls meistens – und dass das Verständnis der Temperamente zur Förderung der Harmonie eine ganze Menge beigetragen hat. Ich sollte auch noch erwähnen, dass wir die Tatsache nicht übersehen dürfen, dass ihr Mann in dieser speziellen Geschichte ganz eindeutig die Grenze der Ausschmückung überschritten hat. Wenn Ihr Ehemann Dinge ausschmückt, bis sie jeden Wahrheitsgehalt verlieren, dann beten Sie für ihn und sagen Sie ihm unter vier Augen »in Liebe die Wahrheit«. Cheryl hat trotzdem gut daran getan, der Versuchung zu widerstehen, ihren Mann in der Öffentlichkeit zu korrigieren.

»Perfekte« Frau und »perfekter« Mann

Eigentlich sollten diese beiden perfekten Menschen auch zusammen perfekt sein. Gibt es dabei irgendwelche Probleme? Ja, eines: Der Himmel helfe deren Kindern! Wenn es um ihre eheliche Beziehung geht, verbringen sie unter Umständen so viel Zeit damit, einander zu analysieren, dass sie nicht einmal mehr die Zeit haben, das Leben zu genießen. Wenn beide zu Depressionen neigen, dann kann das eine trübsinnige Ehe werden. Möglicherweise ist ein Partner »perfekt-tatkräftig«, während der andere »perfekt-friedfertig« ist. Wie bereits erwähnt, ist »perfekt-tatkräftig« wahrscheinlich die schwierigste Kombination, was das Zusammenleben anbelangt. Nicht nur, dass sie wollen, dass alles perfekt gemacht wird, sie verlangen auch noch, dass es sofort geschieht. Die große Energie des »perfekt-tatkräftigen« Partners strebt nach sofortigem Handeln, und die Forderung, dem nachzukommen, kann das Leben des »perfekt-friedfertigen« Partners, der wenig Energie hat und eher introvertiert ist, völlig aus der Bahn werfen. Wenn die »friedfertige« Neigung zum Ärger sich mit der »perfekten« Neigung zu ständigem Groll verbindet, dann können Sie sich vorstellen, was für eine Bitterkeit da entsteht. Das sind dann die Ehepaare, die fünfzig Jahre lang in absoluter Schweigsamkeit nebeneinander herleben.

Die beste Absicherung dagegen ist für diese beiden Individuen, aktiv die romantische Seite ihrer Ehe zu betonen; beide sind nämlich unheilbar romantisch. Und Liebe überdeckt eine Menge Sünden.

»Perfekte« Frau und »tatkräftiger« Mann

Sein Wahlspruch ist: »Meine Meinung steht fest; belästige mich nicht mit Fakten.« Und die »perfekte« Ehefrau ist Präsident der Internationalen Gesellschaft zur Auflistung von Fakten. Sie ist extrem detailorientiert, achtsam und will ihren schnell handelnden Partner zweifellos ausbremsen. Daran hat dieser wiederum natürlich kein Interesse. Anne und ihr Mann Jack entschlossen sich, ein neues Haus zu kaufen. Deshalb verbrachte sie Wochen damit, ihr ideales Haus zu skizzieren: eine Seite für jedes Schlafzimmer, zwei Seiten für die Küche und so weiter. Dann stellte sie eine Tabelle mit den äußeren und inneren Merkmalen, die ihr Haus haben sollte, auf und vergab für jedes Element nach seiner Wichtigkeit eine Rangziffer. Als sie dann verschiedene Häuser anschauten, konnte sie alles in das Formular eintragen, die Ergebnisse auswerten und auf der Basis dieser Fakten eine logische Entscheidung treffen.

Haus Nummer 1 hatte eine Klinkerfassade, was auf der Skala von 1 bis 10 zehn Punkte wert war. Da die Haltbarkeit der Außenseite von äußerster Wichtigkeit war, wurde diese spezielle Kategorie fünffach gewichtet (10 x 5 oder 50 Punkte). Dann bewertete sie jedes der zwanzig anderen Elemente auf ihrer Liste (Wohnzimmer, Kamin, Zustand des Teppichbodens und so weiter) und gab dem Haus dann eine Gesamtwertung von 650 Punkten. So verfuhr sie auch mit den nächsten drei Häusern, die auf die Punktzahlen 725, 350 und 450 kamen.

»Nicht schlecht für den ersten Besichtigungstag«, dachte sie für sich, wobei sie sich darüber im Klaren war, dass es viele Monate dauern würde, um das ideale Haus, das die 1,000 Punkte verdient, zu finden. Als sie nach ihrer Besichtigungstour zum Büro des Makler zurückkamen, ließ ihr Mann eine Bombe platzen. Zu ihrem totalen Erstaunen wandte er sich plötzlich an den Makler und sagte: »Wir nehmen das Haus (Nummer 3).« (Ist es nicht erstaunlich, dass er das nicht einmal mit seiner Frau besprochen hat, bevor er diese Erklärung von sich gab? Nicht dass Sie glauben, er sei ein ganz hinterhältiger Typ – später erzählte er seiner Frau, dass er nie auf die Idee gekommen sei, dass sie nicht an solch einem idyllischen Fleck wohnen wolle.) Sie dagegen schaute auf ihre Tabelle und erkannte, dass er sich für das Haus mit den wenigsten Punkten entschieden hatte. Bevor sie sich recht versah, gab ihr Mann ein schriftliches Angebot für das Haus ab. Er liebte den Garten, durch den ein kleiner Bach floss. Ihm machte es nichts aus, dass die Schlafzimmer klein, die

Teppiche abgelaufen und die Kücheneinrichtung total veraltet waren. Er hatte schon immer davon geträumt, einen Bach im Garten zu haben.

Anne versuchte ihn zur Vernunft zu bringen, indem sie ihm ihre Aufstellung zeigte. Sie hatte einen handfesten Beweis, aber sie konnte sagen, was sie wollte, er hörte ihr überhaupt nicht zu. Während sie am Schreibtisch des Maklers saßen und die Verzüge des Hauses debattierten, rief ein anderes Ehepaar an und sagte, sie wären ebenfalls bereit, ein Angebot für dieses Haus zu machen. Der Makler wandte sich Anne und Jack zu. Das war die Stunde der Wahrheit. Würden sie auf die penible genau geführte Tabelle der »perfekten« Frau setzen oder auf den Kindheitstraum des »tatkräftigen« Mannes?

Was würden sie tun?

Sie folgten seinem Traum! Sie rissen Wände ein, um die Schlafzimmer zu vergrößern, legten neue Teppichböden und installierten neue Küchengeräte. Das Einzige, was sie nicht hätten tun können, wäre, einen Bach durch den Garten fließen zu lassen. Hätten Sie gedacht, dass ein Bach, in dem es von Kaulquappen wimmelt, während der vergangenen fünfzehn Jahre zu einer ständigen Quelle der Freude für die ganze Familie geworden ist?

Es gibt Zeit für Analysen und Zeit für Handlungen. Zeit für Checklisten und Zeit, dem Herzen zu folgen. Wenn Sie einen »tatkräftigen« Mann haben, lernen Sie, seinen Instinkten zu vertrauen. Er kann Ihnen nicht immer erklären, warum, er kann auch nicht immer Kurven und Tabellen vorweisen, die seine Meinung untermauern, aber er hat die unheimliche Fähigkeit, meist Recht zu haben.

Auf der anderen Seite hat er aber auch die unheimliche Fähigkeit, über Ihre Gefühle einfach hinwegzugehen. Er mag keine tiefgründigen Gespräche oder Details. Er ist ein Mensch, der sich ein grobes Bild von etwas macht, und es dann so lange zurechtschneidet, bis es passt. Bringen Sie Ihren Standpunkt klar zum Ausdruck, so wie Anne es im obigen Beispiel getan hat, und erlauben Sie ihm nicht, sich zu einem völligen Tyrannen zu entwickeln.

»Perfekte« Frau und »friedfertiger« Mann

Sie möchte, dass alles perfekt ist, aber Perfektion erfordert eine Menge Arbeit. Das ist ein echtes Problem, denn der »friedfertige« Mann ist nicht gerade der Größte, was Arbeit anbelangt. Er zieht sich lieber in seinen bequemen Sessel zurück und verbringt seine Wochenenden damit, das Haus in einen perfekten Zustand zu bringen, und schafft es doch nie, ihre Checkliste mit dem, was alles zu tun ist, abzuarbeiten. Auch wenn er ihr Projekt zu Ende gebracht hat, so wird es dennoch nie ihren hohen Ansprüchen genügen. Sie wird es ihn immer und immer wieder machen lassen, bis es ihren Vorstellungen entspricht – weniger als absolute Perfektion lässt sie nicht durchgehen. Er hält sie für zu kritisch und rechthaberisch. Da er es ihr sowieso nie recht machen kann, denkt er möglicherweise irgendwann: »Warum soll ich mich eigentlich ärgern?«

Nach der Kombination »perfekt« und »populär« ist dieses Paar das zweite, das möglicherweise auf eine Scheidung zusteuert. In diesem Fall bewirkt die Forderung der« perfekten« Frau, dass ihr Mann sich minderwertig und emotional niedergeknüppelt fühlt. Wenn er schließlich seine ganze Kraft zusammennimmt, um aus dieser Ehe auszubrechen – und für gewöhnlich dauert das viele, viele Jahre –, könnte man sich fragen: Dieser Mann hatte eine »perfekte« Frau: mit perfekter Frisur, einem perfekten Haus, perfektem Essen, eben perfekt in jeder Hinsicht. Was will er eigentlich mehr? Aber genau das ist es: Er will nicht mehr, er will weniger: weniger die Forderung nach Perfektion, weniger das Gefühl, nie ihren hohen Ansprüchen genügen zu können. In vielen Fällen lernt er eine andere Frau kennen, die ihn akzeptiert, wie er ist, anstatt immer Perfektion von ihm zu verlangen.

Noch einmal: Das bedeutet nicht, dass die »perfekte« Frau eine furchtbare und gemeine Person ist, während ihr Mann der unschuldig Verfolgte ist, der keine Alternative hat, außer davonzulaufen. Zweifellos hat seine träge Art sie jahrelang gequält. Und ohne Zweifel hat seine Gleichgültigkeit bei ihr das Gefühl entstehen lassen, seine Versäumnisse ausgleichen und weit mehr als nur ihren Anteil an Haus und Kindern tun zu müssen. Gewöhnlich findet man auf beiden Seiten genug Schuld. Aber warum so leben, wenn Sie auch eine glückliche Ehe führen können? Wenn Sie Ihre neu entdeckten Hilfsmittel benutzen, kann das zu einer deutlichen Veränderung in Ihrer Beziehung führen. Das ist weitaus produktiver und zufriedenstellender als in den Trümmern der Ehe vor sich hin zu leben und nach Beweisen zu suchen, dass Sie Recht haben und er falsch liegt.

13. Wie die »tatkräftige« Frau Herr über ihren Mann wird

»Tatkräftige« Frau und »populärer« Mann

Der »populäre« Mann wird nicht der Meinung sein, dass es sehr lustig ist, mit einer »tatkräftigen« Frau verheiratet zu sein. Er will eine schöne Zeit haben, aber sie scheucht ihn herum und sagt ihm ständig, was er tun soll. Außerdem trifft sie Entscheidungen, ohne ihn vorher zu fragen, egal ob ihn das wütend macht oder nicht. Wenn er feststellt, dass es sein Leben angenehmer macht, wenn er sich um nichts mehr zu kümmern braucht, dann wird er möglicherweise die Ehe so laufen und sie alles erledigen lassen. Das mag kurzfristig funktionieren, wird aber allmählich die Beziehung zerstören.

Jane entschied, dass sie nun für ihren partybegeisterten Ehemann Eric den Karren lange genug gezogen hätte. Einer der wenigen Punkte, bei denen er sich bereit erklärt hatte zu helfen, war, den Müll hinauszubringen. Aber wann immer sie ihn darauf aufmerksam machte, dass es dafür jetzt Zeit wäre, war er zu beschäftigt, oder er hatte gerade die Hände voll oder sonst eine Ausrede. Jane wurde es leid zu nörgeln und trug den Müll selbst nach draußen. Das Gleiche passierte mit dem Bezahlen von Rechnungen. Eric hatte ihr gesagt, sie solle die Rechnungen auf seinen Schreibtisch legen, und er würde sich darum kümmern. Aber er bezahlte nie eine, bis sie in Panik geriet und es selbst machte.

Schließlich beschloss sie, ihren Ehemann nicht mehr länger zu bemuttern. Als das nächste Mal der Müll rausgebracht werden musste, bat sie nur einmal darum. Dann begann sie Papiersäcke neben den überfüllten Mülleimer zu stellen. Der Rest der Familie regte sich darüber fürchterlich auf, aber ihr Mann lief fünf Tage an dem Müllhaufen vorbei, bis er ihn bemerkte.

»Ich habe dich neulich darum gebeten, den Müll rauszubringen«, sagte Jane ruhig. »Ich wusste, dass du es tun wirst, sobald du dazu in der Lage bist.« Sie brachte damit Vertrauen in ihren Mann zum Ausdruck, aber sie ging von ihrem Vorhaben nicht ab.

Später startete Jane eine ähnliche Aktion in Sachen unbezahlter Rechnungen. Anstatt Eric Vorwürfe zu machen, würdigte sie seine Bereitschaft, das zu tun. Er bezahlte natürlich nicht, aber als die, denen er Geld schuldete, anfingen, ihm auf die Füße zu treten, erkannte er, dass seine Frau nicht länger bereit war, ihn zu bemuttern.

Später sagte er: »Ich weiß, dass ich mein ganzes Leben lang versucht habe, möglichst bequem durchzukommen. Ich hielt mich selbst nicht für faul, aber ich schätze, das war ich. Ich wusste, dass ich als Ehemann nicht gerade einen Preis verdient hatte. Der wäre eher Jane zugestanden. Aber eines Tages erkannte ich: Nichts würde besser werden, wenn ich nichts ändern würde.«

Was Jane während zwölf langen Jahren versucht hatte zu bewirken, schafften die Rechnungseintreiber und der Müllgestank innerhalb von drei Monaten.*

Weil die »tatkräftige« Frau so tüchtig ist, ist sie schnell dazu bereit, alles selbst zu tun. Aber auf lange Sicht ist das keine sehr kluge Entscheidung. Sie braucht auch die Meinungsäußerungen ihres Mannes und sollte ihm erlauben, seinen Teil an der Verantwortung zu übernehmen. Wenn sie lernt, sich mit ihm zu beraten und dann ihre Energie und ihr Talent dazu benutzt, um zu Hause gemeinsame Entscheidungen mit ihm zu treffen, dann gibt das eine gute Kombination ab.

»Tatkräftige« Frau und »perfekter« Mann

Die »tatkräftige« Frau rennt mit einer halsbrecherischen Geschwindigkeit durchs Leben, überwindet Hindernisse mit einem einzigen Sprung und besiegt alle Gegner mit ihrem treffenden Witz und ihrer

* Annie Chapman, Smart Women Keep it Simple (Minneapolis: Bethany House), 1992, S. 30–31.

spitzen Zunge. Sie blüht bei Action richtig auf und tankt neue Energie, wenn sie Zeit mit Leuten verbringt (besonders wenn sie alle um sich herum beherrschen kann). Unglücklicherweise steht das in völligem Gegensatz zu den Wünschen ihres »perfekten« Ehemannes, der es lieber gemächlich hat, um die schönen Dinge des Lebens zu genießen.

Die »tatkräftige« Frau ist eine Frau fürs »Grobe«, die nicht mit Details aufgehalten werden will. Sie hat eine Vision, nimmt diese in Angriff und will nicht, dass sie dabei jemand bremst. Im Gegensatz dazu lebt ihr Mann für Details, was dazu führt, dass er versucht, sie um jeden Preis auszubremsen.

Wenn Sie in Ihrer Ehe Harmonie wollen, dann seien Sie demütig genug zuzugeben, dass Sie, obwohl Sie einen hervorragenden Instinkt haben, nicht unfehlbar sind. Erweisen Sie Ihrem Ehemann Respekt, indem Sie sich ruhig zu ihm setzen und seine sorgfältige Analyse der Situation anhören. Es kann sehr gut sein, dass sein scharfer Verstand entdeckt, dass in Ihrem großartigen Plan ein lebenswichtiges Detail fehlt. Seien Sie dankbar, dass er bereit ist, Zeit in die Erstellung von Checklisten und Tabellen zu investieren, und seien Sie feinfühlig genug, diese Dinge recht zu nutzen.

Denken Sie auch daran, dass es nur sehr wenige Projekte auf dieser Welt gibt, die genau in diesem Moment in Angriff genommen werden müssen. Gar nicht selten führt Hast zu schlechten Ergebnissen. Seien Sie dankbar, dass Ihr detailorientierter Mann Sie zwingt, etwas zu tun, das Sie ansonsten nicht tun würden: nämlich sich Zeit nehmen, um Dinge gründlich und sorgfältig zu erwägen, bevor Sie anfangen zu handeln.

Die »tatkräftige« Frau hat auch die Neigung, über die Gefühle ihres Mannes einfach hinwegzugehen. (Lassen Sie sich nicht von all diesen Eheseminaren täuschen, die darauf bestehen, dass es immer der Mann ist, der die Gefühle der Frau verletzt. In Ihrer Ehe ist es fast öfter so, dass Sie diejenige sind, die seine Gefühle verletzt.) Ihr Mann braucht jemanden, der sich seine innersten Gedanken anhört. Ihre Tendenz ist es, dies einfach zur Seite zu schieben und ihm zu raten: »Nimm dich zusammen und benimm dich wie ein Mann.« Nichts könnte für Ihre Beziehung schädlicher sein. Hören Sie deshalb wirklich zu und widerstehen Sie bewusst der Versuchung, ihm Lösungsvorschläge anzubieten. Er will keine Lösungen, er will Mitgefühl und Verständnis.

»Tatkräftige« Frau und »tatkräftiger« Mann

Was für eine Ehe! Sie werden entweder gemeinsam die Welt besiegen oder sich gegenseitig umbringen! Wenn beide Ehepartner »tatkräftige« Typen sind, können sie sich auf größere Kriegshandlungen gefasst machen. Sie werden sich immer wieder wegen Dingen in die Haare kriegen, die beide wollen und die keiner dem anderen zugestehen mag. Für dieses Paar ist der Schlüssel zum Überleben, genau definierte Grenzen der Machtbereiche festzulegen. Die »tatkräftige« Frau muss anerkennen, dass ihr Mann der Herr des Hauses ist, ob es ihr passt oder nicht. Aber sie werden glücklicher miteinander sein, wenn Tarzan begreift, dass auch Jane über einen Teil des Dschungels herrschen will. Möglicherweise wäre ein eigenes Büro zu Hause oder der Vorsitz bei einer Wohltätigkeitsorganisation etwas für sie. Wie auch immer, sie braucht einen Platz, an dem sie ihr natürliches Bedürfnis verwirklichen kann, für etwas auf eine positive und produktive Weise Verantwortung zu übernehmen. Ein gesundes Maß an gegenseitiger Achtung wird dazu beitragen, diese Beziehung zu stärken.

Richten Sie deshalb Ihren Blick auf die unglaublichen Möglichkeiten, die Sie beide zusammen haben. Ich habe »tatkräftige« Ehepaare in gemeinsamen Aufgabenbereichen angetroffen, die einmalige Dinge für Gott vollbrachten. Genauer gesagt, erlaubten sie Gott, durch sie zu wirken, und so konnte viel erreicht werden.

»Tatkräftige« Frau und »friedfertiger« Mann

Als ich Storys für dieses Buch sammelte, schickte ich E-Mails an verschiedene Freunde. Hier ist eine Antwort:

Ich habe deine E-Mail ausgedruckt und bin dann in die Küche gegangen, wo mein Mann und ich anfingen, einander die Temperamente zuzuordnen. Wir entdeckten, dass ich eine »tatkräftige« Cholerikerin und er ein »friedfertiger« Phlegmatiker ist. Ich fragte ihn, was er über deinen Satz »herrscht über ihren Mann«, denkt. Er sagte, dass das wohl etwas damit zu tun haben müsse, dass ich ihn die ganze Zeit herumkommandieren würde. Ich dachte ungefähr zwei Minuten darüber nach und rief dann: »Ich kommandiere dich nicht herum. Du brauchst so viel Erinnerungen!« Er schaute mich an und lachte, und dann lachten wir beide zusammen.

Die »tatkräftige« Frau ist wirklich der Überzeugung, dass Sie ihrem Mann »hilft«, wenn sie ihn 24 Stunden am Tag und sieben Tage in der Woche mit »Erinnerungen« versorgt. Sie nörgelt an ihm herum. Und wie die »perfekte« Frau kann sie, wenn sie nicht aufpasst, ihren Mann damit in die Flucht schlagen.

Sie stülpt ihrem Mann und dem Rest der Familie ihre Tagesordnung über. Sie tut, was sie tun will, und wenn jemand einen anderen Plan hat, will sie davon nichts wissen. Wenn ihr »friedfertiger« Mann in einem plötzlichen Anfall von Bestimmtheit sich durchsetzt und seine Tagesordnung für die Familie beschließt, dann wird sie alles in ihrer Macht Stehende tun, um ihm das Leben schwer zu machen. Und sie ist eine wirklich machtvolle Frau.

Die Neigung der »tatkräftigen« Frau, jetzt zu handeln und später zu denken, bringt ihre Familie in eine Schwierigkeit nach der anderen, und ihr vermeintliches Verantwortungsbewusstsein führt in der Öffentlichkeit zu manch unschönen Szenen. Mir passierte das ständig – genau genommen täglich –, und mein Mann wäre dann am liebsten einfach im Boden versunken. Hier ein Wort der Ermutigung für die »tatkräftigen« Frauen unter uns: Als ich das erkannte, verursachte ich nur noch einmal pro Woche eine Szene. Es gibt also noch Hoffnung für Sie! Da der »friedfertige« Ehemann unter allen Umständen Konflikte vermeiden möchte, wird er durch derartige Zwischenfälle sehr aus der Fassung gebracht. Eine unserer früheren Nachbarinnen (eine Christin) war in so viele Auseinandersetzungen mit den ortsansässigen Händlern verwickelt, dass es ihrer Familie peinlich war, dort irgendetwas einzukaufen, egal ob Videos oder Lebensmittel. Als sie sich wieder einmal so aggressiv verhielt, »um für das einzustehen, was Recht war«, erhielt sie von einem Laden Hausverbot. Ihr zurückhaltender »friedfertiger« Ehemann erlitt eine Blamage nach der anderen. Schließlich begann Bitterkeit sich in der Ehe breit zu machen. Die »tatkräftige« Frau könnte ein oder zwei Dinge von ihrem »friedfertigen« Mann lernen, so zum Beispiel, dass Freundlichkeit einen weiter bringt als Wut.

Die »tatkräftige« Frau gibt Geld aus, ohne sich mit ihrem Mann vorher darüber zu besprechen, was ihn ärgerlich, frustriert und böse macht. Eines Tages rief ich bei einer Organisation an, um zu fragen, ob sie bereit wären, für einen wohltätigen Zweck Bücher zu spenden. Es muss betont werden: Es ging um eine Spende. Irgendwie endete mein Gespräch in der Bestellabteilung, und ich hatte ein Kochbuch für 65 Dollar gekauft. Nachdem ich den Hörer aufgelegt hatte und begriff, was ich getan hatte, saß ich wie vom Donner gerührt da. Ich wusste, dass mein Mann, der so hart um das Geld arbeiten musste, fürchterlich wütend werden würde. Zudem wusste ich auch, wie sehr es ihn verletzte, wenn ich seine sorgfältige Budgetplanung missachtete.

Was um alles in der Welt sollte ich tun? In diesem Fall verhielt ich mich richtig. Ich begann sofort zu beten: »Herr, ich wollte meinen Mann damit nicht kränken. Ich weiß, dass er verletzt und verärgert sein wird. Hilf mir!« Ein paar Stunden später klingelte das Telefon. Die Frau sagte mir, dass meine Kreditkartennummer auf dem Bestellschein falsch notiert worden sei. Ich schrie fast: »Hervorragend! Annullieren Sie die Bestellung!« Das war natürlich nicht ganz die Reaktion, die sie erwartet hatte. Ich wette, sie war völlig geplättet, als sie den Hörer wieder auflegte. Aber an diesem Abend herrschte Friede im Partow-Haushalt.

Was, wenn ich meinen inneren Schweinehund nicht überwunden hätte? Was, wenn ich gesagt hätte: »Was soll's? Ich habe es so gemacht, und ich kann tun, was ich will. Er wird eben seinen Haushaltsplan ändern müssen, damit er funktioniert.« Ich schäme mich, zugeben zu müssen, wie oft dies meine Haltung war und wie oft ich damit meinen Mann verärgert und gekränkt habe.

Florence Littauer beschreibt ein typisches Szenario in der »tatkräftig-friedfertigen« Ehe:

> Die Phlegmatiker wollen nicht angetrieben werden, und selbst wenn sie sich freiwillig aufraffen, dann schaffen sie es nicht, das zu tun, was sie versprochen haben. Dotty, eine cholerische Freundin, die versucht alle Dinge im Haushalt am Laufen zu halten, stellte ihrem phlegmatischen Ehemann, Lewis, eine schwere Aufgabe. Während sie ihre Urlaubspläne diskutierten, wählte er ein bestimmtes Ferienziel an der Küste aus. Lewis sollte die Reservierung vornehmen. Jeden Tag fragte Dotty, ob er es endlich gemacht hätte, und er sagte ihr, er würde es tun, wenn er so weit wäre, und sie solle aufhören, an ihm herumzunörgeln. Am Tag der Abreise fragte Dotty ihn mit einem hoffnungsvollen Lächeln: »Ich nehme an, dass du die Reservierung gemacht hast.« Seine einzige Antwort war: »Sie haben immer Stornierungen.« Sie wurde fuchsteufelswild, und dann fuhren sie nach San Diego, ohne ein Wort miteinander zu reden.
>
> Als sie den Angestellten an der Rezeption fragten, lachte er sie aus: »Sie erwarten allen Ernstes, im August in einen Urlaubsort am Strand zu fahren und da ein Zimmer zu bekommen? Sie müssen verrückt sein. In der ganzen Stadt gibt es kein freies Zimmer mehr.«
>
> »Das war beschämend genug«, erzählte mir Dotty. »Aber dann drehte sich Lewis zu mir um und sagte: ›Du hättest mich daran erinnern sollen anzurufen.‹ Ich konnte es nicht fassen, brach in Tränen aus und rannte hinaus zum Auto, wo ich mit den Fäusten auf den Kotflügel einschlug. Ich gelobte, nie wieder in irgendeiner Sache auf ihn zu zählen.«
>
> Sie fanden schließlich ein Zimmer in einem alten Motel neben einem Restaurant, das durchgehend geöffnet hatte. Lewis drehte sich auf der durchgelegenen Matratze einmal um und schlief sofort ein, während Dotty die ganze Nacht über wach lag. Am Morgen sagte Lewis: »Dies ist vielleicht nicht gerade ein luxuriöses Motel, aber denk an das viele Geld, das wir gespart haben.«

> Leider ist ein solches Vorkommnis typisch für die cholerische Frau und den phlegmatischen Mann. Er will nicht angetrieben werden und sagt ihr das. Sie hält sich zurück und bemüht sich, ihn nicht zu kontrollieren. Er kommt seiner Verantwortung nicht nach, und dann passiert es. Sie gerät außer sich vor Wut und weiß, dass sie ihm nicht trauen kann. Sie beginnt wieder, ihn zu kontrollieren, und er erzählt jedem, dass sie ihn ständig kritisiert. Sie erscheint als die, die das Sagen hat und er als der typische Pantoffelheld.*

Hier eine Warnung an alle »tatkräftigen« Frauen: Ihr Mann ist auf dem besten Weg auszubrennen. Wenn Sie ihm gegenüber immer den Herrscher spielen, werden Sie seinen Geist brechen, und Ihre Ehe wird nur noch eine leere, traurige Hülle sein. Natürlich werden Sie so Ihren Willen bekommen, aber Sie werden sicherlich nicht den Mann bekommen, den Sie geheiratet haben. Sie werden Ihr Leben mit dem Schatten des Mannes verbringen, der er einst war ... und hätte werden können.

Muss das passieren? Ist Ihre Ehe von Anfang an zum Scheitern verurteilt? Ich glaube nicht, denn in genau solch einer ehelichen »Kombination« lebe ich. Ich gebe offen zu, dass es schwierig war. Aber ich bin hier, um zu bestätigen, dass, egal wie hart ich daran arbeitete – und glauben Sie mir, ich arbeitete hart –, ich niemals eine Veränderung bei meinem Mann bewirkte. Keines der Selbstverbesserungsprogramme, die ich für ihn entwickelte, half. Ich versuchte alles: Bücher, Audiokassetten, Videos, Seminare, Trainingsprogramme, Bibelstudien, Gruppengespräche und so weiter. Ich zerrte und schob. Und je mehr ich an ihm zog, umso mehr widersetzte er sich.

Als ich schließlich anfing, die Temperamente zu verstehen, als ich ihn schließlich akzeptierte und mich bemühte, mehr seine emotionalen Bedürfnisse zu befriedigen, als zu versuchen, ihn dazu zu bringen, den meinen zu entsprechen, sah ich einen bedeutenden Fortschritt in unserer Ehe. Bedeutende Veränderungen. Ich hoffe

* Personality Plus, S. 159–160.

und bete, dass bei Ihnen das Gleiche geschieht. Zwei Dinge, die mir besonders hilfreich waren, sind die Bücher *The Excellent Wife* von Martha Peace und *The Power of a Praying Wife* von Stormie Omartian. Es gibt so viel, was sie voneinander lernen können, geben Sie sich nicht mit dem Zweitbesten zufrieden.

14. Wie die »friedfertige« Frau ihren Liebsten bemuttert

»Friedfertige« Frau und »populärer« Mann

Wenn ich mir eine Frau aussuchen müsste, würde ich die »friedfertige« Frau wählen. Denn ihr Temperament ist das, mit dem man am leichtesten zusammenleben kann. Dennoch hat auch sie einige Fehler, insbesondere die Neigung, ihren Mann zu bemuttern. Allgemein gesprochen ist dies eine sehr harmonische Ehe, besonders wenn die Frau damit zufrieden ist, ihre Rolle im Hintergrund zu spielen, während ihr Mann seine Persönlichkeit benutzt, um Freunde zu gewinnen und Menschen zu beeinflussen. Wenn er in einer Position ist, in der er viel mit Menschen zu tun hat, zum Beispiel dem Verkauf, wird er in der Lage sein, den »Speck« mit nach Hause zu bringen, den sie dann ruhig und gemütlich in der Pfanne braten kann. Diese langsame Art könnte ein Problem für ihren schnellen »populären« Mann werden, der sich darüber ärgert, dass sie nicht ein schnelleres Tempo vorlegen kann. Besonders wichtig ist ihm, dass ihr Haus zum Mittelpunkt von Unternehmungen wird: super Partys mit Büfett, Picknick mit anderen und so weiter. Er möchte ein Dutzend Basketballfreunde mit nach Hause bringen und erwartet dann, dass sie sofort mit Erfrischungen zur Stelle ist. Da sie nicht gut mit Überraschungen umgehen kann – und sie schon gar nicht unerwartete Situationen bewältigt –, ist er wahrscheinlich wegen ihres Mangels an Spontaneität und Enthusiasmus frustriert. Eine meiner besten Freundinnen ist ein »friedfertiger« Typ, und sie tut alles so langsam, dass sogar mein »friedfertiger« Ehemann sagt, dass ihm das auf die Nerven geht.

Da sowohl der »populäre« Mann als auch die »friedfertige« Frau der Arbeit lieber aus dem Weg gehen, wird ihr Haus niemals das Schmuckstück der Gegend sein. Aber das macht ihnen auch nichts aus!

Eine Warnung an die »friedfertigen« Ehefrauen: Wir haben eine Warnung für alle Frauentypen ausgesprochen, und obwohl Sie eine sehr nette Frau sind, haben wir auch eine für Sie. Sie machen Ihren Ehemann zu einem selbstsüchtigen, abhängigen Mann, der für Sie im Alter zu einer Last wird. Und wenn Sie vor ihm sterben, dann ist er unfähig, für sich selbst zu sorgen und fällt der Familie zur Last. Er weiß, dass er eine Belastung ist und er fühlt sich unnütz und wird depressiv. Stehen Sie zu Ihrem Mann, aber lassen Sie nicht zu, dass er auf Ihnen steht. Lassen Sie ihn auf seinen eigenen zwei Füßen stehen, oder er wird vergessen, wie das geht.

»Friedfertige« Frau und »perfekter« Mann

Diese beiden könnten öfter Konflikte haben, weil der »perfekte« Ehemann ein perfektes Haus haben möchte und sie nicht die Energie oder Initiative aufbringt, das zu schaffen und das Haus »schön« herzurichten. In der Regel geht sie der Arbeit, wann immer es möglich ist, aus dem Weg. Falls er seine Kunden oder Kollegen mit wundervoll organisierten Dinnerpartys beeindrucken will, dann sollte er besser das Geld dranrücken und sie durch einen Partyservice vorbereiten lassen. Wenn er mit seinem Wunsch nach Perfektion bei ihr immer wieder auf taube Ohren stößt, kann daraus völliges Schweigen resultieren.

Diese Paare werden möglicherweise völlig isoliert nebeneinanderher leben, weil beide introvertiert sind und weil beide das Schweigen als tödliche Waffe einsetzen können. Ein solches Ehepaar kann fünfzig Jahre in absolutem Schweigen leben. Ihre Ehe ist tot, aber sie wollen nichts dagegen tun.

Ich war kürzlich im Haus einer »friedfertigen« Frau und eines »perfekten« Mannes. Innerhalb einer Stunde nach meiner Ankunft, erkannte ich, dass diese Einladung nicht ihre Idee war. Der Ehemann, ein »perfekt-tatkräftiger« Typ, war der Vorsitzende des Ältestenrats der Gemeinde, bei der ich eine Wochenendfreizeit leitete.

Ohne seine Frau zu fragen, hatte er von ihr verlangt, für dieses Wochenende die Gastgeberin zu spielen. Ich bin sicher, dass er davon ausging, sie würde ihre ganze Energie zusammennehmen und die Herausforderung bewältigen. Sie schaffte es nicht. Er war ein erfolgreicher leitender Angestellter in einer großen Firma und hatte ihr so ein wirklich herrschaftliches Haus zur Verfügung gestellt, das sie offensichtlich während der vergangenen Jahre gründlich vernachlässigt hatte. Das Gästezimmer war ziemlich heruntergekommen. Im Gästebad war überhaupt nichts: keine Seife, kein Shampoo, keine Handtücher, einfach gar nichts. Als ich am Morgen aufwachte, gab es nichts zu essen, und die Gastgeberin schlief den ganzen Vormittag. Sie tauchte erst zum Mittagessen auf und sah so aus, als ob sie gerade aufgewacht wäre.

Vor meiner Abfahrt nahm er mich zur Seite und bat mich um ein Gespräch unter vier Augen. (Seine Frau war nach der letzten Veranstaltung der Freizeit sofort wieder ins Bett zurückgekehrt.) Wir sprachen eine Weile, und ich war von seiner Liebe zu Gott und seinen geistigen Einsichten tief beeindruckt. Mit Tränen in den Augen fragte er mich, was er mit seiner Frau machen könne. »Sie scheint sich nicht einmal um geistige Dinge zu kümmern. Ich hatte wirklich gehofft, dass dieses Wochenende ihr den Anstoß geben würde, den sie braucht. Ich versuchte, nichts zu sagen, aber ich ärgere mich über sie. Alles, was sie tut, ist, den ganzen Tag vor dem Fernseher zu sitzen. Sie will sich nicht in der Kirche engagieren, nicht irgendetwas Neues kennen lernen. Sie ist Christin, aber sie scheint sich nicht weiter damit zu beschäftigen.«

Ich konnte seine Enttäuschung spüren und ermutigte ihn, für seine Frau zu beten. Fakt ist, wenn sie sich nicht dazu entschließt, sich selbst aus dieser Lethargie zu befreien, dann wird diese Ehe weiterhin für beide eine riesige Enttäuschung sein. Aber so muss es nicht kommen. Meine Freundin Terre und ihr Mann sind seit vielen Jahren glücklich verheiratet. Sie verrät ihr Geheimnis:

> Wir beide unterdrücken meist unseren Ärger, sodass es nur selten zu offenen Konflikten in unserer Ehe kommt. Aber es gibt eines, was meinem Mann wirklich auf die Nerven geht:

kleine Fehler und Vorfälle, wie sie während des alltäglichen Lebens immer wieder passieren. Der Perfektionist in ihm kann sie nicht aushalten, weil diese Dinge, wie er sagt, nicht passieren würden, wenn die Leute über das nachdenken würden, was sie tun. So regt er sich zum Beispiel über verschüttete Milch besonders auf. Wenn jemand seine Milch verschüttet, springt Steve buchstäblich aus seinem Sessel, und versucht das herunterfallende Glas noch aufzufangen. Dann schaut er den Missetäter an und belehrt ihn: »Denke! Denke über das nach, was deine Hände tun!« Ich sitze dann gewöhnlich da und sage etwas Tröstendes wie: »Beim nächsten Mal bestimmt.« Eines Tages, als wieder einmal etwas verschüttet wurde, setzte sich Steve hin und stöhnte: »Wie lange muss ich das denn noch mitmachen?« Worauf ich antwortete: »So lange, bis du es aufgibst, hinter jedem Glas herzurennen, schätze ich.« Plötzlich hatte seine perfektionistische Persönlichkeit eine neue Aufgabe, an der er arbeiten konnte. Wenn in den folgenden Tagen jemand Milch verschüttete, zwang er sich selbst, nicht darauf zu reagieren. Man konnte aber genau sehen, wie es in seinem Kopf arbeitete und er dachte: »Ich muss das einfach akzeptieren.« Dann bemerkten wir beide, dass die Milch über den Tisch auf den Boden lief. Ich stand auf und putzte es. Die Ordnung war wiederhergestellt. Friede herrschte und das Leben ging weiter. Wir hatten etwas gelernt.

»Friedfertige« Frau und »tatkräftiger« Mann

Sollten so alle Ehepaare sein? Der Mann ist ganz eindeutig der Herr des Hauses. Er geht arbeiten und verdient jede Menge Geld. Oder er gründet seine eigene wahnsinnig erfolgreiche Firma und macht noch mehr Geld. Er analysiert genau und hat den Durchblick. Sie steht zufrieden im Hintergrund und applaudiert ihm für seine Leistungen. Sie ist völlig damit zufrieden, ihn in allem zu unterstützen, weil das so viel einfacher ist, als selbst zu denken. Sie stimmt allem zu, was auch immer er plant, weil es sich so für sie erübrigt, selbst irgendwelche Anstrengungen zu unternehmen.

Vorausgesetzt, beide sind damit zufrieden, dann erlebt das Paar den Inbegriff einer Ehe. Probleme können entstehen, wenn er eines Morgens aufwacht und sagt: »Wart mal einen Moment. Ich mache alle Arbeit, denke über alles nach. Diese Frau ist eigentlich nur Ballast. Sie tut nichts und leistet nichts. Ich könnte sie eigentlich genauso gut über Bord werden.« Und schon wird sie, ohne noch einmal darüber nachzudenken, verabschiedet. Auf der anderen Seite kann sie es leid werden, dass er immer auf ihr herumtrampelt und sie behandelt wie ein Möbelstück. Sie probt den Aufstand und fordert ein bisschen mehr Respekt, den er ihr allerdings nicht zukommen lassen will. Er erkennt nur Leistung an. So wird sie möglicherweise, nachdem sie mehr als zwanzig Jahre von ihm herumgestoßen wurde, von ihm weggehen, und wenn sie es tut, wird sie nie mehr zurückblicken.

Um diese unschönen Szenarien zu vermeiden, muss der »tatkräftige« Mann seine Frau wegen ihres Geschicks im Umgang mit Menschen respektieren. Es kann hilfreich für sie sein, wenn sie ihn vorsichtig darauf hinweist, dass sie bei allen beliebt ist und ihn eigentlich keiner so richtig mag. Im Gegenzug sollte sie versuchen, von Zeit zu Zeit ein bisschen mehr Initiative an den Tag zu legen, um ihrem Mann zu zeigen, dass sie noch lebt und munter ist.

»Friedfertige« Frau und »friedfertiger« Mann

Stellen Sie sich vor, Herr und Frau »Friedfertig« sitzen in ihren bequemen alten Schaukelstühlen und beobachten, wie das Leben vorbeigeht. Tatsächlich werden diese beiden gelassenen Menschen wahrscheinlich gut miteinander auskommen: keine Konfrontation, kein Konflikt, keine Krise. Wo ist also das Problem? Es gibt eben auch nicht viel Aufregendes bei ihnen. Sie langweilen sich gegenseitig zu Tode. Wenn sie einmal eine finanziell schwierige Zeit durchmachen müssen, dann hoffen sie, dass sie genug Geld erben, um so weiterleben zu können. Wenn nicht, dann wird ihre finanzielle

Misere zu einem andauernden Problem. Sie haben Schwierigkeiten, Entscheidungen zu treffen, weil keiner seine Meinung dem anderen aufdrücken will. Aber ich weiß von einer Menge Ehepaare, die sich wünschen, sie hätten diese Probleme!

Konflikte könnten möglicherweise aufgrund ihres zweiten Temperaments entstehen, wenn sie nicht »reinrassig friedfertig« sind. Ein Partner ist möglicherweise »friedfertig-perfekt«, während der andere »friedfertig-populär« ist. In diesem Fall können Konflikte zwischen dem »perfekten« und dem »populären« Temperament entstehen (siehe die Ausführungen dort), obwohl ihr übergeordneter Wunsch nach Frieden es ihnen im Allgemeinen ermöglichen sollte, Ruhe zu bewahren.

Teil 4

Verstehen Sie Ihre Kinder

15. Die Temperamente bei Ihren Kindern

Ich hoffe, dass sie inzwischen eine solides Wissen darüber erworben haben, wie die verschiedenen Temperamente aussehen und sich bei Erwachsenen auswirken. Aber wir wollen auch bedenken, dass wir Mütter die meiste Zeit mit den Kindern verbringen. Kann sich das Verständnis der Temperamente für unsere Rolle als Mutter hilfreich erweisen? Das können Sie mir glauben! In den letzten vier Kapiteln werfen wir einen Blick in die Wiegen, gehen auf Spielplätze und hören den Teenagern bei ihren Telefongesprächen zu – und das alles, um Sie mit einem wirkungsvollen erzieherischen Hilfsmittel auszustatten.

Bevor wir beginnen, sollten wir uns einen Moment Zeit nehmen, die nachstehenden Tabellen zu studieren.* Die Tabellen decken drei Entwicklungsstufen ab: das Säuglings- und Kleinkindalter (von der Geburt bis zwei Jahre), die Kindheit (von zwei bis zwölf Jahre) und das Teenageralter (ab dreizehn Jahre).

Die erste Tabelle (Verstehen Sie Ihr Baby) vergleicht und stellt die vier Temperamente von Geburt an einander gegenüber. Wenn Sie über diese Phase schon hinaus sind, können Sie diesen Teil einfach mal kurz überfliegen, »aha« ausrufen und bedauern, dass Sie diese erzieherischen Hilfsmittel nicht schon früher zur Verfügung hatten. Zweifellos können Sie, wenn Sie weit genug zurückdenken, das Temperament Ihrer Kinder von der Wiege an erkennen.

Wenn Sie ein Baby haben oder gerade eines unterwegs ist, dann sollten Sie diese Tabelle ein bisschen genauer anschauen. Das Ziel ist nicht, einfach nur Informationen über die verschiedenen

* Florence Littauer, Marita Littauer, Raising Christians, Not Just Children (Dallas: Word), 1988, S. 78–81.

»Typen« der Babys zu bekommen, sondern Ihnen Hilfsmittel an die Hand zu geben, um mit Ihrem Kind richtig umzugehen. Diese Tabellen zeigen sehr anschaulich, warum ein und dieselbe Strategie nicht für alle Babys passt. Einige Babys entwickeln sich genau nach Plan, andere nicht. Manche sitzen stundenlang ruhig in ihrem Laufstall, andere tun das nicht. Machen Sie sich klar: Wenn Sie ein »tatkräftiges« Baby und ein »populäres« Baby haben, dann dürfen Sie sich nicht mit einer Frau vergleichen, die zwei »friedfertige« Kinder hat. Aber es kommen auch andere Zeiten, keine Sorge! Wenn Ihre Kinder auf die weiterführende Schule gehen, wird sie versuchen müssen, ihre trägen Teenager vom Fernsehapparat wegzubekommen.

Es ist klar, dass ein aufgewecktes, abenteuerlustiges Baby ein ganz anderes häusliches Umfeld braucht als ein ruhiges, ernstes. Leider versuchen Eltern oft, Babys in eine bestimmte Schablone zu pressen, von der sie annehmen, dass das Kind so ist oder dass es so sein sollte. In Wirklichkeit ist das Temperament jedoch angeboren. Jede Mutter, die mehr als zwei Kinder hat, kann den Wahrheitsgehalt dieser Aussage bestätigen.

Unsere Aufgabe als Mutter ist es nicht, unsere Kinder zu verändern. Unsere Aufgabe ist es, sie darin zu unterstützen, so zu werden, wie Gott es für sie vorgesehen hat. Ihnen dabei zu helfen, den einzigartigen Weg zu entdecken, den Gott für sie festgelegt hat, bevor sie geboren wurden. »Gewöhne einen Knaben an *seinen* Weg, so läßt er auch nicht davon, wenn er alt wird.« (Sprüche 22, 6; kursiv ergänzt) Ihre Temperamente zu verstehen, ist ein erster wichtiger Schritt, die Kinder in die richtige Richtung zu führen.

Die darauf folgenden Tabellen zeigen die Entwicklung dieser Temperamente innerhalb der Kindheit von zwei bis zwölf Jahren und bis ins Teenageralter. Ein Blick darauf macht ebenfalls deutlich, dass es zwecklos ist, unsere Kinder in ein bestimmtes Schema zu pressen. Es gibt vier charakteristische Temperamente mit einer unendlichen Vielzahl an Ausprägungen und unterschiedlichen Kombinationsmöglichkeiten. In den folgenden vier Kapiteln finden Sie ausführlichere Informationen, um die Bedürfnisse Ihrer Kinder zu erkennen und zu befriedigen.

Verstehen Sie Ihr Baby

»Populäres« Baby	»Perfektes Baby«	»Tatkräftiges« Baby	»Friedfertiges« Baby
strahlende und große Augen	ernst	abenteuerlustig	gelassen
neugierig	ruhig	energiegeladen	nicht fordernd
gluckst und gurrt	mag Vorgaben	unternehmungslustig	glücklich
will Gesellschaft	sieht traurig aus	frühreif	beeinflussbar
bringt sich zur Geltung	schreit oft	der geborene Führer	langsam
macht bei allem mit	klammert	willensstark	schüchtern
fordert Aufmerksamkeit	fordernd	gleichgültig	
weiß, dass es clever ist		laut	
		wirft mit Gegenständen	
		nicht verschlafen	

Verstehen Sie Ihr Kind

»Populäres« Kind	»Perfektes« Kind	»Tatkräftiges« Kind	»Friedfertiges« Kind
wagemutig und eifrig	denkt gründlich nach	wagemutig und eifrig	beobachtet andere
naiv	talentiert	arbeitet produktiv	leicht zu unterhalten
einfallsreich	musikalisch	sieht das Ziel	macht wenig Umstände
fantasievoll	fantasievoll	bewegt sich schnell	zuverlässig
fröhlich	wahrer Freund	selbstständig	liebenswert
enthusiastisch	perfektionistisch	konkurrierend	stimmt schnell zu
liebt Spaß	gründlich	beherrschend	selbstsüchtig
redet ständig	pflichtbewusst	vertrauenswürdig	ärgert andere
flexibel	verantwortungsbewusst	manipuliert andere	vermeidet Arbeit
wird durch Menschen angeregt	launisch	gerät schnell in Wut	furchtsam
kein Durchhaltevermögen	jammert	beharrlich	eigensinnig
desorganisiert	selbstbewusst	hartnäckig	faul
leicht abzulenken	zu empfindsam	prüft Dinge	sitzt ständig vor dem Fernseher
kurze Aufmerksamkeitsphase	hört Negatives	diskutiert gern	
gefühlsmäßiges Auf und Ab	lehnt Kritik ab	eigensinnig	
will Anerkennung	sieht Probleme		
flunkert	will nicht kommunizieren		
vergesslich			

Verstehen Sie Ihren Teenager

»Populärer« Teenager	»Perfekter« Teenager	»Tatkräftiger« Teenager	»Friedfertiger« Teenager
mobilisiert andere	guter Schüler	aggressiv	angenehme Persönlichkeit
bezaubert andere	kreativer Forscher	kompetent	witzig
ist wagemutig	organisiert	organisiert gut	guter Zuhörer
schließt sich Vereinen an	zielstrebig	übernimmt Führungsaufgaben	vermittelt bei Problemen
beliebt	hat hohe Standards	löst Probleme	versteckt seine Emotionen
lebt für sein Vergnügen	gewissenhaft	hat Selbstvertrauen	übernimmt Führungsaufgaben, wenn er gedrängt wird
kreativ	pünktlich	motiviert andere	ungezwungenes Verhalten
will gefallen	sauber und ordentlich	tut sich in Notlagen hervor	eigensinnig
entschuldigt sich schnell	einfühlsam gegenüber anderen	großes Potenzial	unschlüssig
täuscht andere	gute Einstellung	verantwortungsbewusst	nicht enthusiastisch
findet kreative Entschuldigungen	sparsam	zu beherrschend	zu kompromissbereit
lässt sich leicht vom Weg abbringen	bedrückt	kontrolliert die Eltern	unmotiviert
verlangt nach Aufmerksamkeit	zurückgezogen	Besserwisser	sarkastisch
braucht die Anerkennung der Gruppe	Minderwertigkeitskomplex	schaut auf andere herab	unbeteiligt
Hochstapler	unflexibel	unbeliebt	zögerlich
will nicht lernen	misstrauisch gegenüber Menschen	könnte ein Einzelgänger werden	
unreif	kritisch	beleidigend	
Klatschmaul	negative Einstellung	bereut nichts	
	geringes Selbstbild		
	rachsüchtig		
	lebt durch seine Freunde		

16. Verstehen Sie das »populäre« Kind

Das »populäre« Baby

Neugeborenes mit strahlenden und großen Augen

Wir wollen bei unserem ersten Halt auf unserer »Wiegentour« das »populäre« Baby näher betrachten. Sie brauchen nicht auf den Zehenspitzen an die Wiege zu schleichen, denn es ist wach – wie immer. Wenn dieses Baby einmal tatsächlich an einem Tag 18 Stunden schläft, dann ist seine Mutter mehr als nur erstaunt. Das »populäre« Baby erscheint auf der Bildfläche mit der ihm angeborenen Neigung, die Welt zu erforschen.

Wenn Sie anfangen sich mit der Nachbarin, die ein paar Häuser weiter wohnt und auch vor einigen Wochen ein Kind bekommen hat, auszutauschen, dann sollten Sie nicht überrascht sein, wenn Sie sich danach wirklich selbst bemitleiden. Sie berichtet, dass ihr Baby vom ersten Tag an zwölf Stunden pro Nacht am Stück geschlafen hat. Am Tag sitzt es stundenlang ruhig und zufrieden in seiner Babywippe.

Im Gegensatz dazu schläft Ihr Baby niemals mehr als ein paar Stunden am Stück. Ich weiß das, weil ich auch ein »populäres« Baby hatte! Als sie sechs Monate alt wurde, konnte ich meinen Mann endlich davon überzeugen, sie nachts schreien zu lassen. Er hielt das natürlich für eine grausame und unzumutbare Strafe. Worauf ich antwortete: »Ist das Leben mit einer Ehefrau, der ständig der Schlaf geraubt wird, weniger grausam und unzumutbar?« Das leuchtete ihm ein!

Er musste mir zustimmen, dass mein Verhalten in letzter Zeit mehr als nur etwas ungewöhnlich war. Deshalb trafen wir eine

Abmachung: Wenn Taraneh zwischen Mitternacht und sechs Uhr morgens aufwachte, dann durfte ich ihr Geschrei ignorieren. Ich bin glücklich, Ihnen sagen zu können, dass sie lernte, sich selbst in den Schlaf zu schreien.

Falls Sie nun aber hoffen, dass sich Ihr Baby auf mysteriöse Weise in ein schlafendes Kind verwandeln wird, habe ich eine schlechte Nachricht für Sie: Es hat sich erwiesen, dass einige Kinder aufgrund ihres Temperamentes schlechte »Schläfer« sind. Es ist nicht so, dass Sie eine schlechte Mutter sind, die das Baby nicht richtig erzogen hat. Das »populäre« Baby ist viel zu begeistert von der Welt, als dass es die Zeit schlafend verbringen würde. Es ist außerordentlich aufgeweckt, betrachtet die Welt mit großen Augen und nimmt seine Umgebung bewusst wahr.

Neugierig

Da wir gerade von der Umgebung sprechen: Von dem Moment an, in dem das Baby mobil wird, sollten Sie sich in Acht nehmen. Das sind die Babys, die die totale Verwüstung im Kinderzimmer anrichten, alles aus den Küchenschränken zerren und die Tapete mit dem Inhalt ihrer Windeln verschönern. Wenn Sie ein »populäres« Baby haben, machen Sie Ihr Haus kindersicher. Diese Kinder sind ununterbrochen in Bewegung und erforschen alles, was in ihrer Reichweite liegt. Sie sind fasziniert von Licht, Grimassen, einfach von allem. Um es deutlich zu sagen: Die unersättliche Neugier Ihres Kindes macht es notwendig, dass Sie es überall mit hinnehmen.

Will Gesellschaft

»Populäre« Babys kommunizieren schon sehr früh. Sie fangen an zu glucksen und zu gurren, wenn sie erst wenige Monate alt sind. Es ist ein wundervolles Baby, vorausgesetzt, jemand setzt sich zu ihm und leistet ihm Gesellschaft, sobald es wach ist, was an sich auch kein so großes Problem wäre, wenn da nicht seine erstgenannte Eigenschaft wäre (nämlich, dass es niemals schläft). Andere Leute werden Sie oft fragen: »Ist es ein liebes Baby?« Was für eine Frage! Es ist süß, aber rund um die Uhr ein süßes Kind zu haben, ist sehr anstrengend. Deshalb lautet die Antwort: »Ja, es ist wundervoll, aber ich bin schrecklich müde.« Sie können ja akzeptieren, dass es Ihre Gesellschaft genießt, aber um drei Uhr in der Nacht sind Sie wahrscheinlich nicht gerade der beste Gesellschafter.

Das »populäre« Baby ist nicht niederträchtig oder gemein, es will nur Gesellschaft. Sicherlich haben Sie schon davon gehört, dass solche Typen als personenbezogen bezeichnet werden. Sie haben also ein solch personenbezogenes Baby, das ist alles.

Bringt sich zur Geltung

Das »populäre« Baby hat von Natur aus die Fähigkeit, sich zur Geltung zu bringen. Es hat seine kleinen Tricks, und in dem Moment, in dem ein geeignetes Publikum in Sicht ist, wird es aktiv: Es schreit, lacht, wedelt mit den Armen in der Luft herum, kurz gesagt – es beherrscht diese Kunst. Wir waren zu einem Betriebsausflug eingeladen, als Taraneh vierzehn Monate alt war. Sie ging zwischen den Leuten hin und her und winkte jedem zu, als wäre sie Miss Amerika höchstpersönlich. Wenn Sie nun vorhaben, diesen kleinen Angeber in seinen Laufstall zu setzen, damit er sich dort für eine Stunde selbst unterhält, wie die »Bücher« es empfehlen, dann werden Sie herb enttäuscht werden. Schließlich macht es keinen Sinn, etwas vorzuführen, wenn niemand da ist, der zuschaut. Es ist erstaunlich, wie ein kleines Kind dies verstehen kann, das erst ein paar Monate auf dieser Welt ist.

Macht bei allem mit

Die unterhaltsamste Eigenschaft des vom Temperament her »populären« Kleinkinds ist seine Begeisterung, bei allem mitzumachen. Wenn Sie lachen, lacht es auch. Wenn Sie Ihre Augen schließen, tut es das auch. Sie geben ein lustiges Geräusch von sich, das Baby lacht. Das ist sehr beruhigend für die junge Mutter, die die Fortschritte, die ihr Baby macht, mit den Tabellen in den »Büchern« vergleicht, um zu prüfen, ob es sehen, hören, schmecken, riechen und kommunizieren kann, wie es der Altersnorm entspricht. Ihr »populäres« Baby wird Sie in dieser Hinsicht niemals enttäuschen. Es ist völlig auf seine Umwelt bezogen und reagiert auf jeden noch so kleinen Reiz.

Fordert Aufmerksamkeit

Es ist kommunikativ, macht bei allem mit und ist unterhaltsam. Was für ein tolles Baby! Aber da gibt es leider auch ein kleines Problem mit diesem »populären« Baby. Es braucht ständig ein Publikum. Es gehört nicht zu der Sorte von Kleinkindern, die sich still zurückhalten, die Welt passiv und friedlich betrachten. Es will Aufmerksamkeit, und zwar in vollem Umfang, und die will es rund um die Uhr. Wenn es diese nicht bekommt, dann schreit es sich die Seele aus dem Leib. Bis zu einem gewissen Maß können Sie Ihr Baby dazu erziehen, nicht wie am Spieß zu brüllen. Aber grundsätzlich fordert sein Temperament nach Aufmerksamkeit, und das wird sich niemals gänzlich ändern (es sei denn, Sie brechen seinen Geist, was Sie unter allen Umständen vermeiden sollten). Noch einmal: Das »populäre« Baby ist nicht schlecht, nur zeitraubend.

Weiß, dass es clever ist

Ich will nicht prahlen, aber ich habe es mir zur Regel gemacht, meinen Lesern die ganze Wahrheit über mein Leben zu erzählen. Und hier ist so eine Wahrheit: Mein Baby Taraneh ist das cleverste, bewundernswerteste Baby auf der Welt. Besonders nach ihrer eigenen Meinung. Es ist schwer zu erklären, warum ich das weiß, aber ich bin mir sicher, dass sie weiß, dass sie clever ist. Während der Baby- und Kleinkindphase ist das noch eine ganz niedliche Eigenschaft, aber man muss sehr sorgfältig damit umgehen. Ein Teenager oder ein Erwachsener, der weiß, dass er clever ist, ist bei weitem nicht mehr so anziehend. Haben Sie nicht auch schon ein paar von der Sorte getroffen?

Das »populäre« Kind

Wagemutig und eifrig

Betrachten wir ein »populäres« Kind von ungefähr sechs Jahren auf dem Spielplatz. Das Erste, was Sie bemerken, ist, dass es ständig in Bewegung ist wie ein Tornado, der alles, was ihm in die Quere kommt, zerstört. Wenn dieses Kind auf dem Spielplatz eintrifft, dann entgeht das niemandem. Innerhalb weniger Minuten hat es sich selbst bei den anderen Kindern vorgestellt, weiß das Alter von jedem und stellt sich selbst in den Mittelpunkt der Handlungen dieses Tages.

Das Zweite, was Ihnen auffällt, ist, dass es ständig an die Grenzen vorstößt. Es schaukelt nicht einfach auf der Schaukel, es wird versuchen, ob es die Schaukel nicht zum Überschlagen bringt. Es ist nicht damit zufrieden, auf dem Klettergerüst herumzuklettern, es muss versuchen das nur mit einer Hand und oder mit einem angezogenen Bein zu tun. Das ist amüsant, vorausgesetzt natürlich, Sie gehören nicht zu dem ewig vorsichtigen »perfekten« Typ. In diesem Fall werden Sie gedanklich von der Lebenserwartung dieses eifrigen kleinen Jungen schon mal mindestens zehn Jahre abziehen.

Einfallsreich und fantasievoll

Das »populäre« Kind hat nicht nur erfundene Freunde, es schafft in seiner Fantasie ganze Welten. »Populäre« Jungen werden gigantische Städte bauen, in der die aufregendsten Typen leben. »Populäre« Mädchen werden ständig Gespräche zwischen ihren zehn Barbie-Puppen führen, und dabei für jede eine andere Stimmlage verwenden. Meine Tochter Leah, ganz eindeutig ein »populärer« Typ, amüsiert mich immer wieder mit ihren Sketchen und ihrem Puppentheater. Jeder, der ihr begegnet, kann ganz deutlich sehen, dass sie schaupielerisches Talent besitzt. Wenn ich von jedem, der mir erzählt, sie würde bestimmt einmal Schauspielerin werden, einen Dollar bekäme, könnte ich damit die Schauspielschule bezahlen.

Kürzlich hörte ich, wie Leah einem Erwachsenen erklärte, dass sie eine Kinder-Schriftstellerin sei. Dann beschrieb sie in aller Ausführlichkeit ihr aktuelles Projekt. Am anderen Tag holte sie sich ein Stück Papier und schrieb: »LEAHS BUCH« quer über die Seite. Bei ihrer lebhaften Fantasie (kombiniert mit der Entschlossenheit eines »tatkräftigen« Kindes) habe ich keinen Zweifel, dass dieses Buch Realität wird.

Fröhlich, enthusiastisch und Spaß liebend

Sie können das »populäre« Kind fragen: »Willst du mit Mami Geschirrspülen spielen?« Vorausgesetzt, Sie schaffen es, das so klingen zu lassen, als ob das eine Menge Spaß macht, wird es begeistert rufen: »Na klar!« Bevor Sie sich versehen, wird es vollständig mit Spülwasser bespritzt sein und viel Spaß haben.

Die alles bestimmende Motivation im Leben des »populären« Schulkindes ist es, Spaß zu haben. Anstatt dadurch frustriert zu sein, sollten Sie dieses Merkmal zu Ihrem Vorteil nutzen. Wenn Mami von Putzen und Aufräumen total begeistert ist, dann können Sie die größte Schwäche ihres »populären« Schulkindes überwinden, nämlich sein Zimmer sauber zu halten. Stellen Sie etwas so dar, dass es Spaß zu machen scheint, und sie können das Kind dazu bringen, nahezu alles zu tun. Mein Freundin Jill hat einige »Putz-Spiele« eingeführt, so zum Beispiel: »Wer ist zuerst fertig?«, bei dem die Kinder versuchen, wie schnell sie einen Raum putzen können. Oder sie teilen die Spielsachen in zwei Stapel und schauen, wer seinen Stapel schneller aufräumen kann. Ein anderes Spiel heißt: »Mr. Inspektor«, bei dem die Mutter ihren Inspektor-Hut aufsetzt und kommt, um sich zu vergewissern, dass das Zimmer sauber und ordentlich ist.

Wenn dem so ist, dann hat Mr. Inspektor oft eine kleine Belohnung in seinem Hut versteckt.

Natürlich müssen die Kinder auch lernen, dass das Leben nicht nur aus Spaß besteht. Aber noch öfter müssen die Mütter begreifen, dass es Spaß machen kann. Achten Sie auf ein gesundes Gleichgewicht.

Das »populäre« Kind ist stets freundlich. Es hüpft den ganzen Tag herum und singt vor sich hin. Die ganze Welt kann um es herum zusammenbrechen, es wird immer noch lachen und singen. Es macht Freude, ein solches Kind um sich zu haben!

Redet ständig

Wenn Sie natürlich der Mutter eines »populären« Kindes sagen, dass ein solches Kind die reine Freude ist, dann wird sie möglicherweise einwenden, dass sein ständiger Überschwang sie manchmal ganz gewaltig nervt. Das »populäre« Kind redet ständig, und wenn ich ständig sage, dann meine ich das auch so. Das mag zwar nicht wie eine große Schwäche klingen, aber viele Mütter von »populären« Kindern würden alles für einen Moment der Stille geben. Stellen Sie sich die arme »perfekte« Mutter vor, die sich bei so einem singenden Lausebengel nach etwas Ruhe sehnt. Oder denken Sie einmal an die »friedfertige« Mutter, die hundemüde ist und sich nichts sehnlicher als ein Mittagsschläfchen wünscht. Glauben Sie etwa, diese Schnatterente wäre ruhig, weil seine Mutter die Augen geschlossen hält? Mit Sicherheit nicht! Gerade letzte Nacht beklagte sich mein »friedfertiger« Ehemann (der mit vier »populären« Frauen zusammenlebt) über das ständige Geschnattere beim Essen: »Ich wollte dir etwas über meinen Arbeitstag erzählen, aber ihr habt mich ja nicht einmal zu Wort kommen lassen!«

Kein Durchhaltevermögen

Wenn Sie Ihrem »populären« Kind einen Auftrag geben, können Sie bei einem sicher sein: Wenn Sie nicht persönlich nachfassen und kontrollieren, dass der Auftrag ordentlich ausgeführt ist, wird das vermutlich nicht der Fall sein. Auch wenn es die besten Vorsätze hat, hat das »populäre« Kind ein ganz schlechtes Durchhaltevermögen. Es ist nicht so, dass es bewusst versucht, ungehorsam zu sein, sondern eher so, dass es sich sehr leicht ablenken lässt. Sie sagen ihm, dass es den Hund füttern soll, und dabei begegnet es seinem großen Bruder und erzählt ihm, die Ereignisse des Tages. Das Nächste, was Sie mitbekommen, ist, dass ein Freund aus der Nachbarschaft vorbeischaut, um jemanden zu finden, der mit ihm spielt. Der arme Fido ist derweil übrigens immer noch hungrig.

Ein gutes Hilfsmittel ist ein Haushaltsplaner. Unserer besteht aus sechs laminierten Aufgaben-Tabellen und über 50 laminierten Aufgabenkärtchen. Jeden Morgen hefte ich einige Aufgabenkärtchen an die Tabelle von jedem Kind. Nachdem Sie die Aufgabe, die auf dem Kärtchen steht, erfüllt haben (die Betonung liegt auf *nachdem sie sie erfüllt haben*), stecken sie die Karte in eine kleine Hülle, die am unteren Ende ihrer Tabelle angebracht ist. Am Ende des Tages überprüfen Mama oder Papa die Karten, um sicherzustellen, dass alle Arbeit erledigt ist. Die Kinder bekommen für jede vollständig ausgeführte Aufgabe einen »Haushalts-Dollar«. Für unvollständige Leistungen nehmen wir wieder einen »Haushalts-Dollar« weg. Dieses System hat in einer Familie voll »populärer« Typen wahre Wunder bewirkt.

Kurze Aufmerksamkeitsspanne

Da das »populäre« Kind immer jede Menge Spaß haben will, können Sie sich auf eine niemals endende Flut von Angeboten für schulische und außerschulische Aktivitäten gefasst machen. Jenny will, dass ihre Tochter Gymnastik macht, und spornt sie zu olympischen Leistungen an. Sie gibt 35 Dollar für Anmeldegebühren, 50 Dollar für einen Gymnastikanzug aus und investiert noch einmal 100 Dollar in Trainingsstunden. Aber ihre zukünftige Olympiasiegerin ist ein tot geborenes Kind.

Denn dann kommt der Tanzunterricht. Ihre Tochter gelobt, während ihrer gesamten Collegezeit zu tanzen, und sie bezahlen die nächste Runde an Übungsstunden.

Dann ist es Fußball, dann sind es die Pfadfinder. Dann, dann, dann …

Wenn Sie zu den Eltern gehören, die ernsthaft wollen, dass sich Ihr Kind auf einem Gebiet besonders hervortut, dann wird Sie das »populäre« Kind wahrscheinlich gründlich enttäuschen. Es schafft es einfach nicht, lange genug an etwas dran zu bleiben, um über die Grundlagen hinauszukommen. Sie können und sollten seine innere Beständigkeit fördern. Es ist allerdings sehr wahrscheinlich, dass Ihr »populäres« Kind während seines ganzen Lebens damit zu kämpfen hat, dass sein Interesse für ein und dieselbe Sache zeitlich sehr begrenzt ist.

Gefühlsmäßiges Auf und Ab

Tag eins: Das Leben ist großartig! Ich bin das beliebteste Kind in der Geschichte der Schule!
Tag zwei: Das Leben ist schrecklich! Ich habe keinen einzigen Freund auf der ganzen Welt!

Kommt Ihnen das bekannt vor?

Wenn ja, dann haben Sie es eindeutig mit einem »populären« Kind zu tun. Sie fragen sich vielleicht, ob ein siebenjähriges Kind schon unter so etwas wie hormonell bedingten Stimmungsschwankungen leiden kann. Das kann es nicht, aber es kann die ganze Familie jeden Tag auf eine Achterbahn der Gefühle schicken. Die Gefühle des »populären« Schulkindes erinnern mich an einen Witz, den wir immer über das Wetter in New Jersey gemacht haben: »Wenn es dir nicht gefällt, dann warte einfach eine Minute.« Im Gegensatz zum »perfekten« Kind, das lange Perioden der Depression durchmachen kann, überwindet das »populäre« Kind die Enttäuschungen und Kümmernisse des Lebens recht schnell.

Er ist vielleicht im letzten Meisterschaftsspiel rausgeflogen, und Sie glauben nun, dass das bei ihm eine lebenslange Narbe hinterlässt. Er verkriecht sich in seinem Zimmer und schwört, dass er nie wieder herauskommt. Dann klingelt das Telefon. Bei Bobby wird eine Party veranstaltet. Bevor Sie sagen können: »Es ist doch nur ein Spiel, Junge«, ist er schon aus der Tür und ruft noch: »Melde mich vom Verein ab«, macht ein paar Witze über das blöde Spiel und dass das alles doch ohnehin nicht so wichtig sei. Auf und ab, auf und ab. Und so bleibt es. Warten Sie nur darauf, bis er in der Highschool ist!

Desorganisiert

Wenn Sie das Bestreben des »populären« Schulkindes, Spaß zu haben, seine kurze Aufmerksamkeitsspanne und sein mangelndes Durchhaltevermögen zusammennehmen, dann haben Sie die Formel für Desorganisation. Sie ergibt das Kinderzimmer, von dem Legenden berichten und in dem Krankheiten zum Ausbruch kommen könnten. Die kluge Mutter wird die Tatsache akzeptieren, dass dieses Kind von Natur aus desorganisiert ist. Es wird nie Gefallen daran finden, dass seine Bücher farbig nach Fächern eingebunden sind. Es wird auch nie seine Unterlagen selbst in einen Ordner heften, wie es das »perfekte« Kind tut. Doch wenn Sie es schaffen, ihm eine gewisse organisatorische Grundkenntnis beizubringen, bewahren Sie es vor unsagbarem Ärger und Kummer in seinem späteren Leben. (Siehe auch die Ausführungen über den Haushaltsplaner.)

Flunkert

Weil das »populäre« Kind immer nur für den Augenblick lebt, wird es das sagen, was ihm in diesem Moment als zweckmäßig erscheint, auch wenn es nicht unbedingt der Wahrheit entspricht. Wenn es dabei ertappt wird, versucht es, sich herauszureden, oder erklärt: »Ich habe nur Spaß gemacht.« Diese Neigung, kleine Unwahrheiten und Lügen zu erzählen, ist keine spaßige Angelegenheit. Und es ist auch überhaupt nicht witzig. Gehen Sie diese Sache an, bevor sich daraus in zehn Jahren handfeste Lügen entwickeln. Die Bibel sagt: »Lügenmäuler sind dem Herrn ein Greuel; die aber freundlich handeln, gefallen ihm.« (Sprüche 12,22) Sie könnten es sich zur Gewohnheit machen, ruhig zu fragen: »Ist es genau so passiert?«, oder: »Gibt es da etwas, das ich wissen sollte?« Wenn Sie Ihr Kind bei einer offensichtlichen Lüge ertappen, dann sollte das ernste Konsequenzen haben.

Vergesslich

Eine der liebsten Flunkereien des »populären« Schulkindes – genau genommen seine Allerwelts-Entschuldigung – ist: »Ich hab es vergessen.« Wir haben das so oft von unserer Tochter gehört, dass wir »Vergessen« an sich als einen Akt des Ungehorsams definiert haben. Unsere Kinder müssen uns genug respektieren, dass sie Wert darauf legen, sich zu erinnern. So haben wir einem unserer Mädchen eine Aufgabe gegeben, die sie erledigen sollte. Als sie dann behauptete, sie habe es vergessen, ermahnten wir sie, dass es Aufgabe Nummer eins sei, sich an das zu erinnern, was Mama oder Papa gesagt haben. Eine solche Entschuldigung gilt nicht. Lassen Sie Ihre Kinder nicht zu kleinen Drückebergern werden.

Der »populäre« Teenager

Beliebt

Nun kommt Ihr kleiner strahlender Stern wirklich zu Geltung. Ihre »populäre« Tochter wird die »Heimkehr«-Königin. Ihr »populärer« Sohn wird der Star im Schulgeschehen. Rund um die Uhr klingelt das Telefon, Geschenke von zahllosen Bewunderern trudeln ein,

Autoreifen quietschen auf der Straße – so etwa ist das Leben, wenn Sie einen »populären« Teenager im Haus haben. Nette Eltern werden ihr Haus öffnen und es so zum Mittelpunkt für die örtliche Teenager-Meute machen. Das haben wir zu tun versucht.

Schließt sich Vereinen an

Es gibt keinen Klub in der Highschool, dem sich ein »populärer« Teenager nicht anschließen möchte. Ich habe schätzungsweise von 50 gehört, vom Frauen-Befreiungs-Klub bis zum Fremdsprachen-Klub war alles vorhanden. Nun, da mein zwanzigjähriges Klassentreffen ins Haus steht, ist es an der Zeit, einiges klarzustellen: Eine meiner hauptsächlichen Motivationen, all diesen Klubs beizutreten, war, mein Bild in allen Jahrbüchern zu sehen. Lachen Sie nicht, es war so! Hier ist Donna im Schachklub und schaut intelligent in die Kamera. Hier ist Donna im Snowboard-Klub und sieht wirklich sportlich aus. Hier ist Donna ... Ich denke, Sie sind im Bild!

Wie bereits beim »populären« Kind erwähnt, wird Ihr Teenager wahrscheinlich auch weiterhin seine Aufmerksamkeit nur recht kurz auf etwas richten, was ihn dazu bewegt, von einer Aktivität zur nächsten zu springen. Um größere Beständigkeit und die Entwicklung von echten Fähigkeiten in einigen bestimmten Bereichen zu fördern, müssen Sie die Anzahl der Vereine begrenzen, an denen der Teenager teilnehmen kann. Ziel ist es nicht, ihm den Spaß zu verderben, sondern ihm zu helfen, den größtmöglichen Nutzen und Freude aus den Vereinen zu ziehen, denen er sich anschließt.

Charmant

Wie Sie inzwischen ja bereits wissen, ist der »populäre« Typ, was die Arbeit anbelangt, nicht gerade der Größte. Unglücklicherweise ist die Schule leider mit Arbeit verbunden. Doch der »populäre« Teenager entwickelt das Vermeiden von Arbeit zu einer wahren Kunst. (Ich habe das schon gesehen!) Sie bleiben nachts wach, aber nicht, um Hausaufgaben zu machen. Oh nein! Sie liegen wach und denken sich Möglichkeiten aus, wie sie um die Hausarbeiten – oder jede andere Art von Arbeit – herumkommen. Sie sind so charmant, dass sie damit durchkommen, nur ein absolutes Minimum dessen zu tun, was eigentlich notwendig ist, und immer noch recht gut abschneiden. Sie bringen nicht gerade die absoluten Spitzennoten mit nach Hause, aber meistens schaffen sie doch ganz ordentliche, weil die Lehrer sie zu sehr mögen, um sie nur als durchschnittlich einzustufen. Leider hat diese charmante Art aber auch eine Schattenseite, die wir uns einmal näher anschauen wollen.

Will gefallen

Vielleicht ist die gewinnendste Eigenschaft der »populären« Teenager ihr ernsthafter Wunsch, ihren Eltern zu gefallen. Sie wollen unbedingt, dass Sie stolz auf sie sind! Wenn Sie ihre Bemühungen mit Aufmerksamkeit, Zustimmung, Zuneigung und Annahme, wonach sie sich so sehr sehnen, belohnen, dann können Sie ihnen unzähligen Kummer ersparen. Aber wenn sie merken, dass es ihnen nicht gelingt zu gefallen, dann geben sie auf. Dann werden sie sich stattdessen darum bemühen, bei ihren Altersgenossen gut anzukommen, und damit fangen die Sorgen für gewöhnlich an.

Täuscht andere

Der »populäre« Teenager hat einige sehr gefährliche Schwächen, die Ihnen unbedingt bekannt sein sollten. Oftmals sind sie es, die sehr stark durch Drogen, Alkohol und häufigen Partnerwechsel gefährdet sind, weil sie so ein starkes Bedürfnis nach Anerkennung durch Gleichaltrige haben. Was sie besonders anfällig macht, ist ihre Fähigkeit, ihre Mutter oder ihren Vater darüber zu täuschen, was wirklich los ist. Sie lachen Ihnen ins Gesicht und versichern, dass alles in bester Ordnung ist. Und sie sind so überzeugend, dass Sie sich schließlich sogar schuldig fühlen, weil Sie ihnen misstraut haben. In

Wirklichkeit aber sind sie wahre Meister im Schwindeln und äußerst erfinderisch, wenn es darum geht, ihren Kopf durchzusetzen. Sie können ihren unglaublichen Charme dazu benutzen, um ihre Eltern völlig einzuwickeln und zu übertölpeln.

Als mein Mann und ich aktiv in der Jugendarbeit tätig waren, mussten wir dies von Zeit zu Zeit miterleben. Da waren Jugendliche, von denen wir wussten, dass sie sexuelle Beziehungen hatten, Alkohol tranken und mit Drogen experimentierten. Und deren Eltern verkündeten völlig naiv: »Gott sei Dank, dass unsere Kinder so etwas nie tun würden.« Das war immer sehr traurig. Sie sollten aber nun auch nicht ständig besorgt sein und Ihre Teenager 24 Stunden am Tag der Spanischen Inquisition unterziehen, aber seien Sie wachsam gegenüber ihren Neigungen, andere zu täuschen. Glauben Sie den Tatsachen, ganz egal, wie erfindungsreich und überzeugend sie etwas wegdiskutieren wollen.

Nikki kam jeden Tag von der Schule nach Hause und erzählte von dem unverschämten Verhalten ihres Klassenkameraden John. Er rasierte sich die Haare ab und hatte sich einer Gruppe von Skinheads angeschlossen. Er ärgerte den Busfahrer und den einzigen schwarzen Schüler im Bus. Er rauchte öffentlich Marihuana und gab damit an, mit Drogen zu handeln. Eine von Johns Nachbarinnen erzählte mir, dass sie ihn und seine Freunde oft im Hinterhof hörte, wenn sie Sprüche klopften und versuchten, einander mit Erzählungen über ihre Wochenend-Eskapaden zu übertrumpfen. Eines Tages fragte ich Johns Mutter, was ihr Sohn denn so mache, und sie fing an, mich mit Geschichten darüber zu überhäufen, was für ein netter Junge er doch sei und dass sie noch niemals Ärger mit ihm gehabt hätten. Ich hatte daran gedacht, ihr ganz offen zu sagen, was ich wusste, aber da sie selbst eine »populäre« Mutter ist, dachte ich, dass sie mir das wohl nicht glauben würde. (Erinnern Sie sich daran: Die »populäre« Mutter leugnet oft die Wahrheit über ihre Kinder.)

Lassen Sie sich nicht täuschen von Eltern von »populären« Teenagern. Halten Sie die Augen offen und sehen Sie der Wahrheit ins Gesicht!

Lässt sich leicht vom Weg abbringen

Hier liegt die Wurzel für die Probleme des »populären« Teenagers. Weil er unbedingt Aufmerksamkeit auf sich ziehen und die Anerkennung der Altersgenossen haben will, lässt er sich leicht vom Weg abbringen. Dadurch tut er ziemlich schnell alles, um anzukommen. Der Hauptgrund, warum wir uns dafür entschieden, unseren »populären« Teenager Nikki aus der öffentlichen Schule zu nehmen, waren die Schwächen ihres Temperamentes. Auch wenn Ihr Teenager dagegen sein wird, sollten Sie seine Freunde äußerst sorgfältig in Augenschein nehmen. Hierbei ist viel Diplomatie gefragt. Als Nikki bei uns einzog, erwähnten wir gelegentlich (zugegebenermaßen war es wohl doch nicht nur so gelegentlich) die Teenager in der Jugendgruppe, die unsere Zustimmung fanden. Unnötig zu erwähnen, dass sie diese hasste wie die Pest. Teenager wollen nicht den Eindruck haben, dass ihre Freunde von Mutter und Vater ausgesucht werden. Deshalb suchen sie sich sogar oft den Umgang mit genau den Kindern, die Mutter und Vater missbilligen.

Wir waren über die Freunde, die Nikki im ersten Jahr, in dem sie bei uns lebte, von der Schule mit nach Hause brachte, völlig entsetzt. Wir versuchten höflich zu sein, aber man brauchte nur einen Blick auf diese Kids zu werfen und sah, dass sie nichts als Ärger machen würden. (Wie bei Büchern, die man schon anhand der Titelseite einschätzen kann.) Dann wurden wir mit den Tatsachen konfrontiert: Verhaftung wegen Ladendiebstahls, Spritztouren in gestohlenen Autos, Ausreißen von Zuhause und ständig wechselnde Partner. Ich erinnere mich, dass ich einmal zu ihr sagte: »Kannst du denn keinen Freund finden, der sich wie ein normaler Jugendlicher verhält?«

Unsere Lösung war, Nikki dazu aufzufordern, ihre Freunde zu uns nach Hause einzuladen. Sie kann einladen, wen sie will und so oft sie das will. Vergangenen Freitag veranstaltete sie eine Party mit vier Mädchen. Heute Abend gibt es bei uns eine Überraschungs-Geburtstagsparty. Indem wir mit diesen Mädchen Zeit verbringen, sieht Nikki mit eigenen Augen, dass sie nicht zu unserem Lebensstil und unseren Vorstellungen passen. Wir müssen gar nichts sagen. Der Gegensatz ist offensichtlich.

Im Lauf der Zeit hat Nikki einen neuen Kreis von wunderbaren, gottesfürchtigen Teenagern gefunden. Wenn sie diese zu uns nach Hause einlädt, dann ist nicht ständig die Rede von jugendlichem Unfug. Was für eine Wohltat! Wir sind überzeugt, dass diese Mädchen sich gegenseitig in die richtige Richtung führen. Wenn Sie also einen Teenager haben, der durch die falschen Freunde vom Weg abgebracht wird, dann bleiben Sie fest. Beten Sie, dass Gott neue Freunde schenkt, die Ihren Teenager aufbauen und ihn oder sie nicht runterziehen.

Will nicht lernen

Der »populäre« Teenager wird seine Eltern durch seine Abneigung gegenüber dem Lernen immer wieder erstaunen. Dieser Jugendliche mag alles außer Schularbeiten. Mein »populärer« Teenager ist da keine Ausnahme. Sie bereitet mir kleine Überraschungen, schreibt mir ermutigende Notizen, bietet sich zum Babysitten an, räumt sogar ihr Zimmer auf – stellen Sie sich das nur vor! Alles außer Schularbeiten. Wenn ich nicht aufpasse, wird sie die Schulausbildung zu Hause als völlig Unwissende abschließen. Vergangenen Sommer, als unser Teenager auf einer Missionsreise nach Afrika war, kam meine dreizehnjährige »populäre« Nichte zu uns, um von uns zu Hause unterrichtet zu werden. Ob Sie es glauben oder nicht, sie hatte genau die gleichen Lern-Verweigerungs-Strategien drauf! Plätzchen backen und mir Briefchen schreiben! Erstaunlich!

Klatschmaul

Wer tratscht, erringt Aufmerksamkeit! Und wenn man Neuigkeiten verbreitet, hat man zumindest für einen Moment die volle Zustimmung der anderen. Unglücklicherweise kann das aber auch ausarten. Sie können Ihren »populären« Teenager bitten, das nicht zu tun, und ihm einen Vortrag darüber halten, dass das gemein ist, aber fünf Minuten später werden Sie das Klatschmaul schon wieder am Telefon reden hören. Sie sollten sich natürlich davor hüten, Beispiele aus dem wirklichen Leben anzuführen, wenn Sie über die Schlechtigkeit von Tratsch sprechen. Ungefähr vor einem Jahr hörte ich, wie Nikki und Freundin Nummer eins im Wohnzimmer über Freundin Nummer zwei tratschten. Ich begann mit einem Vortrag über die Gefahr des Tratschens, der schließlich zu einem Vortrag über die Gefahr von schlechten Freunden führte, der uns alle drei dazu verführte, über Freundin Nummer zwei zu tratschen. Und siehe da, ein paar Tage später rief mich die Mutter von Freundin Nummer zwei an und sagte mir ziemlich deutlich ihre Meinung. Anscheinend hatte Freundin Nummer eins umgehend jedes Wort, das wir gesprochen hatten, der Familie von Freundin Nummer zwei mitgeteilt – und das war nun das Ergebnis meines Vortrags gegen das Tratschen.

Was Ihr »populäres« Kind am meisten von Ihnen braucht

Wir haben bereits über die emotionalen Bedürfnisse des »populären« Temperaments gesprochen, aber um es noch einmal zusammenzufassen: Sie wollen Aufmerksamkeit, Zustimmung, Zuneigung und Annahme. Ihre »populären« Kinder brauchen eine Menge Leute um sich, und es gefällt ihnen, aktiv zu sein. Denken Sie daran, dass ihr wichtigstes Ziel im Leben ist, Spaß zu haben. Sie sind, wenn es um Detailarbeit geht, unglaublich schlecht, und können normale Routinearbeiten nur schwer durchhalten. Alle Kinder müssen Hausarbeiten erledigen und Verantwortung im Haushalt übernehmen, aber versuchen Sie, diese spannend zu gestalten, dann wird Ihr »populäres« Kind sie besser bewältigen.

Die »populäre« Mutter sollte eigentlich recht gut mit dem »populären« Kind zurechtkommen, vorausgesetzt, sie denkt daran, das Rampenlicht mit dem Kind zu teilen und gelegentlich auch einmal eine Grenze zu ziehen. Sie werden nicht viel Arbeit fertig bekommen (was die »perfekten« Typen um sie herum zum Wahnsinn treiben wird), aber sie werden eine sehr harmonische Mutter-Kind-Beziehung haben.

Die »perfekte« Mutter muss sehr vorsichtig sein, wenn sie versucht, ein »populäres« Kind anzutreiben. Akzeptieren Sie, dass Ihr Kind niemals ein Perfektionist sein und es auch niemals Ihren hohen Idealen entsprechen wird. Ermutigen Sie Ihr »populäres« Kind, auch wenn der Lärm Sie verrückt macht, seine Freunde mit nach Hause zu bringen, und regen Sie sich nicht zu sehr auf, wenn sie Ihr perfektes Haus verwüsten. Wenn Sie Ihr Kind ständig kritisieren oder ihm Ihre Zustimmung vorenthalten, bis es etwas »richtig gemacht hat«, werden Sie das Kind von sich wegtreiben. Es wird seine Bedürfnisse bei den Gleichaltrigen zufrieden stellen, und das Ergebnis wird Ihnen bestimmt nicht gefallen. Seien Sie deshalb vorsichtig!

Die »tatkräftige« Mutter wird sich über die Beliebtheit und den persönlichen Erfolg des »populären« Kindes freuen. Aber wenn Sie versuchen, das »populäre« Kind unter Ihre völlige Kontrolle zu bringen, wird es alles tun, um seine Freiheit wieder zu erlangen. Seien Sie besonders sensibel gegenüber den Bedürfnissen Ihres Kindes nach Zuneigung. Mein Mann sagt mir ständig, dass ich zu meinen drei Mädchen, die alle deutlich »populäre« Züge haben, nicht liebevoll genug bin. Wenn ich Ihnen keine Zuneigung schenke, dann werden sie eine leichte Beute für den Erstbesten, der Ihnen sagt, dass sie hübsch seien. Ich will nicht, dass meinen Mädchen so etwas passiert, und Sie wollen das für Ihre Kinder bestimmt auch nicht. Die andere Gefahr besteht darin, dass Sie die Ziele so hoch stecken, dass Ihr »populäres« Kind gar keine Lust mehr hat zu versuchen, diese zu erreichen. Sie blühen auf, wenn Sie etwas leisten können, aber Ihr Kind lebt von Beziehungen. Versuchen Sie nicht, es dazu zu bringen, Ihre Vorstellung von Erfolg zu übernehmen.

Gott helfe der »friedfertigen« Frau, die versucht mit dem Tempo des »populären« Kindes Schritt zu halten. Obwohl es Ihrem Naturell überhaupt nicht entspricht, versuchen Sie trotzdem etwas Begeisterung für die Aktivitäten Ihres Kindes aufzubringen. Ich weiß, wie sehr Sie Frieden und Entspannung lieben, aber darauf müssen Sie bis zu Ihrem Ruhestand warten. Auf der anderen Seite, sollten Sie Ihrem »populären« Kind nicht erlauben, Sie immer in Trab zu halten. Annie Chapman schildert Folgendes in Ihrem Buch *Smart Women Keep it Simple*:

Kinder müssen wissen, dass sie nicht alles tun können. Dies scheint ein Gegensatz zu all dem zu sein, wofür Amerika steht, aber das macht mir keine Sorgen. Kinder leben im Stress, hasten durchs Leben und sind völlig überlastet, weil wir nicht glauben wollen, dass sie erwachsen werden können ohne Spanisch-Kurs und Unterweisungen in den schönen Künsten, Fußball und Vorlesezirkel in der Bücherei, ohne Sportverein und Computerkurse für Kinder.

Wir müssen unseren Kindern helfen, langsamer zu machen und zu leben lernen. Es gibt Sandhaufen, in die man sich eingraben kann, Fahrräder, auf denen man fahren kann, Schneeburgen, die man bauen kann, und (stöhn!) sogar Bücher, die man lesen kann.

Bemuttern ohne zu erdrücken bedeutet, wir grenzen ein, was wir für unsere Kinder zu tun bereit sind. Es ist für das Kind nicht unbedingt das Beste, wenn es einen Erwachsenen hat, der auf Zuruf sofort reagiert, 24 Stunden am Tag zur Verfügung steht und nur darauf wartet, ihm seine Lieblingsspeisen zu bereiten, dann seine Unordnung aufzuräumen, es zu unterhalten, wenn ihm langweilig ist, und es zu trösten, wenn es schlecht gelaunt ist. Wir sind Mütter, keine königlichen Zofen.*

Das ist wunderbar ausgedrückt und ein guter Rat für alle Mütter von »populären« Kindern, aber auch von allen anderen Kindern!

Bibelverse für das »populäre« Kind

Obwohl Sie der Versuchung widerstehen müssen, Ihrem »populären« Kind Predigten zu halten, können Sie es jedoch ermutigen, über Stellen in der Bibel nachzudenken, die wichtige Dinge ansprechen, wie zum Beispiel die Folgenden:

* Smart Women Keep It Simple, S. 52.

Der Gerechte findet seine Weide; aber die Gottlosen führt ihr Weg in die Irre. (Sprüche 12,26)
Laßt euch nicht verführen! Schlechter Umgang verdirbt gute Sitten! (1. Korinther 15,33)
Ein Verleumder verrät, was er heimlich weiß; aber wer getreuen Herzens ist, verbirgt es. (Sprüche 11,13)
Wer Geheimnisse verrät, ist ein Verleumder, und mit dem, der den Mund nicht halten kann, laß dich nicht ein. (Sprüche 20,19)
Ein Mann, der seinen Zorn nicht zurückhalten kann, ist wie eine offene Stadt ohne Mauern. (Sprüche 25,28)
Ihr sollt wissen, meine lieben Brüder: ein jeder Mensch sei schnell zum Hören, langsam zum Reden, langsam zum Zorn. Denn des Menschen Zorn tut nicht, was vor Gott recht ist. (Jakobus 1,19.20)

17. Verstehen Sie das »perfekte« Kind

Das »perfekte« Baby

Ernst und ruhig

Als ich anfing, die Temperamente von Geburt an zu erforschen, war es für mich sehr aufschlussreich, mit meiner Mutter darüber zu sprechen, wie unterschiedlich ihre Babys waren. Ihre ersten vier Kinder hatten alle ein anderes Temperament in der folgenden Reihenfolge: »tatkräftig«, »populär«, »perfekt« und »friedfertig«. (Gott wusste, dass sie nach Nummer vier eine Pause brauchte.) Sie sagte, dass einer ihrer stärksten Eindrücke bei ihrem dritten Baby, meiner »perfekten« Schwester Nancy, der war, wie ernst dieses Kind zu sein schien, sogar als Baby.

»Sie war ein wirklich angenehmes Baby«, erinnert sie sich, »aber sehr schüchtern und reserviert. Das stand mir auch in den folgenden Jahren immer wieder deutlich vor Augen, denn sie war so völlig verschieden von meinen beiden ersten Babys.« Aufgrund der ernsten Natur des »perfekten« Babys erscheint sie oder er manchmal etwas traurig, so als wolle es sagen: »Ich war so glücklich in dieser perfekten Gebärmutter. Warum musstet ihr mich in diese so wenig perfekte Welt holen?«

Mag Vorgaben

Das andere Bemerkenswerte an Nancy war ihre Vorliebe für Regeln. »Sie wollte an jedem Tag alles zu einer bestimmten Zeit und in einer bestimmten Weise machen«, berichtet meine Mutter. »Und das war keine Regel, die ich aufgestellt hatte, sondern sie machte diese selbst.

Sie aß meist auf die Minute genau zur selben Zeit. Sie wollte jeden Tag zu genau derselben Zeit schlafen gehen, sodass man eine Uhr hätte danach stellen können. Egal ob wir zu Hause oder unterwegs waren, sie wich nie davon ab.«

Ich muss immer lachen, wenn ich die triumphierende Bemerkung von Müttern höre, dass sie es fertig gebracht hätten, »dem Baby einen festen Zeitplan anzugewöhnen«. Ich brauche mir nur das Baby anzuschauen, und dann weiß ich genau, wer wem den Zeitplan gemacht hat!

Schreit oft

Das »perfekte« Kind schreit sofort. Aber das ist nicht das ärgerliche, fordernde Schreien eines »tatkräftigen« Babys. Es ist ein klagendes, unglückliches, vom Leben enttäuschtes Schreien. Vielleicht kann man ein »perfektes« Baby am besten an der Tür der Kindergruppe in der Kirche ausfindig machen. Es will die Mutter nicht gehen lassen. Auf keinen Fall! Es schreit und strampelt. Es will sich selbst nicht Fremden anvertrauen, die so wenig perfekt sind.

Das »perfekte« Kind

Gehorsam

Wenn Sie ein gehorsames Kind suchen, dann suchen Sie nicht länger. Nichts ist leichter, als ein diszipliniertes Kind zu bekommen: Schauen Sie es einfach missbilligend an, und es wird gehorchen. Diese Kinder gedeihen durch Sicherheit und Stabilität, die durch die Kenntnis und das Befolgen von Regeln hergestellt werden. Je mehr Regeln, desto lieber ist ihnen das. Sie werden Regeln aufstellen, damit alle Dinge auf eine bestimmte Art und Weise gemacht werden. Das ist für beide, Sie und Ihr Kind, eine wunderbare Eigenschaft, aber hüten Sie sich davor, sich selbst zu beglückwünschen – möglicherweise bekommen Sie als Nächstes ein »tatkräftiges« Kind.

Doch freuen Sie sich inzwischen über das perfekt gehorsame, das Sie bereits haben.

Perfektionistisch

Perfekte Kindern räumen ihre Spielsachen sorgfältig und nach Größe geordnet auf, hängen ihre Kleider nach Art und Farbe sortiert in den Schrank und halten ihre Kinderzimmer ständig sauber und ordentlich. Wenn Sie etwas von ihren Sachen an den falschen Platz stellen, werden sie es sofort bemerken. Sie regen sich vielleicht sogar darüber auf. Meine Freundin Joan erzählte mir neulich einige Dinge, die sie mit ihrem Sohn, der mittags den Kindergarten besucht, erlebt hat. »Eines Tages kam er sehr verärgert nach Hause. Einer aus der Morgengruppe hatte einige Papiere in dem Fach, das sie sich teilten, hinterlassen. Ein anderes Mal war er verstört, weil die Lehrerin ihre Sitzordnung veränderte. Er konnte es nicht glauben. Er wollte seinen Platz zurück. Als sie entschied, dass auch er wechseln musste, zählte er, wie viele Schritte es sind, um zu seinem neuen Platz zu kommen. Er war sehr verärgert und er zeigte dies der Kindergärtnerin. Er war respektvoll, aber er machte seinen Standpunkt deutlich!«

Denkt gründlich nach und liest gern

Meine Freundin Joy erinnert sich daran, wie sie und der Arzt dachten, dass etwas mit dem Gehör ihrer Tochter Molly nicht in Ordnung wäre.

> Sie war zwei Jahre alt und hatte noch kein Wort gesprochen. Eines Tages saßen wir im Auto, und plötzlich sagte sie einen kompletten Satz. Ich wäre buchstäblich fast von der Straße abgekommen! Von diesem Tag an kommunizierte sie in ganzen Sätzen. Es war fast so, als wollte sie warten, bis sie die Grammatik und die Satzstruktur perfekt konnte, bevor sie zu

sprechen anfing. Als sie drei Jahre alt war, begann sie zu lesen und konnte über 60 Wörter schreiben.
Ein anderes Mal, als sie etwa vier Jahre alt war, fragte sie mich im Auto, was ein bestimmtes Wort bedeute, und ich sagte ihr, dass wir, sobald wir wieder daheim seien, im Wörterbuch nachschlagen würden. Sie wollte wissen, was ein Wörterbuch sei, und ich erklärte ihr, dass das ein Buch voll mit Wörtern ist, das die Bedeutung von jedem Wort erklärt. Sie sagte dazu nichts mehr. Es war spät nachts, als wir nach Hause kamen, und sie schlief bereits. Aber am nächsten Morgen, in dem Moment, in dem sie aufwachte, rannte sie in die Küche und hüpfte vor Freude: »Wo ist das Buch, von dem du mir erzählt hast?«

Eine andere Freundin von mir, auch eine »tatkräftige« Frau, unterrichtet ihre fünfjährige Tochter Hannah zu Hause. Sie liest schon sehr gut, kann ausgezeichnet rechnen, schreibt Gedichte, und steht – stellen Sie sich das vor – morgens um fünf Uhr auf, um ihre eigenen Bücher zu schreiben und zu bebildern. Wir gingen mit dieser Familie in die Bücherei, und das kleine Mädchen suchte sich die Biographie von Louisa May Alcott heraus. Meine Tochter mag jetzt den Film *Little Women* und ich dachte, dass das doch schon etwas wäre. Es ist bestimmt besser als Cartoons im Fernsehen. Aber dieses kleine Mädchen las nicht nur *Little Women*, sie war so begeistert von dem literarischen Schreibstil der Autorin, dass sie deren Biographie studierte. Die Rede ist von einem tiefsinnigen Denker.

Talentiert (oft musikalisch)

Das »perfekte« Kind hat außerordentliche Talente, häufig besonders im musikalischen Bereich. Wir besuchten kürzlich eine Violinkonzert, bei dem ein fünfjähriges Kind ein Stück von Mozart spielte – und das nur aus dem Gedächtnis, ganz ohne Noten! Wenn eines meiner Kinder im Alter von fünf Jahren nur ein einfaches Lied vorgetragen hätte, dann wäre es anschließend stundenlang wie ein

Pfau in der Gegend herumstolziert. Doch dieser bescheidene kleine Junge verbeugte sich einfach und setzte sich wieder ganz still auf seinen Platz. Das »perfekte« Kind geht davon aus, dass jeder so talentiert ist wie es selbst, und es wird im späteren Leben enttäuscht sein, wenn es entdeckt, dass das nicht so ist.

Wahrer Freund

Das »perfekte« Kind wird nicht von Tausenden umschwärmt werden wie das »populäre« Kind, aber die Freundschaften, die es schließt, sind tief und andauernd. Es hat kein Interesse an großen Gruppen oder Vereinen, es ist mehr daran interessiert, seine Zeit mit einem oder zwei sehr guten Freunden zu verbringen, mit dem es dann endlos spielt. Wenn Sie es mit zu vielen Kindern zusammenbringen, wird es sich körperlich bedrängt fühlen. Eine Mutter berichtet, dass sie ihren fünfjährigen Sohn vorfand, wie er mitten auf seiner eigenen Geburtstagsparty ein Nickerchen hielt.

Gründlich

Wie die meisten Mütter so vergleiche auch ich meine Kinder mit denen aus der Nachbarschaft. Da ich nun die Temperamente verstehe, weiß ich, wie unfruchtbar solch ein Unternehmen ist. Eine meiner Freundinnen, die ein »perfektes« Kind hat, erzählte mir ständig, wie ihre vierjährige Tochter jeden Tag stundenlang am Computer arbeitete. Zu dieser Zeit wusste ich noch nichts über die Temperamente und dachte deshalb: »Aha! Wenn wir einen neuen Computer mit CD-ROM und all den anderen Schikanen kaufen würden, bräuchte Leah nicht ständig einen Spielkameraden oder Babysitter.« Ich setzte sie also zunächst einmal vor meinen Computer und ließ sie neben mir im Büro arbeiten. Sie spielte genau zwei Tage mit diesem 3000-Dollar-Spielzeug, und dann war ihr Interesse daran zu Ende.

Nur das »perfekte« Kind hat die Ausdauer, sich stundenlang mit ein und derselben Sache zu beschäftigen. Dieser intensive

Umgang führt allerdings dazu, dass es sich ziemlich langsam bewegt. Während die anderen Kinder im Spielzeuggeschäft die Gänge rauf- und runterflitzen, steht das »perfekte« Kind ruhig da und überlegt. Es will das »perfekte« Spielzeug auswählen und das erfordert zuvor eine gründliche Analyse.

Pflicht- und verantwortungsbewusst

Meine Nichte Amy ist ein anderes klassisches Beispiel für ein »perfektes« Kind. Ich erinnere mich, wie wir sie einmal besuchten, als sie gerade drei Jahre als war. Ich setzte mich zu ihr, um mit ihr zu malen und ihr zu zeigen, wie viel Spaß das Leben machen kann. (Sie erschien mir für ein Kind zu ernst, und ich hielt das nicht für normal.) Es dauerte nur ein paar Minuten, bis ich herausfand, was mit ihr los war. Als ich einen Wachsmalstift in die Kiste zurücklegte, nahm sie ihn wieder heraus und legte ihn an die richtige Stelle. Wenn ein Wachsmalstift abgemalt war, spitzte sie ihn sofort wieder an. Und wenn auch nur das allerkleinste Krümelchen von der Wachsmalkreide auf den Boden fiel, hob sie es sofort auf, legte es auf ihre Handfläche und ging zum Mülleimer, um es dort hineinzuwerfen. Ich erinnere mich, dass ich dachte: »Ist das ihre Vorstellung von Spaß? Ich jedenfalls würde es hassen, meine Freizeit so zu verbringen.«

Aber ihr Verhalten war nicht nur normal, es war typisch für ein »perfektes« Kind. Diese Kinder sind pflicht- und verantwortungsbewusst und widmen sich zu einhundert Prozent einer Sache, um sie richtig zu machen.

Launisch

Diese »perfekten« Kinder wollen, dass das Leben perfekt ist, und das ist selten der Fall. Deshalb werden sie oft melancholisch, was mehrere Tage oder sogar Wochen andauern kann. Diese Kinder werden durch Schicksalsschläge wie Scheidung, Todesfall oder andere traumatische Erlebnisse, die sie betreffen, besonders hart getroffen. Eine der kleinen Freundinnen meiner Tochter Leah, Bethany, ist so launisch, dass ich tatsächlich zuerst ihre derzeitige Stimmung einschätze, bevor ich sie begrüße. Wenn alles gut zu sein scheint, dann schenke ich Bethany ein nettes Lächeln und ein freundliches Hallo. Wenn ich sehe, dass sie schlecht gelaunt ist, begrüße ich sie freundlich, aber wage nicht zu lächeln. Ursprünglich rannte ich hinter ihr her und versuchte sie für dies oder jenes zu begeistern, aber dann wurde mir allmählich klar, dass sie meine freudigen Darbietungen nicht zu schätzen wusste. Diese Kinder sind extrem gekränkt, wenn sie das Gefühl haben, dass sie mit einem oberflächlichen Gehabe aufgeheitert werden sollen. Bevor ich das verstand, dachte ich, dass Bethany ein bisschen eigenartig sei. Aber eigentlich ist sie, gemessen an ihrem Temperament, völlig normal.

Jammert

Bei Bethany ist – wie bei den anderen »perfekten« Kindern auch – ihr Tonfall sehr charakteristisch. Eigentlich spricht sie nur selten. Nach ihrer Meinung besteht die Welt nur aus Krisen und Enttäuschungen. Wenn andere Kinder den Eisverkäufer sehen, dann erwartet sie, dass ein Unfall passiert, oder sie erinnert sich an den Cousin der Nichte von der Nachbarin, der von einem Eiswagen überfahren wurde. Wenn andere Kinder ihr schönes Barbie-Haus sehen, dann sieht sie, dass einer von Barbies Schuhen an die falsche Stelle zurückgestellt wurden. Das Nächste, was Sie dann hören, ist: »Mami, Mami, Rachel hat ihr die Schuhe ausgezogen und will sie nicht zurückstellen.« Diese ständige Quengelei kann eine Mutter ganz schön fertig machen. (Es sei denn, sie ist eine »perfekte« Mutter. In diesem Fall wird sie hinsichtlich des verlorenen Schuhs mitfühlen können und ebenfalls jammern.)

Zu empfindsam gegenüber Kritik

Wenn nun Mami etwas wegen des ständigen Gejammers sagt, dann fasst das Kind das als Kritik auf. Deshalb ist das für die Mutter immer ein Balanceakt: Wenn sie zu sehr schmeichelt, dann betrachtet das Kind das als herablassend und kränkend. Wenn sie nicht genug lobt, dann wird das Kind das als eine ganz gemeine Beleidigung auffassen. Es ist schwierig, das Richtige zu sagen. Und das Richtige zu sagen ist von extremer Bedeutung, weil das »perfekte« Kind bei dem kleinsten Anschein von Kritik sofort zusammenbricht. Es wird sich zurückziehen und sich weigern, weiter zu kommunizieren. Wenn das passiert, dann müssen Sie dem Kind, wenn Sie mit ihm sprechen wollen, die Würmer einzeln aus der Nase ziehen.

Um dieses Kind zu disziplinieren, ist meist nicht mehr als ein missbilligender Blick nötig.

Der »perfekte« Teenager

Guter Schüler

Wenn Sie auf hervorragende Noten und Stipendien aus sind, dann wird der »perfekte« Teenager Ihre kühnsten Träume erfüllen. Eine Ausnahme kann es geben, wenn ihn mangelnde Perfektion entmutigt hat, sodass er es nicht mehr versuchen will. Im Normalfall schreiben diese Teenager aber die besten Noten, beteiligen sich perfekt am Unterricht, sind perfekte Staatsbürger und auch in jeder anderen Hinsicht perfekt. Ich erinnere mich, dass wir sie als Streber bezeichneten, und uns über ihre perfekten Testergebnisse ärgerten. Vor kurzem sah ich, wie in einer Talkshow im Fernsehen ein fünfzehnjähriger Doktor interviewt wurde, und er entsprach genau der Erscheinung eines »perfekten« Teenagers bis hin zu seiner Erklärung, dass er eine Vorliebe für die Forschung habe. Und tatsächlich widmet er sein Leben der Erforschung der Parkinson-Krankheit.

Organisiert und zielstrebig

»Perfekte« Teenager sind extrem gut organisiert – von den Schränken in ihrem Zimmer bis hin zum Schließfach in der Schule. Für sie muss alles im Leben sauber und ordentlich sein, oder sie regen sich furchtbar auf. Wenn sie Geschwister haben, dann ist die größte Beschwerde, die Sie von dem »perfekten« Teenager hören können: »Die war in meinem Zimmer!« Wenn seine Schwester sich ein paar Socken ausleiht, dann ist Ihr »perfekter« Teenager fähig, Ihnen zu sagen, welches Paar genau fehlt und aus welcher Schublade dieses entfernt wurde. Ich erinnere mich an eine meiner besten Freundinnen auf der Highschool – Beth. Sie bewahrte alle ihre Make-up-Utensilien in einem bestimmten Fach ihres Schrankes auf. Ich spreche hier nicht von einer ganzen Schublade. Sie wusste auf den Millimeter genau, wo jedes Teil hingehörte. Einmal stellte ich ein Fläschchen mit Nagellack an den falschen Platz, und sie war erschüttert über meine Nachlässigkeit. Sie klärte mich in aller Ausführlichkeit über die Wichtigkeit auf, die Lippenstifte farblich sortiert aufzureihen, und über die Katastrophe, die passieren könnte, wenn das nicht beachtet würde.

Gewissenhaft und pünktlich

»Perfekte« Teenager sind besonders gewissenhaft in Bezug auf ihre Zeitplanung. Nicht nur, weil sie alles richtig machen wollen, sondern auch, weil sie sich über andere Gedanken machen und sensibel für sie sind. Sie wollen andere Menschen nicht warten lassen oder ihnen auf irgendeine andere Art und Weise Umstände bereiten. Deshalb machen sie sich im Normalfall viele Gedanken über solche Dinge. Obwohl sie nicht so viel unterwegs sind wie der »populäre« oder der »tatkräftige« Teenager, werden sie von den Altersgenossen, die sie kennen, wegen ihrer Charakterstärke bewundert. Unnötig zu sagen, dass sie natürlich bei den Lehrern besonders beliebt sind.

Sparsam

Sie sind auch äußerst beliebt bei Inhabern von Billigläden. Ich hatte noch niemals von Billigläden gehört bis zu dem schicksalhaften Tag, an dem mich Beth in ihr kleines Geheimnis einweihte. Sie war immer nach dem neuesten Schrei gekleidet – und ich meine das wirklich als Kompliment. Eines Tages erschien sie bei einer Tanzveranstaltung in der Schule in einer anbetungswürdigen Armeejacke, und ich wollte unbedingt wissen, wo sie die gekauft hatte. Sie sagte mir, dass ich ihr das niemals glauben würde, aber wenn ich auf ein Abenteuer aus wäre, würde sie es mir zeigen. Eine Woche später führte sie mich in die mysteriöse Welt der Kleidersammlungen ein. Für mich sah das aus wie ein Berg Ramsch. Ich wollte mich umdrehen und rausgehen. Aber Beth begann sich durch die Stapel hindurchzuwühlen, und schon bald kam sie mit einem tollen Pullover für drei Dollar an. Ich war platt. Seit diesem Tag liebe ich solche Geschäfte, obwohl ich nicht so sparsam bin wie meine »perfekte« Freundin. Meine größte Eroberung war ein brandneuer Neiman-Marcus-Dress, an dem noch das Preisschild hing und den ich für 350 Dollar weiterverkaufte – ich hatte 35 Dollar dafür bezahlt. Danke, Beth!

Bedrückt und zurückgezogen

Obwohl Beth und ich tolle Zeiten miteinander verbracht hatten, erinnere ich mich auch an ihre schlechten Stimmungen. Sie hatte lang andauernde depressive Phasen, in denen sie sich von allen Freunden und sogar von der Familie zurückzog. Sie kroch unter ihre Decke und weigerte sich, zur Schule zu gehen. Obwohl sie eine der talentiertesten Musikerinnen in der Schulband war, hatte sie kein Selbstvertrauen. Sie hatte einen furchtbaren Minderwertigkeitskomplex. Sie sah sehr gut aus, aber sie selbst hielt sich für nicht schlank genug. So begann sie, sich selbst auszuhungern. Sie bekam Magersucht und ihr Gewicht fiel unter 90 Pfund. Schließlich endete ihre Suche nach dem perfekten Körper im Krankenhaus, wo sie intravenös ernährt wurde. Es war tragisch, das mit anschauen zu müssen.

Aber keine Panik, Mütter! Ich will damit nicht sagen, dass alle »perfekten« Teenager dazu verdammt sind, Anorexie zu bekommen. Aber ich glaube, dass sie diejenigen sind, die besonders gefährdet sind, weil sie immer auf der Suche nach dem perfekten Körper sind. Doch auf der anderen Seite können auch »populäre« Teenager magersüchtig werden, um die Aufmerksamkeit auf sich zu ziehen, und »tatkräftige« Teenager, wenn ihr Leben außer Kontrolle gerät. Inmitten von all dem Chaos glauben sie, dass ihr Körper das Einzige ist, was sie kontrollieren können. Deshalb noch einmal: Verfallen Sie nicht in Panik, aber seien Sie wachsam!

Misstrauisch gegenüber Menschen

Als ich versuchte, Beth klar zu machen, dass sie nun schlank genug sei, glaubte sie mir das nicht. Der »perfekte« Teenager ist gegenüber Menschen sehr misstrauisch und immer wachsam, ob nicht jemand einen Hintergedanken hegt. Als ich sie überreden wollte zu essen, beschuldigte sie mich, ich wolle ja nur, dass sie zunehme. Das ist natürlich ein extremes Beispiel, aber seien Sie nicht überrascht, wenn Ihr »perfekter« Teenager ähnliche Emotionen an den Tag legt. Allgemein gesagt, neigen sie dazu, gegenüber Menschen und dem Leben an sich eine negative Einstellung zu haben. Auch wenn sie nach außen hin sehr aufgeschlossen wirken, so sind sie in ihrem Inneren doch sehr kritisch.

Rachsüchtig

So wie der »perfekte« Teenager seine schulischen und anderen Aufgaben extrem gut im Blick hat, so erkennt er auch genau, wer ihm Unrecht tut. Jedes unvorsichtige Wort, das von einem »populären« Teenager geäußert wird, wird in seinem Gedächtnis gespeichert und möglicherweise auch noch im Tagebuch notiert. Dann beginnt er, einen Racheplan zu schmieden. Möglicherweise wird er diesen nie ausführen, aber er verbringt Stunden damit, die verbale Auseinandersetzung zu proben, die er mit diesen Schuften zu führen gedenkt.

Was Ihr »perfektes« Kind am meisten von Ihnen braucht

Die größten emotionalen Bedürfnisse Ihres »perfekten« Kindes sind Ruhe, ein eigener Platz für sich, Sicherheit und Stabilität. Von frühester Kindheit an wollen diese Kinder ihre Routine und einen festen Zeitplan. Das ist nicht schwer zu verstehen, wenn Sie bedenken, dass ihre treibende Motivation ist, dass alles perfekt ist. Sie werden sehr gut zurechtkommen, wenn Sie ihnen einen Platz, den sie ganz für sich allein haben, zugestehen. Das ist dann besonders wichtig, wenn sie laute, unordentliche Brüder und Schwestern haben, die das Haus unsicher machen. Sie müssen ihnen die Möglichkeit schaffen, sich zurückziehen zu können. Versichern Sie Ihren »perfekten« Kindern häufig, dass Sie an sie glauben und davon überzeugt sind, dass sie erstklassig sind. Helfen Sie ihnen, ein Gebiet zu finden, auf dem sie herausragend sind – egal ob im musischen, wissenschaftlichen oder anderen speziellen Bereichen. Sie sind viel ausgeglichener, wenn sie etwas zuwege bringen, das gut ist und sie selbst zufrieden stellt.

Die »populäre« Mutter muss bei der Erziehung des »perfekten« Kindes besonders vorsichtig sein. Ihre Neigung, es aufzumuntern, wird es frustrieren und ärgern. Es kann belanglose Späße und Spiele nicht ausstehen. Außerdem mag es keine lauten Partys und chaotische Häuser, an denen Sie Ihre Freude haben. Versuchen Sie nicht, Ihre »perfekte« Tochter zu einem Cheerleader zu machen, und akzeptieren Sie die Tatsache, dass Ihr »perfekter« Sohn nicht für Partys geboren ist. Auch wenn Sie überaus gern reden, respektieren Sie ihr Bedürfnis nach Ruhe und Einsamkeit.

Der »perfekte« Mutter wird an ihrer »perfekten« Tochter ihre helle Freude haben. Und diese Freude beruht auf Gegenseitigkeit, vorausgesetzt, die Mutter treibt die Tochter nicht zu sehr zur Perfektion an. In den meisten Fällen verbindet diese beiden eine tiefe lebenslange Freundschaft, wie sie nur wenige Mütter und Töchter miteinander teilen.

Die »tatkräftige« Frau muss ebenfalls aufpassen, ansonsten könnte sie buchstäblich den Geist ihres empfindsamen »perfekten« Kindes brechen. Die »tatkräftige« Einstellung »erledige das und dann mach weiter« und »wenn es gut genug ist, dann ist es gut genug«, steht in völligem Gegensatz zu dem Wunsch des Kindes, alles perfekt zu machen. Treiben Sie es nicht an! Lassen Sie das »perfekte« Kind in seinem eigenen Tempo arbeiten, es sei denn, Sie stellen fest, dass es wirklich zu langsam ist. Lernen Sie, seine hervorragende und gewissenhafte Arbeit zu schätzen und eine emotionale Sensibilität zu entwickeln, indem Sie erkennen, dass Sie dazu neigen, unabsichtlich die Gefühle Ihres Kindes zu verletzen.

Die gute alte »friedfertige« Mutter kann Ihr »perfektes« Kind hervorragend großziehen. Aber seien Sie nicht überrascht, wenn das »perfekte« Kind anfängt, Ihnen aufzuzeigen, dass Sie nicht seinen Ansprüchen genügen! Sie mögen sich über die Leistungen Ihres »perfekten« Kindes freuen, aber es wird Sie wegen Ihrer weniger perfekten Leistung kritisieren. Bleiben Sie standhaft und fordern Sie den Respekt, der Ihnen als Autoritätsperson in Ihrem Haus zusteht. Wenn Sie das tun, dann gewinnen Sie den Respekt dieses Kindes und seine Achtung.

Bibelverse für das »perfekte« Kind

Obwohl Sie versucht sind zu glauben, dass Ihr »perfektes« Kind wirklich perfekt ist, erinnern Sie sich daran, dass die Bibel sagt, dass wir alle gesündigt haben und der Gnade Gottes bedürfen. Vielleicht neigt Ihr Kind mehr als jedes andere Temperament zu der schwersten (aber sozial akzeptierten) Sünde: dem Stolz. Wir beschönigen den Begriff Stolz, indem wir ihn als »Vertrauen« etikettieren, aber Gott sagt, dass er einen stolzen Geist hasst. Der Stolz Ihres Kindes kann sich in einem rechthaberischen und unversöhnlichen Geist äußern. Deshalb hier einige Verse, die das noch einmal deutlich machen:

Denn ich sage durch die Gnade, die mir gegeben ist, jedem unter euch, daß niemand mehr von sich halte, als sich's gebührt zu halten, sondern daß er maßvoll von sich halte, ein jeder, wie Gott das Maß des Glaubens ausgeteilt hat. Denn wie wir an einem Leib viele Glieder haben, aber nicht alle Glieder dieselbe Aufgabe haben, so sind wir viele ein Leib in Christus, aber untereinander ist einer des andern Glied. (Römer 12,3–5)

Einer ist der Gesetzgeber und Richter, der selig machen und verdammen kann. Wer aber bist du, daß du den Nächsten verurteilst? (Jakobus 4,12)

Und ertrage einer den anderen und vergebt euch untereinander, wenn jemand Klage hat gegen den andern; wie der Herr euch vergeben hat, so vergebt auch ihr! Über alles aber zieht an die Liebe, die da ist das Band der Vollkommenheit. Und der Friede Christi, zu dem ihr auch berufen seid in einem Leibe, regiere in euren Herzen; und seid dankbar. (Kolosser 3,13–15)

Sorgt euch um nichts, sondern in allen Dingen laßt eure Bitten in Gebet und Flehen mit Danksagung vor Gott kundwerden! Und der Friede Gottes, der höher ist als alle Vernunft, bewahre eure Herzen und Sinne in Christus Jesus. Weiter, liebe Brüder: Was wahrhaftig ist, was ehrbar, was gerecht, was rein, was liebenswert, was einen guten Ruf hat, sei es eine Tugend, sei es ein Lob – darauf seid bedacht! (Philipper 4,6–8)

18. Verstehen Sie das »tatkräftige« Kind

Das »tatkräftige« Baby

Der geborene Führer

Ich erinnere mich an die Aufregung und an die großen Hoffnungen, die ich hegte, als meine Tochter Leah zur Welt kam. Wie alle jungen Mütter hatte ich die Vorstellung, mein kleines Engelchen auf dem Arm zu wiegen und dabei Schlaflieder zu singen, bis es einschläft. Vielleicht klappt das beim »perfekten« Baby. Bei mir ist die Rechnung jedenfalls nicht aufgegangen. Die Krankenschwestern im Krankenhaus, in dem Leah geboren wurde, hatten einen Spitznamen für sie. Sie nannten sie »Leader of the pack« [Führer der Meute]. Ich fragte mich, was das bedeuten solle, und hoffte insgeheim, dass sie schon früh Anzeichen für Genialität zeigen würde. Dem war nicht so. Eine der Krankenschwestern zog mich beiseite und sagte: »Sie haben einen richtigen kleinen Schreihals bekommen.«

Das »tatkräftige« Baby schreit nicht, um die Aufmerksamkeit auf sich zu lenken, wie es das »populäre« Baby tut; noch schreit es aus Enttäuschung, wie das »perfekte« Baby. Stattdessen schreit es, um alle um sich herum in Schach zu halten. Das ist seine Art, seine Anwesenheit zu zeigen und sich vom ersten Tag an zum Herrscher zu machen. Das ist nicht verwunderlich in Anbetracht der Tatsache, dass seine treibende Motivation ist, so viel von der Welt wie möglich zu kontrollieren. Es dauerte nicht lange, bis einige unserer Verwandten Leah einen anderen Spitznamen gaben: der Diktator.

Sie werden in diesem ersten Teil über die frühe Kindheit feststellen, dass wir nicht viel Schönes über das »tatkräftige« Baby zu sagen haben. Es lässt sich nicht leugnen: Mit diesem Baby umzugehen, ist bei weitem am schwierigsten. Aber bleiben Sie gelassen, denn es gibt auch eine gute Nachricht: Auch aus diesem Baby wird ein kleiner Junge oder ein kleines Mädchen, wenn die Kindererziehung richtig durchgeführt wird.*

Willensstark und fordernd

Seien wir mal ehrlich: Wir sprechen hier über das Vorzeige-Baby des »Internationalen Vereins der willensstarken Kinder«. Das »tatkräftige« Baby kommt mit geballter Faust und der Haltung eines Fußballprofis zur Welt. Wenn es nicht genau das bekommt, was es will, und genau in dem Augenblick, indem es das will, brüllt das »tatkräftige« Baby wie am Spieß. Haben Sie bemerkt, dass ich nicht schreien gesagt habe, ich sagte, es brüllt, so laut es kann. Wenn Sie ein »tatkräftiges« Kind haben, dann steht Ihnen ein lebenslanger Kampf bevor.

Wir haben schon bald herausgefunden, dass das bei unseren beiden älteren Mädchen der Fall ist, die beide zur Hälfte »tatkräftig« sind. Diese Mädchen machen Überstunden, wenn es darum geht, neue Wege zu entdecken, um mit aller ihnen zur Verfügung stehenden Macht ihre Umwelt zu kontrollieren. Leah war von Geburt an so. Zu sagen, dass sie ein anspruchsvolles Baby war, wäre die Untertreibung des Jahrhunderts. Ich arbeitete während meiner Schwangerschaft als Jugendleiterin, und alle Mädchen in meiner Gruppe konnten es kaum erwarten, bis das Baby auf die Welt kam. Sie wetteiferten um das Privileg, der offizielle Babysitter zu werden. Dann kam Leah zur Welt. Nach ein paar Minuten schon brachten sie sich alle vor ihr in Sicherheit. Meine Mutter hatte acht Kinder und zwanzig Enkelkinder, und sogar sie wurde mit ihr nicht fertig! Und das ist kein Witz!

Das »tatkräftige« Kind kennt nur einen Zeitpunkt: JETZT. Füttere mich jetzt. Nimm mich jetzt auf den Arm. Ich will meine Windel jetzt gewechselt haben. Aber verzweifeln Sie nicht, aus dem

* Wir empfehlen das Buch von H. Clay Trumbell, Hints on Child Training (Eugene, Ore.: Great Expectations Book Co., erste Veröffentlichung 1890).

»tatkräftigen« Baby wird bald ein »tatkräftiger« Jugendlicher, und ich denke, Sie werden sehr zufrieden mit der wundervollen Person sein, zu der Ihr Kind werden kann. Glauben Sie mir, ich weiß es!

Energiegeladen und abenteuerlustig

Das »tatkräftige« Baby ist ein Energiebündel. Es beeilt sich, Sachen fertig zu bekommen, und es lässt alle anderen Babys meilenweit hinter sich. Das ist der positive Aspekt, mit dem man bei den Freunden kräftig prahlen kann. »Tatkräftige« Babys sind aber auch der Meinung, das Gitterbett und der Hochstuhl seien ausschließlich dazu gemacht, um herauszuklettern. Das ist der Moment, in dem man froh ist, eine gute Krankenversicherung zu haben. Genau wie zu der Zeit, als Leah herausfand, was sie mit einem Kleiderbügel machen konnte. Sie verletzte sich die Hornhaut.

Nach den Lehrbüchern sollten Babys jeden Tag mindestens 45 Minuten ruhig für sich allein spielen und zufrieden die Spielsachen untersuchen, die Mutter und Vater besorgt haben. Ha! Wir versuchten, Leah in einen Laufstall zu setzen – was für ein Scherz! Sie wollte nicht in so etwas Eingezäuntem bleiben. Sie wollte das ganze Haus erforschen. Sie forderte, das ganze Haus zu erforschen. Das »tatkräftige« Baby kann ausgesprochen aggressiv sein. Wenn Sie in die Krabbelgruppe der Gemeinde schauen, werden Sie immer wieder ein »tatkräftiges« Baby sehen, das hinter den anderen Babys herkrabbelt und diese dazu zwingt, sich vor ihm in Sicherheit zu bringen. Auch auf die Gefahr hin, sexistisch zu klingen: »Tatkräftige« männliche Kleinkinder tendieren dazu, besonders aggressiv zu sein, und können für andere eine größere gesundheitliche Gefährdung darstellen, als dies bei sanftmütigeren Kleinkindern der Fall ist.

Frühreif

Es gibt noch eine andere Seite der »tatkräftigen« Babys: Sie sind oft sehr klug. Sie sind nicht notwendigerweise die schlausten (diese Ehre ist gewöhnlich für die »perfekten« Babys reserviert), aber sie sind eindeutig die, die am schnellsten begreifen. Meine Mutter erzählt oft Geschichten über meinen ältesten Bruder Jimmy, der mit drei Monaten schon krabbeln, mit neun Monaten laufen und vor seinem zweiten Geburtstag ein vollständiges Gespräch führen konnte. Im Alter von zwei Jahren konnte er Würmer (unter den Baumstämmen) zum Angeln sammeln, und dabei stehen bleiben und mit den Nachbarn plaudern. Meine Mutter war die Jüngste in ihrer Familie und hatte keine Vorstellung, was Kinder in einem bestimmten Alter im Normalfall tun können sollten. Nachdem Sie ein paar weitere Babys in die Welt gesetzt hatte, erkannte sie, wie frühreif ihr Ältester war. Es gibt kein Geschöpf, das schneller auf den Knien herumrutschen kann als ein »tatkräftiges« Baby. Es ist stets in großer Eile, um die Welt zu erobern – und Himmel hilf!, wenn ihm dabei etwas im Weg steht!

Wirft mit Gegenständen

Das »tatkräftige« Temperament strebt schon vom Hochstuhl aus nach der Macht. Diese Kinder schaffen es, die großen Erwachsenen dazu zu bringen, sich zu bücken, nur indem sie einfach ein Spielzeug auf den Boden werfen. »Lass das Spielzeug fallen, Mami rennt. Lass das Spielzeug fallen, Mami rennt. Das macht Spaß. Ich liebe es, Macht zu haben.« Aber schon bald wird dieses Spiel der Mami zu dumm. Aber wenn Mami dann nicht mehr rennt, dann wirft das »tatkräftige« Baby nicht nur mit dem Spielzeug, sondern bekommt zusätzlich noch einen Wutausbruch. Mütter, bleibt standhaft und zeigt dem »tatkräftigen« Baby, wer wirklich der Boss ist. Machen Sie ihm das von frühester Kindheit an klar. (Vertrauen Sie mir in diesem Punkt!)

Nicht verschlafen

Das »tatkräftige« Baby hat keine Zeit zu schlafen. Es will los, um mit seinen paar Monaten die ganze Welt zu erobern. Und da es frühreif ist, weiß es, dass die einzige Art und Weise, wie man die Welt erobern kann, die ist, wach zu bleiben. Die Lehrbücher legen fest, dass Babys pro Tag etwa sechzehn bis zwanzig Stunden schlafen sollten. Ich wäre mehr als nur überrascht, wenn Leah pro Tag wirklich sechzehn oder zwanzig Stunden schlafen würde. Doch Leah hat nicht das mindeste Interesse an Schlaf. Was aufregend an der Sache ist, ist, dass sie nun all diese schlaflosen Stunden dazu verwenden kann, Dinge zu tun wie Bücher lesen, die für ein siebenjähriges Mädchen eigentlich noch zu schwierig sind. Vergangene Woche hat sie innerhalb von zwei Tagen sechs fiktive Romane über historische Persönlichkeiten gelesen. Sie tat dies, während die anderen Kinder in ihrem Alter, ihre Mittagsschläfchen hielten.

Das »tatkräftige« Kind

Eine Macht, mit der man rechnen muss

Leah war ein Kind von fünf Jahren, aber ein »tatkräftiges« Kind ist in diesem Alter vergleichbar mit einem zehnjährigen »friedfertigen« Kind. Zu diesem Zeitpunkt nahmen wir die zwölfjährige Nikki in unsere Familie auf. In den ersten Tagen war Nikki ruhig und mürrisch, sodass ich annahm, dass sie ein »friedfertiger« oder »perfekter« Typ sei. Oh, lag ich falsch! Als wir mit ihr den Temperament-Test machten, konnte ich das Ergebnis kaum glauben. Auch sie hatte eindeutig »tatkräftige« Eigenschaften.

Als meine jüngste Tochter Taraneh gerade mal fünf Monate alt war, drehte sich eine ältere Frau in der Kirche zu mir um und sagte: »Dieses Baby weiß genau, was es will und wann es das will!« Und ich dachte: »Oh Gott, bitte hilf mir! Noch eines von dieser Sorte!« Ich berichtete meinem »friedfertigen« Ehemann von ihrer Aussage, und er antwortete mir ruhig: »Gott hat sich wohl dazu entschlossen, dich zu zwingen, dass du dich mit deinen Schwächen befasst. Deshalb gibt er dir lauter Kinder, die genau so sind wie du.«

Wenn Sie nachprüfen wollen, wie willensstark solche Kinder sind, dann lesen Sie die folgende Nachricht, die meine Tochter Leah (damals sechs Jahre alt) geschrieben hat. Sie wollte eine Freundin zu uns einladen, und ich musste ihr sagen: »Ja, aber erst, wenn du dein Zimmer fertig aufgeräumt hast.« Hier sehen Sie, was sie davon hielt:

Liebe Mami,
wenn ich eine Freundin zum Spielen einladen möchte, dann musst du dazu ja sagen. Und wenn das nicht geht, weil mein Zimmer nicht aufgeräumt ist, dann werde ich mein Zimmer aufräumen, und dann werde ich tun, was ich will.

Und obwohl der Inhalt der Nachricht eigentlich schon Beweis genug wäre, sollten Sie einmal ganz genau das Bild, das sie von sich selbst darunter gemalt hat, betrachten. Haben Sie bemerkt, dass sie ihre Hand in die Hüften stemmt?! Das alles macht das »tatkräftige« Kind aus: entschlossen, willensstark, Hände an den Hüften. Mir gefällt die Art und Weise, wie Florence Littauer das ausdrückt: »Das ›tatkräftige‹ Kind schaut aus der Wiege und fragt sich selbst: ›Wie lange ist es eigentlich her, dass ich von dem Haus meiner Mutter Besitz ergriffen habe?‹«* Das ist zu wahr, um komisch zu sein.

Wagemutig und eifrig

Ich muss aber auch noch hinzufügen, dass »tatkräftige« Kinder einige ganz wunderbare Stärken haben. Sie sind tapfer, wagemutig und eifrig. Sie sind die Kinder, die in der ersten Reihe stehen und dafür sorgen, dass etwas funktioniert: Sie bauen Forts, organisieren Nachbarschaftstreffen und die verschiedensten Dinge zu Hause. Als ich ein Kind war, war ich immer auf Neues aus. Ich erinnere mich, dass, als bei uns in der Stadt ein Volksfest war, meine Mutter sagte, ich könne dorthin gehen, wenn ich Geld dazu hätte. Also suchte ich mir etwas, womit ich Geld verdienen konnte. Ich schaffte es auf 25 Dollar an einem einzigen Tag, indem ich alles Mögliche verkaufte, angefangen von Comics über Barbie-Puppen bis hin zu Limonade. Wenn ich mir einmal ein Ziel gesetzt hatte, dann arbeitete ich daran, bis ich es erreicht hatte. Und meine Mädchen sind genauso.

Neulich fuhren wir durch ein Indianerreservat, das in der Nähe unseres Wohnortes ist. Es war unglaublich heiß, und die meisten dieser Familien leben in nicht klimatisierten Wohnwagen. Die siebenjährige Leah war empört: »Das ist nicht gerecht, Mama. Wenn ich erwachsen bin, dann werde ich Gouverneur oder Präsident, und dann werde ich das in Ordnung bringen.« Ich schaute sie an und sagte: »Schatz, ich bin mir sicher, dass du das tun wirst. Ganz bestimmt.« Beachten Sie, dass sie keine Lehrerin oder eine Balletttänzerin werden möchte, sie will das Land verändern!

Ein anderes ihrer geplanten Projekte ist, Satan zu besiegen, und das Kind meint das wirklich so. Sie hat tatsächlich einen Schlachtplan entwickelt, der beinhaltet, dass Stephen King zum Christentum übertritt (eine lange Geschichte!) und dass Halloween abgeschafft wird.

* Florence Littauer, Personality Plus audiocassette Series (Albuquerque N. M. CLASS, Inc.)

Arbeitet produktiv

Wenn es die richtige Ausbildung und den richtigen Ansporn bekommt, dann ist das »tatkräftige« Kind bei der Arbeit außerordentlich produktiv. Obwohl ich das jüngste von acht Kindern war, schaffte ich es immer wieder, mich vor den Hausarbeiten zu drücken. Aber wenn ich mich erst mal an eine Arbeit machte, dann ... Ich war ein regelrechter Wirbelwind. Besonders dann, wenn ich eine Freundin eingeladen hatte, setzte ich mir das Ziel, das ganze Haus sauber zu machen. Ich stürzte mich in die Putzarbeit und schuftete wie eine Wahnsinnige in einer irren Geschwindigkeit. Das ist eine andere Eigenschaft des »tatkräftigen« Kindes: Es bewegt sich sehr schnell. Obwohl ich noch immer kein großer Freund von Hausarbeit um der Hausarbeit willen bin, tobe ich mich, wenn jemand zu Besuch kommt, beim Putzen so richtig aus.

Eines Tages entschied ich, dass ich meine dreckigen Fußbodenleisten nicht mehr länger sehen konnte. Ich füllte einen Eimer mit heißem Wasser und etwas Putzmittel und fragte meine Tochter Leah, ob sie schon etwas für den heutigen Tag geplant hätte. Sie war total begeistert. Sie krempelte die Ärmel hoch, und wir beide begannen zu arbeiten. Hätten Sie geglaubt, dass sie die Fußbodenleisten auf Händen und Knien sechs Stunden lag schrubbte? Und als wir fertig waren, sagte sie begeistert: »Mama, wir sollten so etwas viel öfter machen.«

Selbstständig

Dieses Kind erwartet nicht, dass Mutter oder Vater es unterhalten. Es sitzt nicht herum und wartet darauf, dass Mama oder Papa ihm sagen, was es als Nächstes tun soll. Der in der Jugendarbeit tätige Jason Wrench erzählt eine seiner berühmten Geschichten, die sich in seiner Familie zugetragen hat: »Meine Eltern und mein älterer Bruder waren ›friedfertige‹ Typen. Als ich zwei Jahre alt war, gingen wir in ein Museum in Williamsburg, Virginia. Sie steckten mich in den Kinderwagen und ich wurde sofort unruhig. Ich bemerkte anscheinend, dass mein sechsjähriger Bruder müde aussah, weil ich mich selbst losschnallte, aus dem Kinderwagen kletterte und versuchte, ihn zu schieben.« Diese Kinder sind extrem selbstständig und motivieren sich selbst.

Sie sind oft sehr reif und tüchtig, und in Notsituationen reagieren sie oft ganz herausragend. Meine Mutter erinnert sich, dass, als mein »tatkräftiger« Bruder Jimmy erst drei Jahre alt war, sie an ihrer Nähmaschine arbeitete und ihr die Nadel durch den Fingernagel fuhr und dort stecken blieb. Er kam zur ihr, brach die Nadel ab und half ihr, den Finger aus der Maschine zu ziehen. Nur ein »tatkräftiges« Kind kann so etwas zuwege bringen!

Da »tatkräftige« Kinder sich selbst motivieren, sind sie sehr zuverlässig. Wenn Sie ihnen einen Auftrag geben, dann können Sie sich darauf verlassen, dass er erledigt wird. Sie müssen nicht hinterherrennen und alles zweimal kontrollieren.

Konkurrierend

Das »tatkräftige« Kind will gewinnen und am besten sein. Es ist ihm nicht genug, an einer Schulaufführung teilzunehmen; es will der Star der Aufführung sein. Es will nicht Fußball spielen; es will der Kapitän der Fußballmannschaft sein. Wenn es in die Schule kommt, ist es niemals mit einer guten Note zufrieden. Es muss immer alles mit Auszeichnung bestehen. Wenn es herausfindet, dass einer seiner Klassenkameraden (meist ein »perfekter« Typ) besser abgeschnitten hat, dann wird es sich furchtbar darüber aufregen.

Beherrschend

Nachdem es das ein paar Jahre lang an Mutter und Vater erprobt hat, ist das »tatkräftige« Kind bereit, die Welt um sich herum zu beherrschen. Erinnern wir uns: Sein Ziel ist die absolute Kontrolle! Es erzählt anderen Kinder ständig, was sie zu tun haben. Wenn Leah Spielkameradinnen da hat, um mit den Puppen zu spielen, dann schreibt sie ihnen Satz für Satz vor, was sie zu sagen haben. Als ich vorschlug, dass sie ihre Freundinnen doch ihre eigenen Worte sprechen lassen sollte, setzte sie mich davon in Kenntnis, dass diese nicht wüssten, was sie sagen sollen. Sie sehen: Das »tatkräftige« Kind glaubt nicht, dass es beherrschend ist, sondern es glaubt, dass es den armen Dummen aus ihrer Verlegenheit hilft.

Auf diesem Gebiet müssen Sie mit Ihrem »tatkräftigen« Kind sehr sorgfältig arbeiten. Wenn man nichts dagegen unternimmt, werden die anderen Kinder bald wütend und sind es leid, sich von Ihrem Kind herumkommandieren zu lassen. Und dann haben Sie ein neues Problem: Niemand will mit einem derart unbeliebten Kind spielen. Wir machten so eine Phase mit Leah durch, während der wir sie immer wieder an folgenden Satz erinnerten: »Jeder möchte gerne der Boss sein, aber niemand mag es, herumkommandiert zu werden.« Ich beobachtete ihr Spiel sehr genau, und sobald ich bemerkte, dass sie zu beherrschend wurde, sagte ich nur: »Denk daran, Leah«, und sie tönte: »Jeder möchte gerne der Boss sein, aber niemand mag es, herumkommandiert zu werden.« Sie verinnerlichte das so, dass ihr Lehrer berichtete, dass sie eines der beliebtesten Mädchen in ihrer Klasse sei. (Falls Sie darüber verwirrt sind, dass dieses Urteil von einem »Lehrer« anstatt von ihrer Mutter stammt – ich habe sie die meiste Zeit zu Hause unterrichtet, aber im letzten Jahr besuchte sie eine öffentliche Schule.)

Wir haben auch daran gearbeitet, um einige positive Ventile für Leahs angeborene Neigung, den Chef zu spielen, zu finden. Sie liebt zum Beispiel historische Romane über amerikanische Mädchen, und es machte ihr Spaß, diese Geschichten nachzuspielen. Wir entdeckten, dass der Verlag ein »Theater-Paket« veröffentlicht hatte – mit vier Skripten und, ganz wichtig, einem Regiehandbuch. Wir kauften das Paket, und Leah war total begeistert, bei der Produktion von *Felicity und die Amerikanische Revolution* Regie zu führen. Sie bestimmte jeden in der Familie dazu, eine Rolle zu übernehmen und gab uns Anweisungen, wo wir zu stehen und was genau wir zu sagen hätten. Sie strich sogar jedem von uns in seinem Textbuch die entsprechenden Stellen an, um sicherzugehen, dass niemand in seinem Dialog stecken blieb. Wir halten das für ein sinnvolles Ventil für ihr »beherrschendes« Temperament.

Schikaniert andere

Ein wenig sinnvolles Ventil für das »beherrschende« Temperament ist die Neigung, andere zu schikanieren. Dies kommt besonders häufig bei »tatkräftigen« Jungs vor, die auf andere Kinder einschlagen, um zu erreichen, dass Dinge »wie ich es will, und zwar jetzt sofort« gemacht werden. Wenn Ihr Sohn ein solcher Tyrann ist, dann sollten Sie handeln. Hören Sie nicht auf seine ständigen Entschuldigungen, dass er zum Beispiel nur gegen die Ungerechtigkeit gekämpft oder die Familienehre verteidigt habe. Auch wenn er jede Woche in eine Schlägerei verwickelt ist, so wird er immer einen Grund finden, der das rechtfertigt. Dieser Tyrann ist wirklich überzeugend darin, seine Handlungsweise zu verteidigen. Aber wenn Sie all die Vorfälle zusammennehmen, dann werden Sie ganz deutlich erkennen, dass man diese stoppen muss.

Gerät schnell in Wut

Wenn Sie jemals ein Kind mit einem grandiosen Wutanfall gesehen haben, dann haben Sie höchstwahrscheinlich ein »tatkräftiges« Kind in Aktion gesehen. Sie sind darin wahre Meister. Haben sie ein Ziel im Kopf (zum Beispiel eine Süßigkeit oder ein bestimmtes Spielzeug, das sie wollen), dann werden sie alles Notwendige tun, um dieses Ziel zu erreichen. Sie lernen schon in sehr jungen Jahren, wie man die öffentliche Bloßstellung als Werkzeug benutzt, um die Eltern dahingehend zu manipulieren, dass sie tun, was sie wollen. Wenn Sie dem nicht rechtzeitig entgegensteuern, dann wird das ein größerer Kampf werden.

Das ist ein Bereich, in dem wir, so darf ich sagen, den Sieg davongetragen haben. Wir haben schon frühzeitig beschlossen, dass wir unseren Kindern niemals etwas kaufen würden, auch wenn sie im Laden noch so sehr quengeln. Wenn es nicht auf unserer Liste steht, kaufen wir es nicht. Wenn sie etwas sehen, das sie haben wollen, dann sagen wir ihnen, dass wir erwägen, es beim nächsten Mal, wenn wir wieder in den Laden kommen, auf die Liste zu setzen.

Aber wir werden es mit Sicherheit nicht sofort kaufen. Deshalb machen uns unsere Kinder auch nur selten Ärger in einem Laden. Wenn wir das doch nur genauso konsequent mit dem Mittagsschläfchen und dem Zubettgehen gemacht hätten! Wenn Sie ein »tatkräftiges« Kind haben, besteht die einzige Möglichkeit, Wutausbrüche zu verhindern darin, die Kinder davon zu überzeugen, dass sich diese nicht auszahlen. Niemals. Aber das ist manchmal leichter gesagt als getan.

Eigensinnig

Der Grund, warum es so schwierig ist, dem »tatkräftigen« Kind zu widersprechen, ist, dass es so eigensinnig und so unnachgiebig ist, wenn es darum geht, seine Ziele zu verfolgen. Bei richtiger Anleitung kann dies zu einer wunderbaren Kraft für Gott werden, aber es kann ebenso gut gefährlich sein. Es kann dazu führen, dass das Kind Sie ständig testet, ständig die Grenzen ausreizt, um zu sehen, wie weit es gehen kann. Ich weiß aus Erfahrung, dass die Erziehung eines solchen Kindes eine echte Qual sein kann.

H. Clay Trumbell beschreibt dies folgendermaßen:

> Viele Kinder erwarten nicht, dass sie bekommen, was sie wollen, wenn es außerhalb der Dinge liegt, die täglich gebraucht werden, es sei denn, sie quengeln genug. Deshalb gehört die Quengelei bald fest zu ihrem Leben dazu. Wenn also die Antwort »nein« lautet, dann antworten sie mit: »Lass mich doch. Lass mich!«, und dann beginnt ein nervenaufreibender Kampf darum, ob sie es schaffen, die Eltern in diesem Punkt zu beherrschen. Dabei wächst in ihrem Kopf die Vorstellung, dass es nur darum geht, wer hartnäckiger auf seinem Wunsch besteht ... Die meisten Eltern geben in solchen Auseinandersetzungen mit ihren Kindern früher oder später nach. Es scheint, dass sie weniger entschlossen sind als ihre Kinder und dass sie einfach zu genervt sind, um die Quengelei auszuhalten. Es kann auch sein, dass sie durch Beharrlichkeit der Kinder in diesem Punkt

> dazu bewegt werden und dass sie aus Liebe zu den kleinen Quenglern nachgeben. Möglicherweise war auch ihre erste Antwort auf die Forderung unüberlegt, und eine nähere Betrachtung führt sie zu der Erkenntnis, dass sie ihre Entscheidung revidieren sollten. Was auch immer der Grund für den Sinneswandel der Eltern in so einem Fall ist, wenn sie eine negative Antwort auf die erste Bitte ihrer Kinder gegeben haben und dann als Reaktion auf das Gequengel der Kinder plötzlich Ja dazu sagen, dann werden ihre Kinder glauben …, dass Quengeln ein wichtiger Bestandteil ist, um als Kind im Leben etwas zu erreichen. Und so sind die Eltern dann natürlich dafür verantwortlich, wenn die Kinder diese Gewohnheit des Quengelns beibehalten …
> Kein Elternteil kann die wahre Achtung seines Kindes erringen, wenn das Kind weiß, dass es durch Quengeln erreichen kann, dass die Eltern seinen Wünschen nachgeben, obwohl das nicht der wirklichen Überzeugung der Eltern entspricht. Um des Kindes, aber auch um der Eltern willen sollte jedes Kind daran gewöhnt werden, nicht zu quengeln und nicht zu erwarten, dass es sich durch Quengeln einen Vorteil verschaffen kann.*

Tatsächlich ist es so, dass, wenn Sie Ihr »tatkräftiges« Kind eine solche Auseinandersetzung gewinnen lassen, es immer eigensinniger, streitsüchtiger und entschlossener wird, seinen eigenen Willen durchzusetzen. Wenn Sie Ihr »tatkräftiges« Kind wirklich lieben und wollen, dass es seine ihm von Gott gegebenen Möglichkeiten zur Geltung bringen kann, dann helfen Sie ihm, seine eigensinnige Natur so zu kanalisieren, dass es zu einem guten Ergebnis führt.

* Hints on Child Training, S. 58-59.

Unbeliebt

Wenn man hier nicht rechtzeitig gegensteuert, wird dieser Eigensinn und seine Neigung, seinen Willen durch Wutausbrüche und Gequengel durchzusetzen, dazu führen, dass Ihr Kind äußerst unbeliebt wird. Niemand möchte mit einem Kind befreundet sein, das darauf besteht, dass alles nach seinem Kopf gehen muss. Niemand möchte mit jemandem zusammen sein, der will, dass alles sofort getan wird. Und wenn es nicht so ist, dann lässt es seine Wut an denen, die um es herum sind, aus. Als Ergebnis davon wird es selbst oft unglücklich sein. Tatsächlich ist der »tatkräftige« Typ »am wenigsten glücklich, weil er häufig provoziert, dass sich eine Opposition gegen ihn bildet«.*

Der »tatkräftige« Teenager

Großes Potenzial

Obwohl der »perfekte« Teenager gewöhnlich das größere Talent und der »populäre« Teenager mehr Freunde hat, hat der »tatkräftige« Teenager das meiste Potenzial. Er hat die größte Chance, einmal erfolgreich zu sein. Der »tatkräftige« Teenager ist eine Macht, mit der man rechnen muss: tüchtig, aggressiv, zielorientiert. Wenn er eine klare Vision von seiner Zukunft hat – wohin er gehen und was er werden will – dann wird er sie konsequent verfolgen. Ich erinnere mich an einen guten Freund auf der Highschool, Robert, der sich entschlossen hatte, auf die Marineakademie zu gehen. Der Text unter dem Bild seines Highschool-Jahrbuchs fasste seine Philosophie zusammen: »Reize die Grenzen aus und nimm keine Rücksicht auf andere.« Das ist ein klassischer Slogan für »tatkräftige« Teenager. Sie wissen, was sie wollen, und sie lassen nicht zu, dass ihnen dabei irgendjemand oder irgendetwas im Weg steht.

* Transformed Temperament, S. 5.

Jugendlicher mit einer Berufung

Der »tatkräftige« Teenager ist ein Jugendlicher mit einer Berufung. Nikki nahm kürzlich an dem Auswahlverfahren teil, um 1998 Brio-Mädchen des Jahres zu werden (*Brio* ist ein Jugendmagazin für Mädchen, das von Focus on the Family herausgegeben wird). Hier ihre Antwort auf die Frage: »Was würdest du als christlicher Teenager an der heutigen Jugend verändern wollen und warum?«

> Ich habe die Berufung, die Teenager wissen zu lassen, wo ihr wirkliches Zuhause ist. Teenager suchen an allen möglichen falschen Stellen nach Sicherheit: Freunde, Sex, Alkohol, Eltern, Popularität, Ansehen, schulische Leistungen. Die Liste ist längst nicht vollständig. Aber nichts davon bringt Sicherheit. Glaubt mir, ich weiß das! Ich wuchs in einer Umgebung von Alkohol-, Drogenabhängigkeit und Kriminalität auf und kannte das Wort Gottes nicht. Ich wurde vernachlässigt und geistig und körperlich misshandelt. Ich wurde mit zwölf Jahren heimatlos, als meine beiden Eltern ins Gefängnis kamen. Keiner meiner Verwandten wollte mich aufnehmen. Ich suchte lange und hart nach einem Platz, den ich Heimat nennen konnte. Ich habe an mehr als fünfzig Orten gelebt, einschließlich in Autos. Die Suche endete, als ich meine wahre Heimat in Jesus Christus fand. Jesus sagte: »Halt dich an mich.« In der ursprünglichen Sprache der Bibel bedeutet das »lass dich nieder und mach dir ein Heim«. Jetzt habe ich ein Heim, das mir niemand wieder wegnehmen kann. Mit der Hilfe Gottes und meiner neuen Eltern habe ich mich schließlich niedergelassen und meine Heimat in Christus gefunden. Ich möchte das *Brio*-Mädchen werden, damit ich diese Botschaft möglichst vielen Teenagern mitteilen kann: Du wirst nirgendwo anders ein Heim finden außer in Gott.

Wenn solche schrecklichen Dinge einem »perfekten« Teenager passiert wären, wäre er zu deprimiert, um anderen zu helfen. Der »populäre« Teenager wäre zu sehr damit beschäftigt, nach neuen

Freunden Ausschau zu halten, um sich um andere zu kümmern. Der »friedfertige« Teenager würde niemals etwas unternehmen, weil das zu viel Arbeit mit sich bringt. Nur ein »tatkräftiger« Teenager kann auf so viel Unglück mit einer Haltung der Verantwortung und Entschlossenheit reagieren und den eigenen Schmerz benutzen, um eine Veränderung in der Welt zu bewirken. Wir sind so stolz auf Nikki, dass wir fast platzen. Aus beinahe 2 000 Teenagern wurde sie als eine der zwanzig Finalistinnen ausgewählt und in der 1997er Novemberausgabe von Brio groß herausgebracht.

Zu Beginn dieses Jahre hörte Nikki von Teen Missions International und bewarb sich, um für einen kurzfristigen Missionseinsatz nach Südafrika zu gehen. Sie brauchte dazu 5000 Dollar. Zunächst hofften wir, dass 50 Menschen ihr Scheckbuch zücken und 100 Dollar spenden würden. Doch so einfach war das nicht! Als das Geld auf diese Art und Weise nicht zusammenkam, entschied Nikki, ihr Geld für die Reise nach Afrika selbst zu verdienen. Sie machte aus Stoff Tausende von Lesezeichen, die sie bei meinen Vorträgen für den Mindestbetrag von einem Dollar verkaufte. Es war eine unglaublich harte Arbeit, dieses Geld Dollar für Dollar zusammenzutragen, aber sie war ein Teenager mit einer Berufung. Und sie schaffte es!

Gut organisiert

Obwohl der »tatkräftige« Teenager nicht hyper-organisiert ist wie der »perfekte« Teenager, ist er doch so gut wie notwendig organisiert, um seine Ziele zu erreichen. Sie haben sich insbesondere daran gewöhnt, ihre schulischen Aktivitäten zu organisieren, sodass sie gerade genug Zeit investieren, um die Noten zu erreichen, die sie brauchen, und dass sie dabei noch anderen Aktivitäten nachgehen können. Während der Teenagerjahre beginnt die »tatkräftige« Persönlichkeit Führungsaufgaben zu übernehmen, vorausgesetzt, die negativen Züge der Persönlichkeit wurden konsequent zurückgedrängt. Im anderen Fall wird dieser Jugendliche dermaßen unbeliebt werden, dass, auch wenn er die geeignetste Person für diese

Aufgabe ist, er auf so viel Widerstand stößt, dass er niemals zum Klassensprecher oder etwas Ähnlichem gewählt wird.

Mütter, Ihr könnt hier eine lebenswichtige Rolle spielen! Arbeiten Sie mit Ihrem »tatkräftigen« Teenager daran. Erinnern Sie ihn immer wieder liebevoll daran: »Jeder möchte gern der Boss sein, aber niemand mag es, beherrscht zu werden.« Am Ende dieses Kapitels finden Sie einige Bibelstellen über Demut und Dienstbereitschaft. Sie sollten Ihren Teenager dazu ermutigen, diese Bibelverse zu studieren und diese immer wieder zu verinnerlichen.

Selbstsicher

Im Optimalfall ist der »tatkräftige« Teenager ein enormer Gewinn für seine Schule oder jegliche Organisation, der er sich anschließt. Er hat ein sehr ausgeprägtes Selbstvertrauen. Während die anderen Kinder in den Spiegel starren und sich mit ihren Schönheitsfehlern herumquälen, reist er nach Washington D.C., um den Präsidenten zu treffen. Er hat eine natürliche Begabung, Probleme zu lösen, und zeichnet sich in Notsituationen aus. Er hat auch ein angeborenes Gefühl dafür, was getan werden muss. Wenn er eine führende Rolle erhält, bringt er es fertig, andere Jugendliche zu motivieren, »zu glauben und zu handeln«. Er ist extrem verantwortungsbewusst und hält die Verpflichtungen, die er eingegangen ist, auch ein. Kurzum, das ist ein wunderbarer Jugendlicher. Sind Sie nicht glücklich, dass Sie die schwierigen Babyjahre durchgestanden haben? Nun dürfen Sie mit Recht stolz auf Ihr Kind sein!

Zu beherrschend

Das Einzige, das zwischen dem »tatkräftigen« Teenager und seinen hoch gesteckten Zielen stehen kann, ist seine herrische Art. Das ganze enorme Potenzial des »tatkräftigen« Teenagers wird nicht helfen, wenn er andere ständig gegen sich aufbringt. Noch einmal zur Erinnerung: Wenn Sie Ihrem Teenager helfen, mit seinen Schwächen richtig umzugehen, dann machen Sie ihm ein unglaublich großes Geschenk.

Kontrolliert die Eltern

Ein anderes großes Geschenk, das Sie diesem Jugendlichen machen können, ist, dass sie sich weigern, sich von ihm kontrollieren zu lassen. Denken Sie daran, dass er einen ausgeprägten Hang zu Macht und Kontrolle hat. Wenn er in Ihrem Haus herrschen kann, dann wird er das auch tun. Dabei verwendet er die Taktik des Schikanierens, des Manipulierens oder der Täuschung – was auch immer es ihm ermöglicht, Mama und Papa dazu zu bringen, dass sie seinen Wünschen zustimmen. Seien Sie wachsam, sonst wird er ein Erwachsener, mit dem nur sehr schwer zusammenzuleben ist, der seine Frau und die Kinder kontrolliert, gar nicht zu reden von seinen Kollegen und all denen, von denen er glaubt, dass er sie herumkommandieren kann. Fordern Sie den Respekt, der Ihnen zusteht, und in vielen Jahren wird er Ihnen für Ihre liebende Standhaftigkeit danken. Schaffen Sie ihm positive und geeignete Ventile für seinen Drang, andere zu kontrollieren (er könnte zum Beispiel für die Haustiere verantwortlich sein). Wenn Sie das mit ihm einüben, bevor er ein tyrannischer Herrscher wird, dann wird er zu einer selbstbeherrschten Führungspersönlichkeit heranreifen.

Besserwisser

Die vielleicht am wenigsten liebenswerte Eigenschaft des »tatkräftigen« Teenagers ist seine Besserwisserei. Alle Jugendlichen kämpfen bis zu einem gewissen Maß damit, aber der »tatkräftige« Teenager ist in dieser Hinsicht ein wahrer Alptraum. Er schaut ständig auf all die Dummen in dieser Welt herab, und seine Eltern führen die Liste dieser einfältigen Menschen an. Der »tatkräftige« Teenager teilt Beleidigungen mit Lichtgeschwindigkeit aus. Er hat einen scharfen Geist und eine ebenso scharfe Zunge, die er als Waffe benutzt, um die auszuschalten, die es wagen, ihm in irgendeinem Punkt zu widersprechen. Für ihn sind diese verbalen Gefechte ein tolles Spiel. Er liebt das Debattieren um des Gewinnens willen. Er hält sich selbst für einen beeindruckenden Menschen mit einem überlegenen Intellekt, aber in Wirklichkeit ist das, was er tut, beleidigend und befremdet die Leute.

An dieser Stelle sollte die Mutter ins Spiel kommen und den Jugendlichen dahingehend erziehen, dass er den wahren Sinn seines Platzes auf der Welt erkennt.

Unbeliebt

Wenn man sie nicht in Schach hält, dann können all diese negativen Eigenschaften in ihrer Kombination dazu führen, dass der »tatkräftige« Teenager extrem unbeliebt wird. All seine Talente und Führungsqualitäten sind dann uninteressant, und die einflussreichen Positionen werden weniger fähigen Schülern zuerkannt. (Auch wenn die anderen Schüler tüchtiger sind, wird der »tatkräftige« Teenager das niemals zugeben. Er glaubt immer, dass er der Klügste ist.) Aufgrund dieser Enttäuschungen wird er sich möglicherweise zurückziehen und zu einem Einzelgänger werden. Und das wäre eine furchtbare Verschwendung, denn Gott schuf diese talentierten Teenager insbesondere für Führungsaufgaben.

Was Ihr »tatkräftiges« Kind am meisten von Ihnen braucht

Die wichtigsten emotionalen Bedürfnisse des »tatkräftigen« Kindes sind die Anerkennung seiner Leistungen und die Möglichkeit, Führungsaufgaben wahrzunehmen. Loben Sie seine Leistungen und erkennen Sie es als eine tüchtige Person an. Das schlimmste Verbrechen, das Sie begehen können, ist, es wie ein Baby zu behandeln. Aber ein noch schlimmeres Verbrechen wäre es, wenn Sie es zulassen, dass seine Schwächen die Oberhand gewinnen und seine vielen hervorragenden Stärken neutralisieren. Ermutigen Sie Ihr »tatkräftiges« Kind, sich an familiären Entscheidungen zu beteiligen und zu Hause eine entsprechende Führungsrolle zu übernehmen. Was Sie tun können, ist, Ihrem Kind etwas zu geben, das es kontrollieren kann: entweder sein eigenes Zimmer, die Garage, den Garten oder – am besten – ein Haustier, das es herumkommandieren kann. Wann immer Sie ihm eine Aufgabe erteilen, benutzen Sie die Formulierung: »Du bist zuständig für …« Das wird bei ihm Begeisterung auslösen! Das »tatkräftige« Kind mag es auch gerne, anhand einer Tabelle oder Liste zu überprüfen, was erledigt ist, und dies dann auszustreichen.

Akzeptieren Sie, dass Ihr »tatkräftiges« Kind niemals daran interessiert sein wird, zu schlafen oder mittags ein Schläfchen zu halten. Es möchte aktiv sein und will Langeweile um jeden Preis vermeiden. Was es auch noch hasst, sind Spiele, die es nicht gewinnen kann, aber wenn Sie ihm beibringen, wie man verliert, dann tun Sie ihm damit einen großen Gefallen.

Die »populäre« Mutter wird eine Menge Arbeit mit dem »tatkräftigen« Kind haben, aber sie liebt die Komplimente, die ihr alle ihre Freundinnen über das Kind machen. Die größte Gefahr hierbei ist, dass das Kind seiner Mutter die Herrschaft aus den Händen nimmt. Auf kurze Sicht scheint ihr die Abdankung der einfachste Weg zu sein, aber das wird sich bald rächen. (Hier spricht die Stimme der Erfahrung!)

Die »perfekte« Mutter wird sich oft durch die schroffe und unsensible Art Ihres »tatkräftigen« Kindes verletzt fühlen. Nehmen Sie es nicht persönlich, aber helfen Sie ihm, diese unvorteilhafte Eigenschaft seiner Persönlichkeit auszumerzen.

Die »tatkräftige« Mutter und das »tatkräftige« Kind werden sich entweder gegenseitig an den Kragen gehen oder gemeinsam die ganze Nachbarschaft erobern. Leah und ich hätten uns am liebsten umgebracht, nun sind wir dazu übergangen, gemeinsam die Welt zu erobern. Wir haben kürzlich damit angefangen, an einem Kinderbuch zu arbeiten, und obwohl wir Koautoren sind, hat sie mich bis jetzt noch kein einziges Wort schreiben lassen.

Die »friedfertige« Mutter wird mit dem »tatkräftigen« Kind alle Hände voll zu tun haben, aber Sie kann ihm das größte

Geschenk machen, das es je erhalten wird, wenn Sie ihm die Kunst des Taktgefühls und der Diplomatie beibringt. Wenn das Kind Ihre Rücksichtnahme und vermittelnde Art mit seiner angeborenen Führungsfähigkeit kombiniert, wird es in dieser Welt zu einer mächtigen Kraft für Gott werden.

Bibelverse für das »tatkräftige« Kind

Hier sind einige ausgewählte Verse, die eine besondere Hilfe sein können, obwohl Sie Ihr Kind dazu ermuntern sollten, auch noch andere Bibelstellen zu suchen und auswendig zu lernen.

> Ein weiser Sohn liebt Zucht; aber ein Spötter hört selbst auf Drohen nicht. (Sprüche 13,1)
>
> Die Frucht des Geistes ist Liebe, Freude, Friede, Geduld, Freundlichkeit, Güte, Treue, Sanftmut, Keuschheit; gegen all dies ist das Gesetz nicht. (Galater 5,22.23)
>
> Ihr sollt wissen, meine lieben Brüder: ein jeder Mensch sei schnell zum Hören, langsam zum Reden, langsam zum Zorn. (Jakobus 1,19)
>
> Ein neues Gebot gebe ich euch, daß ihr euch untereinander liebt, wie ich euch geliebt habe, damit auch ihr einander lieb habt. Daran wird jedermann erkennen, daß ihr meine Jünger seid, wenn ihr Liebe untereinander habt. (Johannes 13,34.35)
>
> Ein zorniger Mann richtet Streit an, und ein Grimmiger tut viel Sünde. (Sprüche 29,22)
>
> Die Hoffart des Menschen wird ihn stürzen; aber der Demütige wird Ehre empfangen. (Sprüche 29,23)
>
> Ein Tor schüttet all seinen Unmut aus, aber ein Weiser beschwichtigt ihn zuletzt. (Sprüche 29,11)
>
> Desgleichen ihr Jüngeren, ordnet euch den Ältesten unter. Alle aber miteinander haltet fest an der Demut; denn Gott widersteht den Hochmütigen, aber den Demütigen gibt er Gnade. So demütigt euch nun unter die gewaltige Hand Gottes, damit er euch erhöhe zu seiner Zeit. (1. Petrus 5,5.6)

19. Verstehen Sie das »friedfertige« Kind

Das »friedfertige« Baby

Gelassen

Ein bescheidenes Baby zu haben – können Sie sich das vorstellen? Falls Sie das können, dann haben Sie vielleicht schon ein »friedfertiges« Baby. Es ist das Baby, aus dem Träume gemacht sind. Meine Freundin Susan hat fünf Kinder, und sie berichtet, dass ihr »friedfertiges« Kind, Jana, bei weitem am leichtesten aufzuziehen ist. »Schon von der Geburt an war der Unterschied erstaunlich. Sie schläft zufrieden achtzehn Stunden am Tag. In der ersten Nacht, nachdem wir vom Krankenhaus daheim waren, schlief sie zwölf Stunden durch. Sie macht das seitdem immer, und außerdem hält sie tagsüber immer noch ein ausgedehntes Nickerchen. Egal was wir machen oder wohin wir gehen, sie bewahrt immer Ruhe. Meine anderen Babys waren so anspruchsvoll, aber sie fordert nichts.«

Glücklich

Das »friedfertige« Baby hat eine angenehme Veranlagung und passt sich schnell den Umständen entsprechend an. In einen Lebensmittelladen gehen? Kein Problem. An jedem Tag der Woche andere Termine? Kein Problem. Eiskalte Temperaturen draußen und das Baby hat nur ein T-Shirt an? Kein Problem. Schmutzige Windeln? Kein Problem. Susan erzählt, dass sie eines Morgens, als Jana einige Monate alt war, im Bett lag und ihr Ehemann das Baby hereinbrachte und es neben sie legte. Das Baby strahlte und freute sich offensichtlich seines Lebens. Dann nahm sie es auf den Arm und bemerkte, dass Jana das Bett völlig durchnässt hatte. Sie zog ihr die Windel aus und stellte fest, dass auch diese schmutzig war. Das verstand sie nicht. Jana ist zufrieden, auch wenn sie den ganzen Tag in schmutzigen Windeln sitzt; sie macht selten Theater, außer wenn sie übermüdet ist.

Langsam

Das »friedfertige« Baby saust nicht wie ein Weltmeister durch die Wohnung. Wenn Sie nach etwas suchen, mit dem Sie angeben können, werden sie wahrscheinlich damit prahlen, wie gut es schläft, weil das zu seinen größten Fähigkeiten zählt. Es bewegt sich langsam und nimmt sich Zeit, wenn es darum geht, sitzen, kriechen, gehen und so weiter zu lernen. Es würde lieber überallhin getragen werden! Das ist weniger anstrengend!

Eines von den »friedfertigen« Kindern in unserer Nachbarschaft kommt diesen Herbst in den Kindergarten und kann noch kaum sprechen. An einem Tag redete ich mit seiner Mutter, und sie sagte: »Ich weiß, dass er sprechen könnte, wenn er wollte, aber wenn er mit Deuten bekommt, was er will, dann erscheint ihm das wohl einfacher.« Das ist typisch für den »friedfertigen« Charakter: immer nach dem leichtesten Weg schauen.

Schüchtern

Das »friedfertige« Baby ist außerdem sehr schüchtern. Sie nehmen es mit in die Kirche, um es den anderen einmal zu zeigen, und es versteckt sich in Ihren Armen. Zuerst ist das ja ganz niedlich, aber wenn Sie versuchen, es umzudrehen, um zu beweisen, dass es tatsächlich zwei Augen und eine Nase hat, wird es sich winden wie ein Wurm. Diese zurückhaltende Charaktereigenschaft wird die »friedfertige« Person durch das ganze Leben begleiten.

Gleichgültig

Geben Sie Ihr Geld nicht für aufregende Spielsachen aus und behängen Sie den Laufstall nicht mit vielem Spielzeug wie mit Glocken und Pfeifen. Offen gestanden ist das »friedfertige« Baby nicht daran interessiert. Es ist völlig zufrieden, dazusitzen und die Welt um sich herum zu betrachten. Es hat schon herausgefunden, dass es weniger Arbeit macht, anderen Leuten zuzuschauen, als selber zu arbeiten.

Das »friedfertige« Kind

Leicht zu unterhalten

Es ist nicht schwer, das »friedfertige« Kind zu beschäftigen. Joan erzählt, dass ihr Sohn Jason sich stundenlang ruhig hinsetzt und sich selbst mit Spielen beschäftigt. »Im Allgemeinen war er damit ganz zufrieden. Allerdings gab es ein kleines Problem. Ich habe nie eine Strafe gefunden, die ihn aus der Fassung bringen konnte. Wenn ich ihn auf sein Zimmer schickte, war er völlig damit zufrieden, sich hinzusetzen und ruhig für sich allein zu spielen. Das war also keine Strafe für ihn. Deshalb nahm ich ihm die Spielsachen weg. Er setzte sich hin und las in einem Buch. Dann nahm ich ihm die Bücher weg. Nachdem ich fast eine Stunde nichts von ihm hörte, dachte ich, dass er schlafen würde. Als ich nach ihm sah, saß er vor dem Spiegel und schnitt für sich selbst Grimassen. Was sollte ich machen? Den Spiegel wegnehmen? Ich musste lachen. Er war völlig zufrieden, egal was kam.«

Die staatlich geprüfte Persönlichkeitstrainerin Arlene Hall erzählt die Geschichte von ihrem dreijährigen Neffen Tim, der sich selbst beschäftigte, indem er eine volle Tube Zahnpasta im Badezimmer ausdrückte. Als seine fünfjährige Schwester sein schlechtes Benehmen meldete, versteckte er sich unter seinem Bett. Als seine Mutter rief: »Komm her«, hörte sie eine zarte junge Stimme antworten: »Ich möchte damit lieber nichts zu tun haben, danke.« Das ist das typische Verhalten des »friedfertigen« Kindes: wenn es Konflikte gibt, die Flucht ergreifen und sich aus allem so weit wie möglich raushalten.

Macht wenig Umstände

Joan berichtet, dass Jason ihr kaum Mühe macht. »Eines Tages fuhren wir mit dem Auto voll Kinder in Urlaub. Die Kinder hampelten wie die Verrückten herum und wollten dieses und jenes haben. Er kletterte auf den Rücksitz und sagte die ganzen drei Stunden über kein Wort. Er war die ganze Zeit so. Egal wo wir ihn mit hinnahmen, wenn wir ihn auf einen Stuhl setzten, dann blieb er auch dort sitzen. Er hat niemals auch nur Anstalten gemacht, Ärger zu verursachen. Wo wir ihn hinsetzten, da blieb er.«

Wann immer es darum geht, aufgrund ausbleibendem Ärger weniger Arbeit zu haben, können Sie auf die Kooperationsbereitschaft Ihres »friedfertigen« Kindes zählen.

Wie Sie sehen, ist das »friedfertige« Kind einfach liebenswert. Es ist so angenehm und pflegeleicht. Es streitet nur selten mit seinen Geschwistern, und es würde nie wagen, sich mit Mutter oder Vater anzulegen.

Vermeidet Arbeit

Bevor Sie nun glauben, dass dieses Kind einfach nur perfekt ist, sollte ich Ihnen doch noch etwas verraten. Das »friedfertige« Kind hat nämlich auch einige Schwächen. Eine seiner größten ist es, der Arbeit aus dem Weg zu gehen. Wenn es seine Kleider verkehrt herum anzieht, wird es sich, auch wenn es das Malheur bemerkt, nicht die Mühe machen, sie richtig herum anzuziehen. Sein liebster Zeitvertreib ist es, Fernsehen zu schauen, weil es sich auch nicht die Mühe machen will zu spielen. Diese Kinder werden in vielen Fällen nicht zu schulischen Höchstleistungen auflaufen. Sie sind in allem, was sie tun, eher durchschnittlich bis unterdurchschnittlich.

Das kann für die Eltern sehr entmutigend sein, insbesondere wenn sie »tatkräftige« oder »perfekte« Typen sind, die »nur das Beste« für ihr Kind wollen. Das »friedfertige« Kind will nicht das Beste, es will lieber eine Pause. Ein »tatkräftiger« Vater, der beschlossen hatte, dass sein Sohn in seine Fußstapfen als Basketballstar treten sollte, macht seiner Enttäuschung Luft: »Wann immer ihn der Trainer in das Spiel mit hineinnahm, blieb er am Ende des Courts stehen, nagte an seinen Fingernägeln herum und wartete darauf, dass das Spiel zu ihm käme.« Als dieser Vater die Persönlichkeiten verstehen lernte, war er darüber nicht mehr im Geringsten erstaunt. Das »friedfertige« Kind wird alles ihm Mögliche tun, um Arbeit zu vermeiden. Aber es würde nie die Arme in die Hüfte stemmen und rufen: »Nein.« Stattdessen sind diese Kinder sehr schlau und kreativ in ihrem Bestreben, der Arbeit aus dem Weg zu gehen. Deshalb werden sie nur selten als rebellisch eingestuft. Aber diese stille Rebellion kann im Teenageralter zu einem riesigen Problem werden.

Auf der anderen Seite kann ihr Verlangen, Arbeit zu vermeiden, tolle Neuerungen hervorbringen. Milly Potter, eine Rednerin aus Australien, berichtete mir über ihren Sohn Nathaniel, der, wie die meisten »friedfertigen« Kinder, nur ein Ding hatte, wofür er sich interessierte. (Mehr über dieses »eine Ding« erfahren Sie in Kürze.) In seinem Fall war es das Angeln. Milly erzählt, dass, wann immer sie ihn dazu motivieren wollte, seine Schularbeiten fertig zu machen, sie das Angeln an Ansporn gebrauchte. Die Aussicht auf gute Noten oder die Möglichkeit, in ein tolles College zu kommen, konnten ihn nicht locken. Aber er konnte sich fürs Angeln begeistern! In der Schule erhielten die Kinder den Auftrag irgendetwas aus Holz zu machen. Nathaniel machte einen Wagen mit Rädern, sodass er seine Angelutensilien hineinlegen und diese darin befördern konnte. Wenn die Notwendigkeit die Mutter der Erfindung ist, dann ist der Wunsch, Arbeit zu vermeiden, oft der Vater!

Ärgert andere

Dem »friedfertigen« Kind macht es oft mächtig Spaß, die anderen in einem negativen Sinn nach seiner Pfeife tanzen zu lassen. Es ist ein Meister, wenn es darum geht, die Rolle des Anstifters zu spielen. Das »friedfertige« Kind neckt seine Geschwister, drückt auf den richtigen (oder falschen) Knopf, und wenn sie dann wie eine Herde Verrückter reagieren, sitzt es ruhig und selbstzufrieden da und freut sich über seine Fähigkeit, mit so wenig Aufwand einen solchen Effekt zu erzielen. Unglücklicherweise machen es ihm seine Brüder und Schwestern oft sehr leicht, sie zu ärgern.

Eines seiner Lieblingsspiele ist »das letzte Wort haben«. Ich erinnere mich, dass eines meiner »friedfertigen« Geschwister dieses oft spielte. Wir debattierten zum Beispiel über irgendeine kindische Fragestellung, und wir »tatkräftigen« und »populären« Kinder verteidigten dabei leidenschaftlich unsere Ansicht. Mein »friedfertiges« Geschwisterchen saß dagegen völlig still daneben, wartete bis die Debatte abflaute und machte dann in aller Ruhe eine zündende Bemerkung. Und schon ging die Diskussion wieder los. Und sobald die Kontroverse wieder am Abklingen war, kam eine neue Bemerkung. Schließlich rief einer von uns gereizt: »Jetzt ist es genug. Hören wir auf!« Aber es wollte nicht, es musste immer das letzte Wort haben.

Oft kam meine Mutter ins Zimmer in der Annahme, dass die Kinder, die den meisten Lärm verursachten, auch die Schuldigen seien. Ich bin mir sicher, dass wir alle einen Teil an der Schuld hatten, aber ich meine, dass der, der den Ärger angezettelt hat, eine härtere Strafe verdient. Ein guter Bibelvers, um dieses Kind daran zu erinnern, steht in Sprüche 6,19, wo die sieben Dinge, die Gott hasst, beschrieben werden: »... und wer Hader zwischen Brüdern anrichtet.« Das ist eine sehr ernste Angelegenheit. Seien Sie als Mutter deshalb wachsam. Nur weil ihr »friedfertiges« Kind keinen so großen Lärm veranstaltet wie seine Geschwister, sollte man nicht notwendigerweise davon ausgehen, dass es keinen Streit vom Zaun bricht. Legen Sie die Konsequenzen fest, die das Ärgern von Brüdern und Schwestern nach sich zieht.

Furchtsam

Auch wenn das »friedfertige« Kind gerne bei einer Schulaufführung vorsprechen würde, wird es das nicht tun, weil es sich davor fürchtet, die Rolle nicht zu bekommen. Es würde auch gerne Baseball spielen, aber was ist, wenn es nicht in die Mannschaft kommt? Es würde gern Freundschaft mit den neuen Kindern in der Straße schließen, aber was ist, wenn sie es nicht mögen? Die Furcht vor Zurückweisung oder Misserfolg kann dieses Kind so sehr lähmen, dass es sich aus dem Leben ausklinkt, bevor es richtig begonnen hat.

Machen Sie es nicht wie der Vater von einem meiner Freunde in der Kindheit, der beschloss seinem Sohn das Schwimmen beizubringen, indem er ihn in den Fluss warf. Das vergrößerte nur seine Angst vor Wasser. Stellen Sie Ihr Kind nicht in Situationen, die es nicht überschauen kann, aber lassen Sie es auch nicht ständig in der Zuschauerrolle. Achten Sie auf einen guten Mittelweg. Gehen Sie, wann immer es möglich ist, mit ihm zu dem Platz, der ihm Furcht einflößt. Bieten Sie an, es in der Kunst des Schauspielens zu unterrichten und es, wenn es so weit ist, beim Vorsprechen zu unterstützen. Oder bitten Sie den Vater, vor dem großen Tag noch einmal mit ihm zu üben. Bieten Sie der neu zugezogenen Mutter an, sich mit ihr zu treffen, und laden Sie deren Kinder gleich mit zu sich in Ihr Haus ein. Vielleicht fragen Sie sich nun: »Aber sollte ich das Kind nicht dazu bringen, auf seinen eigenen Füßen zu stehen?« Ja, das sollten Sie, aber in diesen jungen Jahren ist es wichtiger, ihm beizustehen. Helfen Sie ihm, seine Ängste zu überwinden, und verstärken Sie diese nicht durch ein gefühlloses Vorgehen. Denken Sie daran, dass Ängste zu überwinden harte Arbeit ist, und Arbeit ist etwas, das dieses Kind lieber meidet. Deshalb müssen Sie ihm durch liebevolle Motivation helfen zu erkennen, warum sich der Kampf gegen diese Ängste für es lohnen könnte. Und auch wenn es die Rolle nicht bekommt, nicht ins Team aufgenommen wird oder von den neu zugezogenen Kindern nicht anerkannt wird, sollten Sie dieses Kind darin bestätigen, dass es fantastisch ist. Fördern Sie bewusst sein Selbstwertgefühl, und es wird zu einem wunderbaren, tüchtigen Erwachsenen werden.

Der »friedfertige« Teenager

Angenehme Persönlichkeit

Obwohl der »friedfertige« Teenager nicht besonders häufig ausgeht, wird er im Lauf der Zeit wirklich gute Freundschaften aufbauen. Er hat eine sehr angenehme Persönlichkeit und weil er niemals einen Freund verliert, wird er zum Ende der Highschoolzeit oftmals mehr Freunde habe als die so genannten »populären« Jugendlichen, die durch ihren Egoismus und ihre unreifen Eskapaden ihre Freunde allmählich vertrieben haben. Sie sollten auch nicht überrascht sein, wenn der »friedfertige« Teenager die Freundschaften, die er während dieser Jahre geschlossen hat, lebenslang beibehält.

Ich spreche oft mit Frauen, die sich Gedanken über die beruflichen Chancen ihrer »friedfertigen« Söhne machen. In vielen Fällen sorgen sie sich grundlos. Obwohl ihr Aufstieg im Allgemeinen etwas länger dauert, kann das »friedfertige« Temperament aufgrund seiner angenehmen Persönlichkeit bis weit nach oben kommen. Diese Jungs haben etwas an sich, das andere dazu veranlasst, ihnen helfen zu wollen. Es ist fast so, als würden sie diese anschauen und sagen: »Was für ein netter Junge, aber er wird es nicht schaffen, wenn ich ihm nicht helfe. Ich werde also besser die Ärmel hochkrempeln und ihn unterstützen.«

Eine meiner Redner-Kolleginnen, Kathleen, berichtet, dass ihr Sohn Craig den gesamten Ausbildungsweg bei der Marineakademie durchlief:

> Er ist unglaublich klug, sodass die Prüfungen nie ein Problem für ihn waren. Aber die Hausaufgaben? Das ist eine andere Geschichte! Glücklicherweise mochte ihn jeder so sehr, dass seine Freunde die Hausaufgaben für ihn erledigten. Er wollte sich nicht die Mühe des Lesens machen, also lernte er nur die Randbemerkungen und hörte sich entsprechende Kassetten an. Er hatte die Entscheidung, die Marineakademie zu besuchen, erst getroffen, als er schon älter war. Er fand an der Schule eine Schulkameradin, die das auch vorhatte, und sie

> sagte ihm genau, was er tun musste, sodass er sich um nichts selbst kümmern musste. Er zögerte noch, sodass ich schließlich den ganzen Papierkram für ihn ausfüllte. Wir machten uns Sorgen darüber, wie er sein erstes Jahr an der Akademie überstehen würde, aber die hätten wir uns ersparen können. Sie konnten ihn anschreien, so viel sie wollten; ihn brachte nichts aus der Ruhe. Er konnte es gelassen nehmen.

Und wie geht es ihm an der Akademie? Hervorragend. Jeder mag ihn so sehr – und bewundert seine ruhige Art –, dass er zum Kommandeur seiner Einheit wurde. Kathleen fragte kürzlich, was ihn dazu gebracht hatte, auf die Marineakademie zu gehen? Seine Antwort? »Ich wollte eine Aufgabe fürs Leben haben. Ich werde niemals nach Arbeit suchen müssen.« Nur der »friedfertige« Teenager wird an eine der berühmtesten Institutionen der Welt gehen, um Arbeit zu vermeiden.

Witzig

Der »friedfertige« Teenager ist ein Meister, wenn es darum geht, Witze zu machen. Obwohl er nicht der ist, der die Aufmerksamkeit auf sich ziehen möchte, hören die Leute doch aufmerksam zu, wenn er spricht. Denn obwohl er nicht viel redet, ist das, was er sagt, wenn er denn etwas sagt, meist sehr witzig. Sein subtiler Witz wird besonders von seinen gleichaltrigen Freunden geschätzt.

Guter Zuhörer

Er ist ein guter Zuhörer und spielt gerne die Rolle des Vermittlers. Wenn Kristi auf Misti sauer ist, weil Becki gesagt hat, dass diese gesagt hätte …, dann greift der »friedfertige« Teenager ein und stellt den Frieden zwischen den Krieg führenden Parteien wieder her. Auch wenn er selbst ärgerlich oder verletzt ist wegen dem, was gesagt wurde, so ist er doch in der Lage, seine eigenen Emotionen zurückzustellen und sich um eine Lösung des Konflikts zu bemühen. Er reißt sich nicht um eine Führungsrolle und stellt sich niemals in den Mittelpunkt, aber wenn man ihm eine führende Rolle anvertraut, dann wird er seine gesamten diplomatischen Fähigkeiten einsetzen, um seine Aufgabe hervorragend zu meistern.

Joy Brown, die Frau eines Pastors aus Süd-Carolina, erzählte mir kürzlich eine Geschichte über ihre Tochter Molly die gerade siebzehn Jahre alt war:

> Eine meiner Freundinnen erwähnte beiläufig, dass sie Molly gesehen hätte, wie sie im örtlichen Krankenhaus Leute auf der Intensivstation besuchte. Ich konnte mich an niemanden erinnern, den wir kannten und der im Krankenhaus lag, sodass ich wirklich überrascht war. Als Molly von der Schule nach Hause kam, fragte ich sie. Sie antwortete in der ihr eigenen ungezwungenen Art: »Oh ja, Mama. Oft gehe ich nach der Schule am Krankenhaus vorbei. Natürlich lassen sie mich nicht zu den Patienten hinein, aber dann setze ich mich eben in den Warteraum der Intensivstation und höre den Familienangehörigen zu, die mir erzählen, was sie durchgemacht haben. Sie erzählen gern über die Person, die vielleicht im Raum nebenan im Sterben liegt. Dann biete ich ihnen an, mit ihnen zu beten.« Ich fragte sie, wie lange sie das schon mache, und sie sagte: »Ich weiß nicht, ich schätze ein paar Jahre.« So macht sie das mit allem. Sie ist nie auf Ruhm aus; sie hat ein wahrhaft dienendes Herz.

Ungezwungenes Verhalten

Ein großer Teil des Charmes des »friedfertigen« Teenagers beruht auf seiner zuvorkommenden Art, die in seinem Alter als sehr »cool« betrachtet wird. Deshalb ist der Lieblingsausdruck der Teenager »Das ist mir egal«. Sie sagen es alle, aber der »friedfertige« Teenager sagt es und meint es auch so. Er hat wirklich das Gefühl, dass, was auch immer passiert, alles in Ordnung ist. In den meisten Fällen ist das die ideale Haltung, um die Teenager-Probleme zu überstehen. Ihre Kleidung ist modisch zerknittert, und sie leben nach dem Motto: »Warum stehen, wenn man sitzen kann; warum sitzen, wenn man liegen kann?«

Die Jugendgruppenleiterin Sherri Shaffer berichtet:

> Wenn alle Kinder aufschreien und darauf bestehen, dass wir an diesen oder jenen Ort gehen sollen, dann werden die [»friedfertigen« Teenager] nicht sagen, wo sie essen oder was sie tun wollen. Die meisten Jugendleiter versuchen sie dazu zu drängen, Stellung zu beziehen und bemerken nicht, dass ihnen das wirklich egal ist. Es ist nicht so, dass sie sehr schüchtern sind oder versuchen, höflich zu sein, sie sind damit zufrieden, das zu tun, was die anderen machen, und dass sie keine Entscheidung treffen müssen.

Es macht Ihnen auch wirklich Freude, anderen zuzuschauen, wie die ihren Spaß haben. Sherri fährt fort:

> Wenn wir mit den Kindern ins Sommerlager fahren, sind auch immer welche dabei, die nicht viel sagen, sondern lieber den anderen zuschauen, anstatt sich zu beteiligen. Hier machen die Jugendleiter auch oft den Fehler, sie zu drängen und sie in etwas mit einzubeziehen. Die meisten Leute glauben, dass [der »friedfertige« Jugendliche], weil er nicht an allen Aktivitäten teilnimmt, keinen Spaß hätte. Dabei genießen sie es einfach zuzuschauen. Sie haben ihren Spaß an den Gesprächen und Witzen, auch wenn sie selbst sich nicht daran beteiligen. Im Allgemeinen sind es aber am Ende des Ferienlagers die Jugendlichen, bei denen die Erwachsenen der Meinung waren, sie hätten nicht genug Spaß gehabt, die herkommen und sagen: »Das waren die lustigsten Wochen meines Lebens.«

Zu kompromissbereit

Diese »Ist-mir-egal«-Einstellung kann für den »friedfertigen« Teenager zu einem echten Problem werden. Er kann so aus reiner Faulheit oder wegen mangelnder Bereitschaft, einen Standpunkt zu beziehen, eine ganze Menge Ärger bekommen. Eine unserer berühmtesten Familienstorys dreht sich um meinen »friedfertigen« Bruder John. Er wurde wegen Marihuana-Rauchens von der Schule verwiesen, aber er schwor meiner Mutter, dass er so etwas noch nie geraucht hätte. Sie als eine »tatkräftige« Mutter marschierte direkt zur Schule, um herauszufinden, was los ist, und den Kampf gegen die Ungerechtigkeit aufzunehmen. Der stellvertretende Direktor schaute John an und sagte: »Aber ich habe dich doch selbst mit einem Joint in der Hand gesehen.« Worauf er ganz ungezwungen antwortete: »Natürlich hatte ich ihn in der Hand, aber ich habe ihn nicht geraucht. Ich hab ihn nur gehalten.«

Das ist typisch »friedfertiger« Jugendlicher. Zu oft lautet ihr Motto: Friede und nochmals Friede – auch wenn das bedeutet, dass sie dadurch die Grundwerte gefährden.

Wenig enthusiastisch und unbeteiligt

Eine andere große Frustration erlebt man mit diesen Teenagern, weil sie sich so wenig für etwas begeistern können. Mütter versuchen, sie für den einen oder anderen Verein zu interessieren, aber sie haben einfach keine Lust dazu. Es ist möglich, dass sie es völlig ablehnen, außerhalb ihrer schulischen Pflichten noch an irgendeiner anderen Aktivität teilzunehmen. Ihnen fehlt die Motivation, um mit all diesen »tatkräftigen«, »populären« und »perfekten« Teenagern in Konkurrenz zu treten. Es ist einfacher, zu Hause vor dem Fernseher zu sitzen. Ihr »friedfertiger« Teenager bleibt von schulischen Aktivitäten nur aus dem einen Grund weg, weil er nicht alleine hingehen will, aber ist nicht genug motiviert, den Telefonhörer zu nehmen und sich mit einem Freund zu verabreden.

Ziemlich eigensinnig

Und nun, liebe Mütter, hören Sie genau zu. Sie können Ihrem Teenager erklären, wie wichtig es für ihn ist, in der Schule den eigenen Grundsätzen treu zu bleiben, sich an Dingen zu beteiligen und so weiter, und dabei einen Wutanfall bekommen, aber das wird absolut nichts bewirken. Der »friedfertige« Teenager ist ziemlich eigensinnig, und er wird sich insgeheim darüber freuen, wenn Sie alles sorgfältig für ihn vorbereitet haben und er dann doch nicht zu der geplanten Veranstaltung geht.

Auf der anderen Seite kann es auch sein, dass er zu Hause bleibt, weil er unentschlossen ist und sich nicht entscheiden kann, wen er einladen soll. Oder weil er so lange zögert, bis er keine Eintrittskarte mehr bekommt. Weisheit ist nötig, um zu erkennen, wie Sie Ihrem Teenager helfen können, ohne sich übermäßig in sein Leben einzumischen.

Sarkastisch

Wir erinnern uns daran, dass eine der Stärken des »friedfertigen« Teenagers sein Witz ist. Aber wenn das ins Extrem abgleitet, kann er sarkastisch werden. Diese Teenager neigen dazu zu glauben, dass sie etwas Besseres als die anderen seien: nicht so oberflächlich wie die »populären« Jugendlichen, nicht so tugendhaft wie die »perfekten« Jugendlichen und nicht so ein Widerling wie der »tatkräftige« Jugendliche. Sie können viel Spaß dabei empfinden, wenn sie an der Seite sitzen und sich über die lustig machen, die den Mut haben, in die Arena zu gehen. Und das ist nicht der Weg, den man im Leben gehen sollte.

Was Ihr »friedfertiges« Kind am meisten von Ihnen braucht

Ein Teil von mir fühlt sich sehr unwohl dabei, weil ich über das »friedfertige« Kind nicht so lang und ausführlich geschrieben habe wie über die anderen Temperamente. Ich konnte einfach keine nette Geschichte finden. »Was ist los mit dir, Donna?« Ich war verwundert. »Du kennst dieses Temperament in- und auswendig.« Dann wurde es mir klar. Es besteht keine Notwendigkeit für lange Ausführungen, wenn man es mit einem so pflegeleichten Kind zu tun hat. Keine Notwendigkeit für Warnungen, nicht ihren Geist zu brechen, keine fürchterliche Voraussage einer Teenager-Rebellion oder Vorschläge, wie ihre größten Schwächen überwunden werden könnten. Größtenteils sind diese Kinder emotional ziemlich stabil, haben kaum eine Tendenz zu rebellieren, und außerdem haben sie keine wirklich auffälligen Schwächen. Sie sind einfach glücklich, auf der Welt zu sein, darin zu leben und nicht allzu viel zu tun. Und es ist schwer, aufregende Geschichten über Kinder zu bringen, die alles Aufregende vermeiden.

Wenn Sie bemerken, dass Ihr Kind nicht gut mit Konflikten umgehen kann, dann versuchen Sie, ruhig und besonnen mit ihm umzugehen. Wenn Mutter und Vater ständig Streit miteinander haben, brauchen Sie sich nicht wundern, wenn Ihr Kind sich zurückzieht. Und sein »Versteck« ist vor dem Fernseher, im Haus des Freundes, oder im Teenageralter in Drogen oder Alkohol, oder es reißt aus. Wenn es Konflikte gibt, wird es garantiert fliehen.

Sprechen Sie deutlich aus, was zu Hause und in der Schule in seinen Verantwortungsbereich fällt, aber erwarten Sie nicht von ihm, dass es die Initiative ergreift oder eigenständig eine Arbeit in Angriff nimmt. Das wird nicht passieren. Akzeptieren Sie, dass es sich langsamer bewegt als die meisten anderen Kinder. Das macht es nicht schlechter, nur eben langsamer.

Helfen Sie ihm, einen Bereich zu finden, in dem es wirklich glänzen kann. Eine der interessantesten Eigenschaften des »friedfertigen« Temperaments ist, dass es immer einen Bereich gibt, in dem der Betreffende hervorragend ist. Die »friedfertigen« Kinder haben nur sehr begrenzte Interessen, aber wenn diese richtig geleitet werden, dann kann das zu herausragenden Ergebnissen führen, egal ob in der Kunst, in der Musik, im Sport oder sonst irgendwo. Ich treffe so oft mit Frauen zusammen, die sich große Sorgen um die Zukunft ihrer »friedfertigen« Kinder machen, besonders wenn das Kind ein Junge ist. »Er scheint sich um überhaupt nichts zu kümmern. Wie wird er jemals eine Arbeit finden, um für eine Frau und eine Familie zu sorgen?« Ich sage diesen Frauen, dass sie aufhören sollen, sich zu sorgen, und stattdessen lieber nach dem »einen Ding«, wofür sich das Kind interessiert, suchen sollen.

Eine Mutter erzählte mir von ihrem Sohn, der in der siebten Klasse sitzen geblieben war. Er wurde als faul und lernunwillig bezeichnet. Sie entschied sich, ihn zu Hause zu unterrichten, was sie dann auch für die nächsten zwei Jahre tat. Er hatte kein großes Interesse an irgendetwas, mit Ausnahme von Computern. Das war das Einzige, wofür er sich völlig begeistern konnte. Die restlichen Schularbeiten wurden nur widerwillig erledigt. Eines Tages sagte sie beiläufig: »Du weißt, dass du erst deinen Abschluss machen musst, bevor du auf die Highschool gehen kannst.« »Kann ich das wirklich?«, sagte er und freute sich bereits bei dem Gedanken, wie er dann die ganzen Hausarbeiten umgehen könnte. Er machte seinen Abschluss in kürzester Zeit. Er gehörte zu den besten zehn Prozent und schrieb sich direkt in der örtlichen Fachhochschule für das Fach Computer ein. Er ist ein sehr guter Student, der anderen Studenten hilft, die doppelt so alt sind wie er. Seine Klassenkameraden lieben ihn, weil er so geduldig ist.

Das beste Beispiel für eine solch einseitige Ausrichtung auf ein Ziel hin im Erwachsenenalter ist der ehemalige Präsident George Bush. Obwohl er ein gelassener »friedfertiger« Typ war, galt sein einziges Interesse der Außenpolitik, die ihn bis ins Weiße Haus führte. Auf der anderen Seite war das der Grund dafür, warum er nicht wieder gewählt wurde. Er konnte einfach keine Begeisterung für Haushaltsfragen oder andere strittigen Fragen aufbringen, und das wurde von seinen Gegnern bei ihrer Kampagne gegen ihn verwendet.

Als »populäre« Mutter werden Sie mit Ihrem »friedfertigen« Kind mehr oder weniger prahlen können. Aber können Sie Ihr

»friedfertiges« Kind als das ganz besondere Geschenk akzeptieren, das es ist? Lassen Sie zu, dass es Sie etwas ruhiger macht und Ihnen den Blick dafür eröffnet, was wirklich wichtig ist. Treiben Sie es nicht an, dauernd auszugehen. Das ist nichts für es. Treiben Sie es auch nicht an, lustig zu sein. Das ist auch nicht seine Sache. Akzeptanz ist der Schlüssel für ihrer Beziehung zueinander.

Das »friedfertige« Kind hat ganz spezielle emotionale Bedürfnisse, die nur von der Mutter oder dem Vater befriedigt werden können. Am meisten braucht es das Gefühl, dass Sie es als die gelassene Person akzeptieren, als die Gott es gemacht hat. Treiben Sie es nicht an; erwarten Sie nicht, dass es ein Mensch der Tat wird. Geben Sie ihm den Frieden und die Ruhe, die es braucht. Loben Sie es für seine inneren Werte und helfen Sie ihm, ein Selbstwertgefühl zu entwickeln, auch wenn es nicht immer der Beste ist. Versuchen Sie es mit liebevoller Motivation, aber widerstehen Sie der Versuchung, an ihm herumzunörgeln und es anzustacheln. Viele Eltern berichten von großen Erfolgen, nachdem Sie das »eine Ding«, für das sich das Kind interessiert, gefunden haben — und es gibt immer »ein solches Ding«, aber möglicherweise müssen Sie hart daran arbeiten, um es zu finden. Wenn es sich weigert, die Hausaufgaben oder andere Hausarbeiten zu erledigen und lieber mit Freunden herumhängt, dann sagen Sie ihm, dass es erst seine Aufgaben erledigen muss, bevor es das Haus verlassen darf.

Die »perfekte« Mutter sollte nicht darauf aus sein, Perfektion zu bekommen. Das wird niemals funktionieren. Manchmal scheint es so, als ob das »friedfertige« Kind absichtlich mittelmäßig ist. Akzeptieren Sie es als eine Eigenheit seines Temperaments und nicht als Beweis dafür, dass Sie als Mutter versagt haben. Achten Sie mehr auf die inneren Werte Ihres Kindes, anstatt auf perfekte Leistungen zu hoffen.

Die »tatkräftige« Mutter muss sich davor hüten, ihr langsames »friedfertiges« Kind ständig anzutreiben. Es wird niemals die Welt auf die Art und Weise verändern, wie Sie glauben, dass es dies tun sollte. Aber denken Sie daran: Die meisten der großen Führungspersönlichkeiten in der Welt waren diplomatische Friedensstifter und nicht »tatkräftige« Krieger.

Die »friedfertige« Mutter sollte das Ihr gleich gesinnte Kind genießen.

Bibelverse für das »friedfertige« Kind

Ihr Kind dazu zu motivieren, die Bibelstellen auswendig zu lernen, mag eine echte Herausforderung sein, aber versuchen Sie, es ihm leichter zu machen, indem Sie aus den Versen ein Lied machen oder sie sie gemeinsam als Familie erarbeiten.

> So wendet alle Mühe daran und erweist in eurem Glauben Tugend und in der Tugend Erkenntnis und in der Erkenntnis Mäßigkeit und in der Mäßigkeit Geduld und in der Geduld Frömmigkeit und in der Frömmigkeit brüderliche Liebe und in der brüderlichen Liebe die Liebe zu allen Menschen. Denn wenn dies alles reichlich bei euch ist, wird's euch nicht faul und unfruchtbar sein lassen in der Erkenntnis unseres Herrn Jesus Christus. (2. Petrus 1,5–8)
>
> Alles, was ihr tut, das tut von Herzen als dem Herrn und nicht den Menschen, denn ihr wißt, daß ihr von dem Herrn als Lohn das Erbe empfangen werdet. Ihr dient dem Herrn Christus! (Kolosser 3,23.24)
>
> Denn Gott hat uns nicht gegeben den Geist der Furcht, sondern der Kraft und der Liebe und der Besonnenheit. (2. Timotheus 1,7)
>
> Lässige Hand macht arm; aber der Fleißigen Hand macht reich. (Sprüche 10,4)
>
> Wer im Sommer sammelt, ist ein kluger Sohn; wer aber in der Ernte schläft, macht seinen Eltern Schande. (Sprüche 10,5)
>
> Die fleißige Hand wird herrschen; die aber lässig ist, muß Frondienst leisten. (Sprüche 12,24)
>
> Das Gleichnis von den anvertrauten Zentnern (Matthäus 25, 14–30)

SCHLUSSWORT

Sie haben es geschafft! Sie haben einen Crash-Kurs über das Verständnis der Temperamente hinter sich. Jetzt sollten Sie sich in die perfekte Frau, perfekte Mutter und perfekte Freundin verwandelt haben. Was? Sie sind noch nicht perfekt?

Zugegeben, ich bin auch keine perfekte Frau, Mutter und Freundin, absolut nicht … und ich unterrichte dieses Thema!

Dieses Buch zu lesen macht Sie nicht perfekt, aber wenn Sie sich damit beschäftigen und das Gelernte anwenden, wird das Ihr Leben sicher leichter machen, da es Ihnen das Zusammenleben erleichtert. Ich möchte Sie dazu ermutigen, zurückzublättern und die Abschnitte, die Sie besonders interessiert haben, noch einmal zu lesen. Schneiden Sie die Karten am Ende dieses Buches aus und tragen Sie sie immer bei sich. Wenn Sie ein paar Minuten Zeit haben (zum Beispiel beim Schlangestehen im Supermarkt oder beim Warten in der Arztpraxis), nehmen Sie die Karten heraus und denken Sie im Gebet darüber nach, wie Sie diese Erkenntnisse in Ihrem Leben umsetzen können.

Ich hoffe, dass Sie zumindest größeres Verständnis dafür bekommen haben, warum Sie so handeln, wie Sie es tun, und dafür, wie andere Sie wahrnehmen. Ich hoffe, Sie haben begonnen, Ihre Stärken auszubauen, und dass Sie täglich um Kraft beten, Ihre Schwächen zu überwinden. Ich hoffe außerdem, dass Sie für Ihren Ehemann ein größeres Verständnis bekommen und dass Sie einige Strategien entwickelt haben, um seine emotionalen Bedürfnisse besser zufrieden zu stellen.

Es mag verrückt klingen, aber Autoren lernen genauso viel wie sie vermitteln, wenn sie ein Buch wie dieses schreiben. Die Untersuchung über die Auswirkungen der Temperamente bei Kindern hat mir die Freiheit geschenkt zu akzeptieren, dass Gott mir bewusst drei herausfordernde »tatkräftige« Kinder gegeben hat. (Zuerst war ich wütend auf ihn, dass er solch einen Trick angewendet hatte, aber ich denke, dass das nun vorbei ist!) Ich begann mir Frauen mit friedfertigen und perfekten Kindern anzuschauen, und ich dachte, dass sie bessere Mütter und bessere Christen seien, weil ihre Kinder in der Öffentlichkeit still sitzen und ruhig sein können. Ich habe erkannt, dass ich keine schlechte Mutter bin, sondern dass Gott meinen Charakter verändern will. Dadurch dass Gott mir drei Kinder geschenkt hat, die mein »tatkräftiges« Temperament teilen, zwingt er mich dazu, mit meinen eigenen Schwächen fertig zu werden. Es ist schmerzhaft, aber zumindest habe ich nicht die zusätzliche Belastung, dass ich glaube, ich wäre eine gescheiterte Mutter. Ich hoffe, dass Sie wie ich diese große Befreiung gefunden haben.

Vielen Dank, dass Sie sich die Zeit genommen haben, dieses Buch zu lesen. Falls es eine Veränderung in Ihrem Leben bewirkt hat oder wenn Sie eine lustige Geschichte haben, die sie mitteilen möchten, würde ich sie gerne von Ihnen hören.

Denken Sie immer daran: Gott liebt Sie und hat Sie genau so gemacht, wie Sie sind!

Ihre Donna Partow

Zondervan Publishing House
5300 Patterson SE
Grand Rapids, MI 49530

Anhang

Worterklärungen zum Persönlichkeitstest

Stärken

1. abenteuerlustig: bereit für neue und gewagte Unternehmungen mit der festen Überzeugung diese zu bewältigen
   anpassungsfähig: kommt mit jeder Situation gut zurecht
   lebendig: voll von Leben; lebhaftes Gestikulieren mit Händen und deutliche Mimik
   analytisch: liebt es, die Dinge auf ihre logische und richtige Beziehung zueinander zu untersuchen
2. unbeirrt: will erst ein Projekt beenden, bevor er ein neues beginnt
   verspielt: voll Spaß und Humor
   überzeugend: überzeugt mehr durch Logik und Fakten als durch Charme oder Macht
   friedlich: erscheint ruhig und friedlich; vermeidet jede Form von Streit
3. unterwürfig: akzeptiert schnell einen anderen Standpunkt oder vertritt mit nur wenig Nachdruck seine eigene Meinung
   aufopferungsbereit: ist bereit, seine persönlichen Wünsche zugunsten einer Sache oder um die Bedürfnisse anderer zu befriedigen aufzugeben
   gesellig: sieht im Zusammensein mit anderen mehr eine Gelegenheit, Spaß zu haben und sich zu unterhalten, als eine Herausforderung und eine berufliche Möglichkeit
   willensstark: ist entschlossen, seinen eigenen Weg zu gehen
4. rücksichtsvoll: nimmt Rücksicht auf die Bedürfnisse und die Gefühle anderer
   beherrscht: zeigt kaum Emotionen
   konkurrierend: macht aus jeder Situation, jeder Veranstaltung oder jedem Spiel einen Wettbewerb und spielt nur, um zu gewinnen
   überzeugend: gewinnt durch die bloße Ausstrahlung seiner Persönlichkeit
5. erfrischend: spornt andere an, bringt andere dazu, sich gut zu fühlen
   respektvoll: behandelt andere mit Rücksicht und Achtung
   reserviert: zeigt nur wenig Emotionen, ist wenig enthusiastisch

einfallsreich: hat die Fähigkeit, in den verschiedensten Situationen schnell und effektiv zu reagieren

6. zufrieden: akzeptiert alle Umstände oder Situationen
   einfühlsam: kümmert sich intensiv um Menschen und Situationen
   selbstständig: hat volles Vertrauen in seine persönlichen Fähigkeiten, sein Urteilsvermögen und seine Möglichkeiten
   aktiv: voll Leben und Aktivität
7. vorausplanend: bevorzugt es, zur Erreichung seiner Vorhaben und Ziele einen genauen Plan aufzustellen, und hat es lieber, mit dem Planungsstadium eines Projektes anstatt mit der Ausführung der Aufgaben betraut zu werden
   geduldig: bleibt bei Verzögerungen geduldig, bewahrt Ruhe und ist tolerant
   positiv: weiß, dass etwas sich zum Guten wenden wird, wenn er sich darum kümmert
   anspornend: spornt andere an, zwingt sie, vorwärts zu gehen, oder setzt dazu seinen persönlichen Charme ein
8. sicher: selbstsicher; zögert oder verzichtet nur selten auf etwas
9. ordentlich: geht mit Methode und System vor
10. freundlich: reagiert eher, als dass er von sich aus die Initiative ergreift, beginnt nur selten eine Unterhaltung
    treu: ist stets zuverlässig, standfest, loyal, auch wenn manchmal ein vernünftiger Grund dafür fehlt
    spaßig: hat Sinn für Humor und kann aus praktisch jeder Story eine vergnügliche Geschichte machen
    energisch: hat eine beherrschende Persönlichkeit, der andere nur schwer wiederstehen können
11. wagemutig: ist bereit, Risiken einzugehen, furchtlos und unerschrokken
    entzückend: eine Person, mit der man gern zusammen ist
    diplomatisch: taktvoll, einfühlsam und tolerant
    detailliert: macht alles in einer genauen Reihenfolge und hat eine exakte Erinnerung an alles, was geschehen ist
12. fröhlich: ist immer gut drauf und verbreitet bei anderen gute Stimmung
    konsequent: hat einen festen Standpunkt und reagiert, wie man es erwartet
    kultiviert: interessiert sich sowohl für intellektuelle als auch für künstlerische Beschäftigungen wie Theater, Symphonie oder Ballett
    selbstsicher: überzeugt von seinen persönlichen Fähigkeiten und seinem Erfolg
13. idealistisch: stellt sich die Dinge in ihrer perfekten Ausprägung vor, neigt dazu, diesen Maßstab auch bei sich selbst anzulegen

unabhängig: sich selbst genügend, auf sich allein gestellt, selbstsicher, scheint kaum Hilfe nötig zu haben
nicht beleidigend: ist selten unbequem, beträgt sich gut und äußert sich nur selten auf unangenehme Art und Weise
inspirierend: spornt andere zur Arbeit oder zu Treffen an oder fordert sie auf, sich daran zu beteiligen; sorgt dafür, dass das Ganze Spaß macht

14. demonstrativ: zeigt seine Emotionen sehr offen, besonders seine Gefühle, und scheut sich auch nicht, andere, während er mit ihnen redet, anzufassen
entschieden: schnell, schlüssig, hat die Fähigkeit, sich schnell ein Urteil zu bilden
trockener Humor: hat einen trockenen Witz, dabei kann der Humor aber auch sarkastischer Natur sein
tiefsinnig: intensiv und oft introspektiv mit einer Abneigung gegenüber oberflächlichen Gesprächen und Beschäftigungen

15. vermittelnd: versucht ständig, zwischen Konfliktparteien zu vermitteln, um einen Streit zu vermeiden
musikalisch: beschäftigt sich mit oder hat großes Interesse an Musik; für ihn ist Musik eine Kunstform und nicht nur der Spaß an der Aufführung
tatkräftig: glaubt, dass er immer produktiv sein muss, ist eine Führerpersönlichkeit, der andere folgen; kann nur schwer still sitzen
überall dabei: liebt Partys und kann es nicht erwarten, jemanden zu treffen; fühlt sich nirgends fremd

16. rücksichtsvoll: aufmerksam, berücksichtigt besondere Umstände, macht schnell eine nette Geste
hartnäckig: bleibt fest, eigensinnig, lässt nicht locker, bis er sein Ziel erreicht hat
redselig: spricht ständig, erzählt oft verrückte Geschichten und unterhält seine ganze Umgebung; hat das Gefühl, die Stille ausfüllen zu müssen, damit sich andere wohl fühlen
tolerant: akzeptiert das Denken und Handeln anderer schnell, ohne unbedingt mit ihnen einer Meinung zu sein oder zu versuchen, die Meinung der anderen zu ändern

17. guter Zuhörer: ist bereit zuzuhören, was andere zu sagen haben
loyal: treu gegenüber einer Person, einem Ideal oder gegenüber der Arbeit, manchmal auch dann, wenn dazu kein Grund besteht
führend: der geborene Leiter; getrieben von der Vorstellung, verantwortlich zu sein, kann oftmals nicht glauben, dass andere etwas genauso gut können wie er
lebhaft: voll von Leben, energisch, voll Energie

18. zufrieden: schnell zufrieden mit dem, was er hat; ist selten neidisch
Anführer: beansprucht die Führung und erwartet, dass die Menschen ihm folgen
Planer: organisiert das Leben, die Aufgaben und die Lösung von Problemen, indem er Listen, Vordrucke oder Grafiken erstellt
19. perfektionistisch: stellt hohe Ansprüche an sich selbst und oftmals auch an andere, will, dass immer alles nach einer festgelegten Ordnung geschieht
angenehm: unbeschwert, es ist leicht, mit ihm zusammen zu sein, und einfach, mit ihm zu reden
produktiv: muss ständig arbeiten oder sein Ziel erreichen, findet es oft schwierig, einmal Pause zu machen
beliebt: lebt auf und für Partys und ist deshalb ein beliebter Partygast
20. temperamentvoll: eine lebendige Persönlichkeit, voll von Energie
unerschrocken: furchtlos, wagemutig, scheut kein Risiko
funktionierend: treibt sich ständig selbst an, das zu tun, von dem er glaubt, dass er es tun sollte
ausgeglichen: stabil, eine Persönlichkeit, die ihre Mitte gefunden hat, nicht anfällig für starke Stimmungsschwankungen

Schwächen

21. frech: auffallend, aufbrausend, hat einen starken Auftritt, zu laut
schüchtern: selbstbewusst; schreckt davor zurück, Aufmerksamkeit zu erregen
ausdruckslos: befiehlt gern, dominant, ist manchmal in Bezug auf Erwachsene anmaßend
herrisch: eine Person, die kaum Mimik oder Emotionen zeigt
22. undiszipliniert: Mangel an festen Regeln in den meisten Bereichen des Lebens
wenig einfühlsam: findet nur schwer einen Bezug zu den Problemen oder verletzten Gefühlen anderer
nicht begeisterungsfähig: ist nur schwer für etwas zu interessieren; hat oft das Gefühl, dass es irgendwie nicht weitergeht
nicht vergebungsbereit: ist kaum dazu in der Lage, einem anderen eine Verletzung oder eine Ungerechtigkeit zu vergeben; neigt dazu, an seinem Groll festzuhalten
23. schweigsam: reserviert; wenig kommunikativ, insbesondere dann nicht, wenn die Situation komplex ist
ärgerlich: fühlt sich oft schlecht aufgrund tatsächlicher oder eingebildeter Angriffe

entschlossen: weigert sich, einen anderen Weg als seinen eigenen anzuerkennen oder tut sich zumindest schwer damit
wiederholend: wiederholt Geschichten und Ereignisse ständig, um einen zu unterhalten, bemerkt dabei aber nicht, dass er ständig das Gleiche erzählt; muss ständig etwas sagen

24. kleinlich: misst banalen Dingen und Kleinigkeiten eine zu große Bedeutung bei
furchtsam: fühlt sich oft stark beunruhigt, besorgt und ängstlich
vergesslich: hat Gedächtnislücken, oft in Verbindung mit einem Mangel an Disziplin
aufrichtig: nimmt kein Blatt vor den Mund, was nicht bedeuten muss, dass er genau das sagt, was er denkt

25. ungeduldig: findet es schwierig, einen Moment der Stille auszuhalten oder auf andere zu warten
unsicher: ist besorgt oder hat mangelndes Vertrauen
unschlüssig: kann sich nur schwer entscheiden (damit ist nicht jemand gemeint, der sich lange Gedanken um eine Entscheidung macht, mit dem Ziel, dann die beste zu treffen)
ins Wort fallend: eine Person, die bedeutend öfter redet als zuhört, die anfängt zu sprechen, ohne darauf zu achten, dass gerade noch ein anderer spricht

26. unbeliebt: Sturheit und die Forderung nach Perfektion können andere abstoßen
unbeteiligt: hat nicht den Wunsch zuzuhören und kein Interesse an Clubs, Gruppen, Aktivitäten oder dem Leben anderer Menschen
unberechenbar: ist in einem Moment verzückt und im anderen völlig niedergeschlagen, oder er ist bereit zu helfen, aber verschwindet dann, oder er verspricht zu kommen und vergisst dann zu erscheinen
wenig herzlich: findet es schwierig, mit Worten oder Gesten zu zeigen, dass er jemanden mag

27. eigensinnig: besteht auf seinen eigenen Weg
planlos: hat keinen feststehenden Plan, um Dinge zu erledigen
schwer zufrieden zu stellen: eine Person, die ihre Ansprüche so hoch schraubt, dass es schwer ist, diese zu erfüllen
zögernd: nur schwer in Bewegung zu setzen und schwer an etwas zu beteiligen

28. einfach: eine ausgeglichene Persönlichkeit ohne Höhen und Tiefen, die, wenn überhaupt, nur wenig Emotionen zeigt
pessimistisch: anstatt das Beste zu hoffen, gehen diese Personen immer zunächst vom Schlimmsten aus
stolz: jemand mit einer hohen Selbsteinschätzung, der davon überzeugt ist, dass er immer im Recht und die beste Besetzung für diesen Job ist

liberal: erlaubt anderen (einschließlich der Kinder) zu tun, was sie wollen, mit der Absicht, sich nicht unbeliebt zu machen

29. zornig: ein kindisches, trotziges Verhalten, das sich in einem Wutanfall äußert, der überzogen und dann plötzlich wieder vergessen ist
ziellos: setzt sich keine Ziele und hat auch gar nicht das Bedürfnis dazu
streitlustig: besteht gewöhnlich auf seiner Meinung, weil er davon überzeugt ist, Recht zu haben, egal in welcher Situation
befremdlich: fühlt sich leicht von anderen befremdet, meist aufgrund von Unsicherheit oder Furcht, dass andere seine Gesellschaft nicht mögen könnten

30. naiv: einfache, kindliche Perspektive; mangelnder Intellekt oder mangelndes Verständnis für die tieferen Gesetze des Lebens
negativ: denkt selten positiv und scheint oft nur die dunklen Seiten einer Situation zu sehen
nervig: voll Vertrauen, Stärke und voll Schneid, oft in negativem Sinn
unbekümmert: unbeschwert, gedankenlos, gleichgültig

31. kämpferisch: fühlt sich ständig unsicher, beunruhigt und ängstlich
zurückgezogen: eine Person, die sich in sich selbst zurückzieht und viel Zeit zum Alleinsein benötigt
arbeitswütig: jemand, der seine Ziele aggressiv verwirklicht und ständig produktiv sein muss; fühlt sich schuldig, wenn er eine Pause macht; wird nicht angetrieben durch das Bedürfnis nach Perfektion oder dadurch, etwas zum Abschluss bringen zu wollen, sondern von dem Bedürfnis, seine Fähigkeiten unter Beweis zu stellen, und dem nach Belohnung
beifallheischend: hofft auf Anerkennung und Beifall anderer; als Unterhalter ist diese Person auf Applaus, Lacher und/oder Akzeptanz durch die Zuhörer aus

32. zu empfindsam: übermäßig auf sich selbst bezogen und leicht zu kränken, wenn er sich missverstanden fühlt
taktlos: äußert sich manchmal in verletzender und rücksichtsloser Weise
ängstlich: fürchtet sich vor schwierigen Situationen
gesprächig: ein unterhaltsamer, zwanghafter Redner, für den es schwierig ist, auch einmal zu schweigen

33. zweifelnd: ist charakterisiert durch Unsicherheit und Mangel an Vertrauen, die er sich selbst einredet
desorganisiert: Mangel hinsichtlich der Fähigkeit, Ordnung in sein Leben zu bringen
despotisch: muss stets die Kontrolle über Situationen und/oder Menschen haben; sagt gewöhnlich den anderen, was sie zu tun haben
deprimiert: eine Person, die sich die meiste Zeit schlecht fühlt

34. unbeständig: unberechenbar, widersprüchlich, mit Handlungsweisen und Emotionen, die unlogisch sind
introvertiert: eine Person, deren Gedanken und Interessen nach innen gerichtet sind; lebt in sich selbst
intolerant: scheint unfähig, andere Ansichten, Standpunkte oder Handlungsweisen akzeptieren zu können
gleichgültig: eine Person, der die meisten Dinge oder die anderen egal sind
35. chaotisch: lebt in einem Zustand von Durcheinander und Desorganisation
launisch: reagiert nicht besonders stark emotional, aber rutscht stimmungsmäßig schnell ab, wenn er sich nicht genug gewürdigt fühlt
undeutlich sprechend: spricht leise im Flüsterton, wenn er dazu aufgefordert wird, lässt sich aber nicht dazu bringen, deutlich zu sprechen
manipulierend: arbeitet gezielt oder auch unaufrichtig auf seinen eigenen Vorteil hin; will seinen Willen auf jeden Fall durchsetzen
36. langsam: handelt oder denkt oftmals nicht besonders schnell; fühlt sich oft gestört
eigensinnig: will seinen eigenen Willen durchsetzen; nicht einfach zu überzeugen; hartnäckig
angeberisch: muss immer im Mittelpunkt der Aufmerksamkeit stehen; will beachtet werden
skeptisch: misstrauisch; fragt nach den Motiven hinter den Worten
37. einzelgängerisch: braucht eine Menge Zeit für sich; neigt dazu, anderen Menschen aus dem Weg zu gehen
beherrschend: lässt bei anderen keinen Zweifel daran, dass er im Recht ist oder die Kontrolle hat
bequem: bewertet die Arbeit oder Aktivitäten danach, wie viel Energie dafür aufgewendet werden muss
laut: sein Lachen oder seine Stimme sind in sämtlichen anderen Räumen zu hören
38. träge: schwer in Bewegung zu setzen, braucht einen Schubs, um motiviert zu werden
misstrauisch: neigt zu Verdächtigungen oder misstraut den Ideen anderer
reizbar: gerät schnell in Wut und bei ihm brennt schnell die Sicherung durch; er gerät in Wut, wenn andere sich nicht schnell genug bewegen, oder etwas nicht fertig machen, was ihnen aufgetragen worden ist
schusselig: Mangel an Konzentrationsfähigkeit oder Aufmerksamkeit; flatterhaft
39. rachsüchtig: hegt Groll und bestraft die Missetäter, oftmals indem er ihnen seine Freundschaft oder Zuneigung entzieht

ruhelos: sucht ständig nach neuen Aktivitäten, weil es ihm keinen Spaß macht, immer das Gleiche zu tun
widerwillig: weigert sich oder mag nicht in etwas hineingezogen werden
vorschnell: handelt hastig, ohne die Dinge richtig zu durchdenken, im Allgemeinen mit großer Ungeduld

40. kompromissbereit: ist bereit nachzugeben, auch wenn er im Recht ist, um einen Konflikt zu vermeiden
kritisch: bewertet ständig und bildet sich ein Urteil, vermutet hinter allem Negatives
listig: findet immer einen Weg, um zum gewünschten Ergebnis zu kommen
unbeständig: hat ein kindliches Gemüt und kann sich nur kurzfristig auf etwas konzentrieren, braucht jede Menge Abwechslung und Vielfalt, um überhaupt bei der Sache zu bleiben

Literaturempfehlung

Barnes, Emilie: More Hours in My Day. Eugene, Ore: Harvest House, 1994.

Felton, Sandra: The Messies Manual. Grand Rapids: Revell, 1983.

Freeman, Becky: Worms in My Tea and Other Mixed Blessings. Baptist Sunday School Board, 1994.

LaHaye, Tim: The Spirit-Controlled Temperament. Wheaton, Ill.: Tyndale, 1993.

LaHaye, Tim: Transformed Temperaments. Wheaton, Ill.: Tyndale, 1993.

Littauer, Florence: Personality Plus. Grand Rapids: Revell, 1992.

Littauer, Florence: Personality Tree. Nashville: Word, 1989.

Littauer, Florence: Freeing Your Mind from the Memories That Bind. Nashville: Nelson, 1989.

Littauer, Florence; Littauer, Marita: Personality Puzzle. Grand Rapids: Revell, 1992.

Littauer, Florence: Raising Christians, Not Just Children. Nashville: Word, 1988.

Omartian, Stormie: The Power of a Praying Wife. Eugene, Ore.: Harvest House, 1997.

Ortlund, Anne: Disciplines of the Beautiful Woman. Nashville: Word, 1984.

Ortlund, Anne: Disciplines of the Heart. Nashville: Word, 1987. (vergriffen)

Ortlund, Anne: Disciplines of the Home. Nashville: Word, 1993.

Peace, Martha: The Excellent Wife. Bemidji, Minn.: Focus, 1997.

Roseveare, Helen: Give Me This Mountain. (vergriffen)

Hilfsmittel

Die folgenden Kärtchen sind Ihre persönlichen Hilfsmittel, die Sie immer bei sich tragen sollten! Schneiden Sie sie aus und legen Sie sie in Ihre Bibel oder in Ihren Geldbeutel! Die darauf stehenden Informationen werden Ihnen helfen zu erkennen, mit wem sie es zu tun haben, wenn Sie mit Ihrer Familie, Freunden oder mit Fremden zusammen sind. Und nicht zuletzt wollen die Kärtchen Sie daran erinnern, wie Sie das Beste aus ihren Beziehungen machen können.

Hauptmotivation eines jeden Temperaments

Populär: Spaß haben und beliebt sein. Wenn Sie mit diesem Typ zu tun haben, dann fragen Sie sich selbst: »Was kann ich tun, damit er mehr Spaß hat?«

Perfekt: Perfektion in eine so wenig perfekte Welt bringen. Stellen Sie sich die Frage: »Wie kann ich das in einer geregelten Art und Weise machen?«

Tatkräftig: so viel wie möglich von der Welt kontrollieren. Fragen Sie sich: »Wie kann ich ihm in dieser Situation das Gefühl vermitteln, Einfluss zu haben?«

Friedfertig: das Leben leicht nehmen und in Frieden leben. Fragen Sie sich: »Wie kann ich in dieser Situation die Harmonie fördern?«

»Populäre« Frau

Stärken, die ausgebaut werden sollten	*Schwächen, die im Gebet überwunden werden sollten*
• beliebt	• liberal
• gesprächig	• vergesslich
• lebt für gesellschaftliche Ereignisse	• unzuverlässig
• anspornend	• kleinlich
• kreativ	• unordentliche Hausfrau
• akzeptierend	• überheblich
• optimistisch	• scheinbar unaufrichtig
• erfrischend	

Perfekte Frau

Stärken, die ausgebaut werden sollten	*Schwächen, die im Gebet überwunden werden sollten*
• perfekte Hausfrau	• perfektionistisch
• organisiert	• unbeliebt
• perfekt gepflegt	• streng
• wunderbare Gastgeberin	• trübsinnig
• detailorientiert	• unversöhnlich
• aufmerksam	• geizig
• sparsam	
• sorgfältig abwägend	
• talentiert	
• kultiviert	

Bibelverse für den »populären« Typ

Wo viel Worte sind, da geht's ohne Sünde nicht ab; wer aber seine Lippen im Zaum hält, ist klug. (Sprüche 10,19)

Ihr sollt wissen, meine lieben Brüder: ein jeder Mensch sei schnell zum Hören, langsam zum Reden, langsam zum Zorn. Denn des Menschen Zorn tut nicht, was vor Gott recht ist. (Jakobus 1,19.20)

Bibelverse für den »perfekten« Typ

Alle eure Sorgen werft auf ihn; denn er sorgt für euch. (1. Petrus 5,7)

Sorge im Herzen bedrückt den Menschen; aber ein freundliches Wort erfreut ihn. (Sprüche 12,25)

»Tatkräftige« Frau

Stärken, die ausgebaut werden sollten	*Schwächen, die im Gebet überwunden werden sollten*
● übernimmt die Führung	● unbeliebt
● mutig	● gemein
● entschlossen	● egozentrisch
● kämpferisch	● nutzt Leute aus
● produktiv	● impulsiv
● offen und ehrlich	● herrschsüchtig
● disziplinierend	● meist im Recht, aber oft abgelehnt

»Friedfertige« Frau

Stärken, die ausgebaut werden sollten	*Schwächen, die im Gebet überwunden werden sollten*
● tröstend	● wenig begeisterungsfähig
● besonnen	● unbeteiligt
● aufmerksam	● furchtsam
● loyal	● träge
● Friedensstifter	● kompromissbereit
● verlässlich	● Ja-Sager/Mitläufer
● fürsorglich	
● nimmt sich Zeit für die Kinder	
● geduldig	
● treu	
● hingebungsvoll sorgend	

Bibelverse für den »tatkräftigen« Typ

So ermahne ich euch nun …, daß ihr der Berufung würdig lebt, mit der ihr berufen seid, in aller Demut und Sanftmut, in Geduld. Ertragt einer den andern in Liebe. (Epheser 4, 1.2)
Ein jeder sehe nicht auf das Seine, sondern auch auf das, was dem anderen dient. (Philipper 2, 4)

Bibelverse für den »friedfertigen« Typ

Denn Gott hat uns nicht gegeben den Geist der Furcht, sondern der Kraft und der Liebe und der Besonnenheit. (2. Timotheus 1, 7)
Aber die vom Volk, die ihren Gott kennen, werden sich ermannen. (Daniel 11, 32b)

Was Ihr »populärer« Mann am meisten von Ihnen braucht

- Aufmerksamkeit
- Zuneigung
- Zustimmung
- Annahme

Was Ihr »perfekter« Mann am meisten von Ihnen braucht

- Stabilität
- persönlicher Platz
- Ruhe
- Einfühlungsvermögen

Was Ihr »tatkräftiger« Mann am meisten von Ihnen braucht

- Gefühl des Gehorsams
- Würdigung seiner Fähigkeiten

Was Ihr »friedfertiger« Mann am meisten von Ihnen braucht

- Friede
- Entspannung
- Lob
- Selbstwert
- liebevolle Motivation

Woran man das »populäre« Baby erkennt

- strahlende und große Augen
- neugierig
- gluckst und lacht
- will Gesellschaft
- bringt sich zur Geltung
- macht bei allem mit
- fordert Aufmerksamkeit
- weiß, dass es clever ist

Woran man das »populäre« Kind erkennt (Alter 2–12 J.)

- wagemutig und eifrig
- einfallsreich und fantasievoll
- fröhlich
- enthusiastisch
- redet ständig
- wird durch Menschen angeregt
- desorganisiert
- lässt sich leicht vom Weg abbringen
- flunkert

Woran man den »populären« Teenager erkennt

- spornt andere an
- charmant
- wagemutig
- schließt sich Vereinen an
- beliebt
- lebt für Partys
- kreativ
- will gefallen
- gefühlsmäßiges Auf und Ab
- täuscht andere
- lässt sich leicht vom Weg abbringen
- fordert Aufmerksamkeit
- lässt sich durch Gruppendruck beeinflussen
- Mitläufer
- will nicht lernen
- unreif
- Klatschmaul

Woran man das »perfekte« Baby erkennt

- ernst
- ruhig
- mag Vorgaben
- schreit oft
- klammert

Woran man das »perfekte« Kind erkennt (Alter 2–12 J.)

- denkt gründlich nach
- talentiert
- wahrer Freund
- gründlich
- pflichtbewusst
- launisch
- selbstbewusst
- zu empfindsam
- wenig kommunikativ

Woran man den »perfekten« Teenager erkennt

- guter Schüler
- kreativ
- forscht gern
- organisiert
- zielstrebig
- hat hohe Ansprüche
- gewissenhaft
- pünktlich
- sensibel gegenüber anderen
- gute Einstellung
- sparsam
- bedrückt
- zurückgezogen
- Minderwertigkeitskomplex
- unflexibel
- misstrauisch gegenüber Menschen
- kritisch
- rachsüchtig

Woran man das »tatkräftige« Baby erkennt

- abenteuerlustig
- energiegeladen
- ständig unterwegs
- frühreif
- der geborene Führer
- willensstark
- fordernd und laut
- wirft mit Gegenständen
- nicht verschlafen

Woran man das »tatkräftige« Kind erkennt (Alter 2–12 J.)

- wagemutig und eifrig
- arbeitet produktiv
- sieht das Ziel
- ist sich selbst genug
- konkurrierend
- anmaßend
- manipuliert andere
- argumentiert gern
- eigensinnig

Woran man den »tatkräftigen« Teenager erkennt

- aggressiv
- kompetent
- gut organisiert
- übernimmt Führungsaufgaben
- löst Probleme
- selbstsicher
- spornt andere an
- zeichnet sich in Notsituationen aus
- hat großes Potenzial
- verantwortungsbewusst
- zu beherrschend
- kontrolliert die Eltern
- weiß alles
- schaut auf die anderen herab
- unbeliebt
- könnte ein Einzelgänger werden
- beleidigend
- bereut nichts

Woran man das »friedfertige« Baby erkennt

- gelassen
- nicht fordernd
- glücklich
- beeinflussbar
- langsam
- schüchtern
- gleichgültig

Woran man das »friedfertige« Kind erkennt (Alter 2–12 J.)

- leicht zu unterhalten
- zuverlässig
- liebenswert
- liebenswürdig
- ist sich selbst genug
- ärgert andere
- furchtsam
- ziemlich eigensinnig
- faul

Woran man den »friedfertigen« Teenager erkennt

- angenehme Persönlichkeit
- witzig
- guter Zuhörer
- vermittelt bei Problemen
- übernimmt auf Aufforderung Führungsaufgaben
- ungezwungenes Verhalten
- ziemlich eigensinnig
- unschlüssig
- zu kompromissbereit
- wenig enthusiastisch
- unmotiviert
- sarkastisch
- unbeteiligt
- zögernd